Hellmut Hofmann – PSI

Hellmut Hofmann

# PSI – die „andere Wirklichkeit"

Gedankenleser, Löffelbieger und
Rutengänger im Licht der Wissenschaft

Gesammelte Vorträge und Aufsätze
zur Parapsychologie

mit einem Beitrag
von Peter Mulacz

Herausgegeben von Peter Mulacz,
Manfred Kremser und Gerhard Heindl

Die Deutsche Bibliothek – CIP-Einheitsaufnahme

**Hofmann, Hellmut:**
PSI – die „andere Wirklichkeit" : Gedankenleser, Löffelbieger
und Rutengänger im Licht der Wissenschaft ; gesammelte Aufsätze
und Vorträge zur Parapsychologie ; mit einem Beitrag von
Peter Mulacz / von Hellmut Hofmann.
Herausgegeben von Peter Mulacz, Manfred Kremser und
Gerhard Heindl. –

Wien ; Klosterneuburg : EDITION VA BENE, 2001.
(Parapsychologie)
ISBN 3-85167-111-2

© Copyright by Mag. Dr. Walter Weiss
EDITION VA BENE
Wien–Klosterneuburg, 2001

*E-Mail: edition@vabene.at*
*Homepage: www.vabene.at*

Das Werk, einschließlich aller seiner Teile, ist urheberrechtlich
geschützt. Jede Verwertung außerhalb der engen Grenzen des Urheberrechtsgesetzes ist ohne Zustimmung des Verlages unzulässig und
strafbar. Das gilt insbesondere für Vervielfältigungen, Übersetzungen,
Mikroverfilmungen und die Einspeicherung und Verarbeitung in elektronischen Systemen.

Umschlaggestaltung: Joseph Kohlmaier, London
Druck: Theiss Druck, Wolfsberg
Satz und Druckvorlage: Mag. Franz Stadler, Königstetten
Produktion: Die Druckdenker GmbH, Wien

Printed in Austria

ISBN 3-85167-111-2

# INHALT

**Vorwort (KREMSER)** ............................................. 7

**Vortragszyklus: Einführung in das Fachgebiet Parapsychologie (HOFMANN)** ............................................. 9
   I. Teil – Psychologische und experimentelle Grundlagen der Parapsychologie ............................................. 11
   II. Teil – Parapsychische Phänomene ............................................. 33
   III. Teil – Paraphysikalische Phänomene ............................................. 77

**Gesammelte Aufsätze (HOFMANN)** ............................................. 105
   I. Elektronik im Dienste der Parapsychologie ............................................. 107
   II. Parapsychologie, ein neues Wissensgebiet ............................................. 111
   III. Ein psychokinetisches Biege- und Bewegungsphänomen ............................................. 117
   IV. Die Österreichische Gesellschaft für Parapsychologie ............................................. 120
   V. Radiästhetische Phänomene ............................................. 125

**Die Parapsychologie der Gegenwart (MULACZ)** ............................................. 147

**Anhang**
   Kurzbiographie Prof. HOFMANN (HEINDL) ............................................. 197
   Bibliographie (HEINDL) ............................................. 204
   Die Herausgeber bzw. Autoren ............................................. 211
   Anmerkungen ............................................. 213
   Register ............................................. 225

VORWORT

Vor mehr als 50 Jahren, 1949, ist Hellmut HOFMANN der damaligen Österreichischen Gesellschaft für Psychische Forschung – heute Österreichische Gesellschaft für Parapsychologie und Grenzbereiche der Wissenschaften – als Mitglied beigetreten, die er in der Folge über einen Zeitraum von mehr als 30 Jahren als Präsident geführt hat, bis er 1997 aus Gesundheitsrücksichten zurückgetreten ist.

In diesem Band werden nun nicht bloß Aufsätze, die an verschiedenen Stellen erschienen sind, zusammengefaßt, sondern vor allem erscheint der Vortragszyklus, den Prof. HOFMANN periodisch als Einführung für neue Mitglieder der Gesellschaft gehalten hat, nunmehr im Druck. Die beiden umfangreichsten Publikationen, welche zuvor als einzelne Aufsätze in einer wissenschaftlichen Zeitschrift erschienen sind, finden sich hier zur Gänze in den Vortragszyklus eingearbeitet; die anderen Aufsätze sind in diesem Band trotz gewisser Wiederholungen originalgetreu wiedergegeben, zumal sie – ähnlich der Auflistung der Vorträge und Interviews des Verfassers im Anhang – die Entwicklung der Parapsychologie in Österreich, insbesondere im Zusammenhang mit der akademischen Welt, widerspiegeln.

Das hier gebotene Bild der Parapsychologie vermittelt das Grundsätzliche und Bleibende jenseits der Diskussion aktueller Probleme. Besonders wertvoll erscheinen jene Fallberichte, die aus dem eigenen Erleben eines so kompetenten Beobachters berichtet werden.

Da der Vortragszyklus bewußt auf das Grundsätzliche fokussiert, wird er in diesem Band durch einen Beitrag von Peter MULACZ ergänzt, der aktuelle Tendenzen der Parapsychologie zur Darstellung bringt.

Ich freue mich, daß ich als Nachfolger Prof. HOFMANNS im Präsidium unserer Gesellschaft nunmehr diesen Band der Öffentlichkeit übergeben darf.

Manfred KREMSER

# VORTRAGSZYKLUS:
# EINFÜHRUNG IN DAS FACHGEBIET
# PARAPSYCHOLOGIE

*von Hellmut Hofmann*

## I. Teil
## Psychologische und experimentelle Grundlagen der Parapsychologie

Arten der Phänomene, psychologische Grundlagen,
psychische Automatismen, Persönlichkeitsspaltungen

## 1 EINLEITUNG

Der Verpflichtung, in regelmäßigen Abständen von etwa drei Jahren[1] für die neu eingetretenen Mitglieder unserer Gesellschaft sowie für die jüngeren Jahrgänge unserer Studierenden über die heikle, aber ungemein interessante Frage der sogenannten „parapsychologischen" – oder wie man heute auch vielfach sagt, der „paranormalen" – Phänomene umfassend zu referieren, unterziehe ich mich immer wieder gerne; nicht zuletzt, weil sachliche Aufklärung auf diesem umstrittenen Gebiet dringend erforderlich erscheint, aber die leicht zugänglichen, von den Massenmedien gebrachten Informationen nur selten die gebotene Sachlichkeit und den nötigen wissenschaftlich-kritischen Abstand zu den Dingen besitzen. Dies gilt in gleicher Weise für viele Stellungnahmen „pro", die durch eine kritiklos-okkultgläubige Haltung gekennzeichnet sind (man denke an die Flut von Okkultliteratur, die heute über uns hereinbricht), wie für die Stellungnahmen „contra", die sich durch eine weltanschaulich-dogmatisch geprägte, *a priori* ablehnende, also ebenso unwissenschaftlich voreingenommene Haltung auszeichnen.

Es gibt nun bekanntlich seit den Zeiten, zu denen Kulturvölker begonnen hatten, schriftliche Aufzeichnungen zu verfassen – bis zum heutigen Tage – immer wieder Berichte über außergewöhnliche, mit scheinbar besonders veranlagten Personen zusammenhängende psychische und physische, also seelische und körperliche Phänomene, die den normalen Erfahrungen kraß widersprechen. Sie lassen sich auch heute im Rahmen der Erkenntnisse der modernen Wissenschaft und ihrer Theorien immer noch nicht deuten. Ohne jetzt schon eine Systematik solcher Phänomene geben zu wollen – sie folgt später – sei an die unbegreiflichen Erscheinungen der Vorausschau in die Zukunft, an Gedankenübertragung, an physikalisch unerklärliche Bewegung von Gegenständen oder, allgemeiner ausgedrückt, Veränderungen von Körpern gedacht, wie sie beispielsweise in einer seltenen Vielfalt beim sogenannten Spuk auftreten sollen; immer vorausgesetzt, daß es diese Erscheinungen überhaupt gibt und man sie nicht lediglich aufgrund einer falschen Beurteilung der Situation für wahr hält, was insbesondere natürlich auch für den Fall der trickhaften Imitation solcher Phänomene zutrifft.

In der vorwissenschaftlichen Zeit hatte man für derartige Erscheinungen nur eine Erklärung: das Hereinragen transzendenter Mächte in unsere diesseitige Welt. In erster Linie dachte man also an Bewirkungen der Götter oder des einen Gottes, sowie guter Geister (also Heiliger, Engel etc.), aber auch des Teufels und böser Geister – also von Dämonen – oder schließlich von Verstorbenen, die immer noch Verbindungen mit dem Diesseits pflegen können; diese letztere Vorstellung ist auch heute weit verbreitet und wird „Spiritismus" genannt. Der Wissenschaftler geht an die Dinge zunächst von einer anderen Seite heran: er bemüht sich vorerst, neue unbekannte Phänomene auf Bekanntes zu reduzieren und – wenn dies nicht gelingt – seine Theorien so zu erweitern, daß auch die bislang nicht erklärbaren Erscheinungen in das neue Bild hineinpassen. Ich will nicht leugnen, daß wir heute noch weit davon entfernt sind, eine wissenschaftliche Theorie anbieten zu können, die auch die Paraphänomene befriedigend zu erklären gestattet. Es hat aber die Tatsache, daß solche Phänomene durchaus auch unter Laborbedingungen auftreten, den damit befaßten Wissenschaftler überzeugt, daß es sich um natürliche, in unserer Welt, also in unserer Natur auftretende Ereignisse handelt, die auf das Wirken der Seele des lebenden Menschen zurückgeführt werden können; Phänomene also, die erforschbar sind und sicher später einmal in irgendeiner Form in ein entsprechend erweitertes Weltbild integrierbar sein werden. Man nennt diese Vorstellung „Animismus" im Gegensatz zum Geisterglauben des „Spiritismus". So ist man also – meine ich – nicht genötigt, immer gleich ans Jenseits und an Wunder zu glauben, wenn man mit paranormalen Phänomenen konfrontiert wird, vielmehr sollte man die Worte, die dem großen Kirchenlehrer AUGUSTINUS zugeschrieben werden, beherzigen, der den Standpunkt der wissenschaftlichen Parapsychologie vorweggenommen hatte, wenn er sagte: „Ein Wunder geschieht nicht gegen die Natur, sondern gegen unser Wissen von der Natur." Im übrigen sind heute viele Probleme – etwa der normalen Psychologie – wie z.B. die Wechselwirkung von Gehirn und Bewußtsein immer noch völlig ungeklärt. Der Parapsychologe befindet sich also in dieser Hinsicht durchaus in guter Gesellschaft (siehe z.B. das Buch des Gehirnphysiologen und Nobelpreisträgers John ECCLES und des berühmten Philosophen Sir Karl POPPER [1]).

Zunächst ein paar Worte zum Begriff „Parapsychologie" oder auch „Paranormologie", wie man dieses Gebiet neuerdings vielfach nennt: Der Name „Parapsychologie" wurde 1889 von dem Psychologen Prof. Dr. Max DESSOIR (1867–1947) eingeführt und soll durch die Vorsilbe „para" = „neben" andeuten, daß es sich um ein an die (normale) Psychologie angrenzendes Gebiet handelt. Wenn auch diese Benennung manchen Kritiker – vor allem aus Kreisen der Psychologen – gefunden hat, so hat sie doch insofern ihre Berechtigung, als die Phänomene offensichtlich mit der menschlichen Psyche zusammenhängen, das heißt von ihr provoziert bzw. gesteuert werden. Nach Anton NEUHÄUSLER, dem Münchner Philosophen, ist die Parapsychologie die Wissenschaft von den (noch) nicht einordenbaren Phänomenen, die also nach den bisher bekannten Prinzipien der Naturwissenschaften und der Psychologie derzeit nicht zu erklären sind. Diese Definition ist relativ weitgehend und wird eher durch den umfassenderen, von dem Innsbrucker Redemptoristenpater Andreas RESCH geprägten Begriff „Paranormologie" – gewissermaßen die Wissenschaft von den Erscheinungen außerhalb des Normalen – gedeckt, eine Benennung, die heute allerdings vielfach synonym zum Begriff „Parapsychologie" verwendet wird. In der Folge soll vornehmlich die Benennung „Parapsychologie" benützt werden – auch wenn vielleicht zwischendurch einmal von „paranormalen" Phänomenen im gleichen Sinn wie von „parapsychologischen" gesprochen wird; ich möchte aber jedenfalls keinen Zweifel offen lassen, daß sich das heute weitgehend als wissenschaftlich relevant anerkannte Gebiet der Parapsychologie (es ist z.B. in den UNESCO-Katalog der wissenschaftlichen Fächer aufgenommen worden)[2] nicht mit allem und jedem beschäftigt, das außerhalb des „Normalen", das heißt des „Anerkannten", liegt. Zahlenmagie, Astrologie, Handlesen – um nur einige dieser (okkulten) Gebiete zu nennen – gehören nicht zur Parapsychologie, wenn auch mitunter bei der Anwendung solcher Praktiken parapsychologische Effekte mitbeteiligt sein mögen. Die Parapsychologie als experimentelle Wissenschaft ist vielmehr ausdrücklich auf die Untersuchung der im folgenden Kapitel näher zu präzisierenden Phänomene beschränkt.

## 2 ARTEN DER PHÄNOMENE

Es soll zunächst einmal eine Klassifizierung der parapsychologischen Phänomene – unabhängig davon, ob man sie für existent oder nicht existent hält – vorgenommen werden. Die Gesamtheit aller parapsychologischen Erscheinungen wird heute gerne durch den griechischen Buchstaben „Psi" gekennzeichnet, man spricht kurz von „Psi-Phänomenen". Man teilt sie zunächst in parapsychische und paraphysikalische Phänomene ein.

### 2.1 PARAPSYCHISCHE PHÄNOMENE
#### 2.1.1 TELEPATHIE

Unter Telepathie versteht man das Erfassen des seelischen Inhaltes einer anderen Person ohne Zuhilfenahme bekannter Kommunikationsmittel (der bekannten Sinne). „Gedankenlesen", „Gedankenabzapfen", telepathische Suggestionen, z.B. (sehr selten) Fern-Hypnotisierungen (JANET, WASSILIEW).

Die Tatsache, daß telepathische Einwirkungen auf einen anderen Menschen soweit gehen können, daß er auf Entfernungen von über einem Kilometer in Hypnose versetzt werden kann und hypnotische Befehle minutiös ausführt, wie dies bei dem berühmten Pariser Psychiater Prof. Pierre JANET und seiner Patientin „LÉONIE" der Fall war, läßt Behauptungen etwa über erfolgreich verlaufene Fernheilungen (Pater PIO[3]; hierzu gehören auch die Praktiken des sogenannten „Gesundbetens"), die zunächst geradezu absurd wirken, in einem anderen Licht erscheinen. Man könnte Fernheilungen durchaus als telepathisch übertragene Suggestionen auffassen, die auf eine Stärkung des Heilungswillens des Patienten hinzielen, so wie die bei der Behandlung durch einen guten Arzt stets sehr wesentlich mitwirkenden verbalen Suggestionen („parapsychologische Spielart der Psychosomatik").

### 2.1.2 RÄUMLICHES HELLSEHEN (HELLSEHEN IN DIE GEGENWART)

Erfassen eines objektiven, derzeit (also in der Gegenwart) existierenden Sachverhaltes, der keinem Menschen bekannt ist, ohne Zuhilfenahme bekannter Hilfsmittel (der bekannten Sinne), z. B. das Auffinden verschwundener Gegenstände.

### 2.1.3 ZEITLICHES HELLSEHEN IN VERGANGENHEIT UND ZUKUNFT (LETZTERES WIRD AUCH „PRÄKOGNITION" GENANNT)

Die parapsychischen Phänomene faßt man auch unter dem Begriff „außersinnliche Wahrnehmung" (ASW), englisch „Extra Sensory Perception" (ESP), zusammen.

## 2.2 PARAPHYSIKALISCHE PHÄNOMENE

Hierunter versteht man die direkte psychische Einwirkung auf die Materie ohne Zuhilfenahme bekannter, das heißt nach den derzeitigen Erkenntnissen der Physik erklärbarer Hilfsmittel.

### 2.2.1 PSYCHOKINESE (PK) ODER TELEKINESE (DEUTSCH: „BEWEGUNG MITTELS DER PSYCHE" BZW. „FERNBEWEGUNG")

Bewegung von Gegenständen ohne physikalisch erklärbare Einwirkung wie Levitation (Aufhebung der Schwerkraft, Schweben von Personen und Gegenständen, etwa in der Bibel oder in Heiligengeschichten dargestellt), akustische Phänomene (Klopflaute etc.), Leuchterscheinungen, direkte psychische Beeinflussung von (unbelichteten) Filmen, Video- und Magnettonbändern bzw. Datenträgern oder ganz allgemein irgendwelcher physikalischer Apparate bzw. Systeme oder, noch allgemeiner ausgedrückt, die direkte Beeinflussung der Materie durch den Geist. Massive PK-Phänomene treten beim sogenannten „Spuk" auf, der auch als „wiederholte spontane Psychokinese" (RSPK) bezeichnet wird.

### 2.2.2 MATERIALISATION UND DEMATERIALISATION

Bildung und Auflösung von Gegenständen (Phantome, Teilmaterialisationen, Apporte etc.) sowie Durchdringen von Gegenständen (Steine fliegen durch Türen und Mauern, z.B. beim „Spuk"). Kann im Grunde genommen als besondere Form der PK, also der psychischen Einwirkung auf Materie, gesehen werden.

Manche der genannten Psi-Phänomene sind natürlich umstritten und wissenschaftlich nicht hinreichend oder auch überhaupt nicht beglaubigt. Man kann allerdings sagen, daß – im Gegensatz beispielsweise zur Materialisation – Telepathie, Hellsehen und Psychokinese heute bereits ausgezeichnet durch Laboratoriumsversuche dokumentiert sind.

### 2.3 UNTERSCHEIDUNG VON PARAPSYCHOLOGISCHEN PHÄNOMENEN

Im übrigen ist zu der gebrachten Systematik der Psi-Phänomene zu sagen, daß die einzelnen Phänomentypen experimentell gar nicht leicht zu trennen sind. So könnte bei einem Telepathieversuch das Objekt, das der Sender (der „Agent" = der Handelnde, der Aktive) ansieht und telepathisch auf den Empfänger übertragen möchte, vom Empfänger („Perzipient") direkt hellseherisch erkannt werden, gegebenenfalls könnte auch das verfaßte Versuchsprotokoll schon vorher präkognitiv erfaßt worden sein. Bei der paranormalen Informationsübertragung wäre es dann gar nicht Telepathie, sondern Hellsehen oder Präkognition. Der Versuchsablauf bei einem Präkognitionsversuch wiederum könnte psychokinetisch beeinflußt, das heißt das vorhergesagte Ereignis in Wahrheit – wenn auch unterbewußt – auf psychokinetische Weise herbeigeführt worden sein. Da begabte Personen meist ASW und Psychokinese produzieren, vermutet man vielfach, daß Psi-Phänomenen möglicherweise ein einziges Ur-Phänomen zugrundeliegt.

Bevor konkret auf experimentelles Material über die einzelnen echten Paraphänomene eingegangen werden soll, soll der folgende Problemkreis besprochen werden:

3. TÄUSCHUNGSMÖGLICHKEITEN UND NORMALE ERKLÄRUNG VON SCHEINPHÄNOMENEN (ZURÜCKFÜHRUNG SCHEINBARER PARAPHÄNOMENE AUF BEKANNTE PSYCHOLOGISCHE FÄHIGKEITEN DES MENSCHEN)

Zunächst ist bei parapsychologischen Experimenten immer mit bewußtem Betrug von Menschen zu rechnen, die sich aus den verschiedensten Gründen in Szene setzen möchten; Experimente sind daher in jeder Hinsicht gegen betrügerische Manipulationen abzusichern. Im Bereiche der ASW, also bei den Phänomenen Telepathie und Hellsehen, ist bewußter Betrug nicht von so großer Bedeutung wie etwa bei der experimentellen Psychokinese, wo man häufig einen Kampf gegen professionelle Taschenspieler auszufechten hat. Bei den parapsychischen Phänomenen (Telepathie und Hellsehen) sind es vielmehr die Unkenntnis über gewisse Fähigkeiten der menschlichen Seele und die daraus resultierende Selbsttäuschung, die in vielen Fällen zur Annahme führen, es habe eine paranormale Informationsübertragung stattgefunden, obwohl dies gar nicht der Fall war. Es muß daher in diesem Zusammenhang auf einige – vielleicht nicht so bekannte – Eigenschaften der menschlichen Psyche und die sich daraus ergebenden Fehlinterpretationen angeblicher Paraphänomene hingewiesen werden:

## 3.1 KRYPTÄSTHESIE

Ein wesentlicher Teil der seelischen Tätigkeit – wahrscheinlich der größte – läuft ab, ohne überhaupt ins Bewußtsein zu treten. Wir sprechen von unterbewußter seelischer Tätigkeit, kurz vom Unterbewußtsein (UB). Dies gilt für die Aufnahme von Sinnesreizen (also für die Informationsaufnahme) in gleicher Weise wie für die Reizverarbeitung (also für die Informationsverarbeitung). Die bewußte Aufmerksamkeit ist stets nur auf einen sehr schmalen Bereich der seelischen Tätigkeit eingeengt. Dies muß so sein, denn spielte sich die gesamte Informationsaufnahme und -verarbeitung wachbewußt ab, käme es zu einem geistigen Chaos. Wenn also bei der Bewußtwerdung eine Selektion der Reize nötig ist, so wird der Rest trotzdem bis zu einem gewissen Grad aufgenommen und vor allem auch weiterverarbeitet, ohne eben dabei über die Bewußtseinsschwelle zu treten. Mit anderen Worten: Es werden viel mehr Informationen aufgenommen, als uns bewußt wird. „Kryptästhesie" ist eine Benennung für diese Fähigkeit, unterbewußt („verborgen") Sinneseindrücke aufzunehmen und zu verarbeiten, also unter anderem auch sinnvoll darauf zu reagieren. Diese „verborgene Wahrnehmungsfähigkeit" erklärt bereits viele Fälle, in denen z. B. fälschlich Telepathie angenommen wird, während lediglich gleichlaufende Assoziationsketten durch periphere Wahrnehmungen veranlaßt wurden und dazu führten, daß etwa zwei Menschen vom gleichen Thema zu sprechen beginnen, obwohl kein erkennbarer Grund hierfür vorzuliegen scheint.

Ein Beispiel: Zwei Eheleute beginnen plötzlich – scheinbar ohne Anlaß – von Ägypten zu sprechen. Man nimmt eine telepathische Übertragung an. In Wirklichkeit war das Geräusch eines Flugzeugs zu hören, das beide Personen an ihren letzten Urlaubsflug erinnerte und deshalb machten sie gleichzeitig eine Bemerkung über Ägypten. Es handelte sich nicht um Telepathie.


## 3.2 KRYPTOMNESIE

Wenig oder gar nicht bewußt aufgenommene Wahrnehmungen werden in gleicher Weise wie bewußt aufgenommene im Gedächtnis gespeichert. „Kryptomnesie" („verborgenes Gedächtnis") ist eine Benennung für diese Eigenschaft der menschlichen Psyche. Im Zusammenhang damit sei bemerkt, daß man – vor allem aufgrund gewisser Erkenntnisse aus der Hypnoseforschung – damit rechnen kann, daß ein großer Teil dessen, was man bewußt oder eben auch unterbewußt (!) aufgenommen hat, im Gedächtnis aufgezeichnet bleibt und – gegebenenfalls in seelischen Ausnahmezuständen[4] (in Hypnose, in Autohypnose [„Trance"], im Schlaf, in Zuständen starker Emotion) – wieder reproduziert werden kann. Diese Eigenschaft der menschlichen Psyche, nämlich das umfassende Langzeitgedächtnis auch für unterbewußt wahrgenommene Informationen, ist wiederum ein Grund für viele Fehlinterpretationen im Zusammenhang mit parapsychologischen Phänomenen.

Beispiel: Mrs. PIPER, ein englisches Trancemedium (Medium ist ein im Spiritismus gebräuchlicher Ausdruck für eine Person, die als Mittler zwischen Diesseits und Jenseits angesehen wird und, wie Spiritisten glauben, Kontakte zu Verstorbenen und auch zu Geistern herstellen kann) rezitiert in Trance ein Gedicht in altenglischer Sprache. Die Sitzungsteilnehmer sind überzeugt, ein Verstorbener aus dem Mittelalter – ein Geist – spricht aus dem Mund des Mediums. In Wahrheit hat das Medium vor kurzer Zeit das in einer Zeitung abgedruckte Gedicht überflogen, es ohne es zu wissen im Gedächtnis gespeichert und in Trance wiedergegeben. Das häufig behauptete Argument, „das habe ich gar nicht gewußt", gilt im allgemeinen nicht, weil wir gar nicht wissen, was wir alles wissen, das heißt unterbewußt aufgenommen und gespeichert haben.

## 3.3 PERSÖNLICHKEITSSPALTUNG UND PSYCHISCHE AUTOMATISMEN

Die menschliche Psyche ist in der Lage, bis zu einem gewissen Grade mehrere geistige Tätigkeiten nebeneinander auszuüben, indem die Aufmerksamkeit simultan verschiedenen Gegenständen zugewandt wird, wobei die jeweils im Augenblick nicht besonders beachteten trotzdem – wenig oder gar nicht bewußt – weiter verfolgt, das heißt Reize weiterhin aufgenommen, verarbeitet und gespeichert werden (Kryptästhesie, Kryptomnesie), sodaß die Kontinuität der einzelnen gleichzeitig nebeneinander ablaufenden Akte gewahrt bleibt. Es zeigen sich schon hier Ansätze zu einer Art Aufspaltung der Persönlichkeit, aber so, daß die Identität der Person erhalten im Sinne von bewußt bleibt. Eine solche Persönlichkeitsspaltung ist für die menschliche Existenz geradezu lebensnotwendig und natürlich nicht krankhaft.

Beispiel: Denken wir etwa an einen Autofahrer, der mit dem Gesichtssinn den Verkehr, das Armaturenbrett, über den Rückspiegel Vorgänge im und hinter dem Wagen, mit dem Gehörsinn das Motorengeräusch (er muß ja rechtzeitig die Gänge umschalten), die Verkehrsgeräusche (Hupen, Geräusche anderer Fahrzeuge), die Gespräche des Beifahrers, das Radioprogramm etc. wahrnimmt, mit dem Tastsinn Wahrnehmungen registriert (Fußkontakt mit Gashebel und mit Kupplungshebel etc.), ferner mit dem Geruchssinn etwa Gummigeruch bei Überhitzung im Motorraum feststellt und unter Umständen auch noch mit dem Geschmackssinn Reize aufnimmt (z. B. etwa ein Stück Schokolade genießt). Der Autofahrer reagiert (hoffentlich) intelligent auf alle einzelnen Reize, also auf Verkehrssituationen, auf Meldungen im Autoradio, auf das Gespräch mit dem Beifahrer, er führt das Kraftfahrzeug, indem er die einzelnen technischen Einrichtungen betätigt usw. Das Zusammenspiel funktioniert eben, wie gesagt, weil sich die volle Aufmerksamkeit, das „Wachbewußtsein", simultan den verschiedenen Eindrücken zuwendet und die Kontinuität des seelischen Geschehens wegen der auch unbewußt oder peripher erfolgten Reizaufnahme und Reizverarbeitung sowie wegen der Erinnerungsfähigkeit an solche Wahrnehmungen gewahrt bleibt und schließlich viele Reaktionen völlig automatisch (reflexartig) erfolgen. Man erkennt also, daß gewissermaßen Bewußtseinsanteile entstehen, die einzelne Abläufe getrennt verfolgen können. Es wird ja bekanntlich von begabten Personen berichtet, die mehrere geistige Tätigkeiten längere Zeit völlig getrennt und doch bewußt nebeneinander durchführen können oder konnten (NAPOLEON), und man findet diese Eigenschaft bei den sogenannten „Automatismen", über die gleich zu sprechen sein wird.

Die Bewußtseinsteile bei seelischen Aufspaltungen können sich nun verschieden stark verselbständigen, sodaß es gegebenenfalls zur Ausbildung von Spaltpersönlichkeiten mit gewissem Eigenleben kommt. Man spricht dabei von einer Personifizierungstendenz des Unterbewußten. Die Bewußtseinsanteile werden unter Umständen so selbständig, daß sie vom Normal-Ich als fremde Persönlichkeit empfunden werden – vielfach sind es Konträrpersönlichkeiten –, wobei die Übergänge natürlich fließend sind.

Beispiel: Das zweite (bessere!) Ich eines Trinkers. Hier wird die Einheit der Person noch erkannt; bei tiefem Schlaf werden die Träume nicht mehr als eigene Gedanken, die sie ja letztlich sind, empfunden. Künstler haben oft das Gefühl, ihre Eingebungen stammen von einer fremden Person (der „Muse"); spiritistische Medien fühlen sich als Mittler von „Geistern" usw. Die verselbständigte Tätigkeit des Unterbewußtseins kann motorische Reaktionen hervorrufen, die sich zu intelligenten Automatismen steigern können, worunter man – im allgemeinen länger andauernde – komplizierte Handlungen ohne Beteiligung des normalen Bewußtseins auf hohem Intelligenzniveau, meist in Trance oder auch in leichten tranceartigen Zuständen, versteht (automatisches Sprechen, Schreiben, Zeichnen, Malen, Musizieren). Dabei können Begabungen in wesentlich höherem Grade als bei normaler, bewußter geistiger Tätigkeit zu Tage treten: Im normalen Bewußtseinszustand völlig Untalentierte können sich in mehr oder minder starkem Trancezustand als ausgezeichnete Maler oder Schriftsteller erweisen, die Werke von hoher Qualität schaffen. Ein derart ausgeprägter Automatismus kann durchaus auch gleichzeitig neben einer normal-bewußten seelischen Tätigkeit wirksam sein. In dieser Hinsicht Begabte können sich an einer Unterhaltung beteiligen und gleichzeitig automatisch ein Elaborat verfassen, ohne von dessen Inhalt Kenntnis zu haben. Wenn sie es nach seiner Fertigstellung lesen oder auch schon während der Niederschrift mitverfolgen, sind sie erstaunt, was ihre, wie von einer fremden Persönlichkeit (einem Geist?) geführte Hand produziert. Ein Beispiel sind Frau SCHRÖDERS Niederschriften der angeblichen Mitteilungen ihres verstorbenen Psychiaters[5] Dozent Dr. NOWOTNY; sie hat bereits vier Bücher mit diesen Niederschriften veröffentlicht.

Kreative, vor allem künstlerische aber auch wissenschaftlich-forschende Tätigkeit erfolgt vielfach überwiegend oder aber zumindest teilweise unterbewußt-automatisch; ein Maler überlegt sicher nicht vor jedem einzelnen Pinselstrich, wo er ihn genau hinsetzen muß, einem Schriftsteller kommen automatisch die Sätze, ein Komponist sucht nicht jeden einzelnen Ton, „es" malt vielmehr, die „Muse" gibt als quasi fremde, eigenständige Persönlichkeit die Sätze oder Melodien ein (z. B. Lotte Ingrisch, Interview zum Donnerstagebuch [ein von Jörg MAUTHE, einem engen Freund von Frau INGRISCH, nach dessen Tod telepathisch – wie sie glaubt – empfangenes Buch]; BEETHOVEN hörte als Tauber die musikalischen Themen), Lösungen wissenschaftlicher Probleme sind über Nacht plötzlich da (KEKULÉ träumte die Lösung für die Strukturformel des Benzols – den Benzolring (Abb. 1) – symbolisch als Reigentanz von sechs Elfen), das Unterbewußtsein arbeitet also im Schlaf weiter. Automatismen als Äußerungen des Unterbewußten sind für die parapsychologische Forschung insoferne äußerst wich-

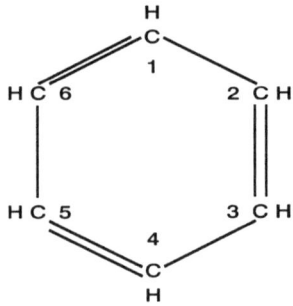

*Abbildung 1: Benzolring*

tig, als man mit ihrer Hilfe unterbewußte seelische Inhalte ins Wachbewußtsein heraufholen kann (Rudolf TISCHNER prägte für sie die sehr anschauliche Benennung „Steigrohre des Unterbewußten"). Paranormal (telepathisch oder hellseherisch) erworbene Informationen werden zunächst fast immer unterbewußt erfahren, das Problem ist es, sie (wach)bewußt zu machen (selten – bei äußerst starken Emotionen – gibt es einen Durchbruch ins Wachbewußtsein, z. B. als Vision, wie die Mutter, die den tödlichen Unfall ihres Kindes in Form einer telepathischen Übertragung durch das Kind „sieht").

Ein Beispiel für Automatismen ist das Buchstabieren einer Gruppe mit dem Skriptoskop, mit dem umgestülpten Glas (Abb. 2) oder mit einem Schreibtischchen (Planchette) – Praktiken, wie sie schon in der Antike durchgeführt wurden. Hierüber berichtete bereits der im 4. Jhdt. n. Chr. lebende römische Geschichtsschreiber AMMIANUS MARCELLINUS [2], der in einunddreißig Büchern eine Fortsetzung zu dem nur bis zum Jahre 96 reichenden Geschichtswerk des TACITUS schrieb.

Er erzählt von zwei „Okkultisten" namens HILARIUS und PATRICIUS, die der oströmische Kaiser VALENS (der 376 bei Adrianopel gegen die Goten gefallene Bruder des weströmischen Kaisers VALENTIANUS I.) verhaften ließ, weil sie auf übersinnlichem Wege zu ermitteln versucht hatten, wann er sterben und wer sein Nachfolger werden würde.

Er schildert, wie sie einen runden Kessel mit am Rand eingeschlagenen Buchstaben befragen konnten:

„Es wurde ein Tischchen aus dem Holz eines Lorbeerbaumes, eine Nachbildung des Dreifußes der PYTHIA vom Delphischen Orakel, in den Kessel gestellt (und offenbar wurde jeweils ein Finger der an der Befragung teilnehmenden Personen auf dieses Tischchen gelegt), das sich nach einiger Zeit zu bewegen begann

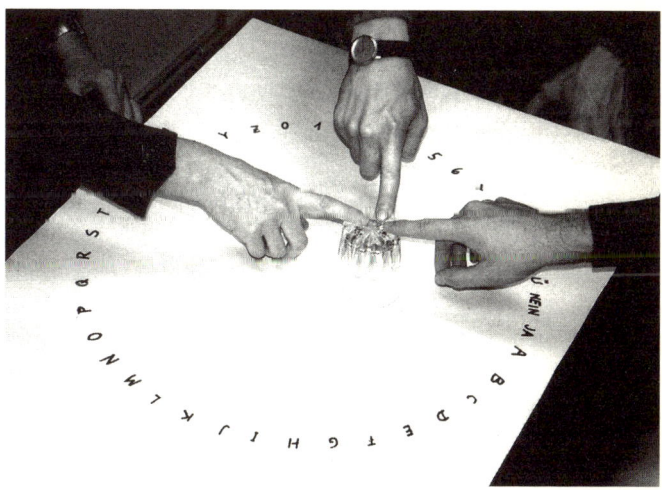

*Abbildung 2: Glasrücken (Photo Hofmann)*

und die am Rand befindlichen Buchstaben berührte, sodaß man Mitteilungen erhielt. Es wurde auch so gearbeitet, daß eine geeignete Person einen an einem Faden hängenden Ring über den Kessel hielt und der Ring begann auszuschwingen und schlug an die Buchstaben."

Auch heute noch wird dieser als „Pendeln" bezeichnete Automatismus häufig angewendet.

„Als wir nun die Frage aufwarfen, wer dem erhabenen VALENS in der Herrschaft folgen würde, nachdem wir schon gehört hatten, daß der Würdigste hierzu ausersehen sei, da schlug der Ring an die Buchstaben THEO. Kaum war der letzte dieser Buchstaben angeschlagen, als von den Anwesenden einer ausrief, es sei THEODORUS, worauf wir, überzeugt, daß dieser es sei und daß er dessen würdig sei, die Fragen einstellten."

Freilich muß so manche „Botschaft" erst interpretiert werden, was eine weitere potentielle Fehlerquelle darstellt.

„Auf dieses Geständnis hin ließ VALENS nicht nur die beiden Neugierigen, sondern auch den an seinem Hofe lebenden THEODORUS hinrichten; daß aber THEODOSIUS der Große, indem er sein Nachfolger wurde, die Voraussagung erfüllte, konnte er nicht verhüten."

Durch automatisches Buchstabieren mit einem Glas erlebte der Autor zum ersten Mal ein Paraphänomen, worüber wie folgt berichtet wird [3]:

„Im englischen Lager und später auch bei seinen Kärntner Verwandten kam es zu HOFMANNS ersten Begegnungen mit paranormalen Phänomenen, die in seinem weiteren Leben noch eine wichtige Rolle spielen sollten: Ein Unteroffizier seiner Einheit hatte eine Familie aus der Nachbarschaft kennengelernt, die jeden Abend mittels Glasrückens versuchte, mit ihren verstorbenen Verwandten in Verbindung zu treten. Neugierig geworden, experimentierten die Männer im Lager selbst mit einem Glas, veränderten aber dabei einmal die „Versuchsanordnung": Abwechselnd sollte sich einer von ihnen vor die Tür stellen und an etwas Bestimmtes denken, während die im Raum zurückbleibende Runde versuchte, mit Hilfe des Glases das Gedachte zu erraten. Dieses Experiment führte zu HOFMANNS erstem übersinnlichen Erlebnis. Die Männer zeichneten die Worte Karli und Rußland auf, während der Mann vor der Tür, ohne das Ergebnis der Sitzung zu kennen, anschließend erklärte, er hätte sich auf einen Freund namens Karli konzentriert, der an der Ostfront gewesen sei und ob dieser den Krieg überlebt habe. Für HOFMANN bedeutete das, da er Betrug ausschließen konnte, einen klaren Fall von Gedankenübertragung."

Das Glasrücken funktioniert etwa wie folgt: Wenn drei oder vier Personen ihre Zeigefinger auf den Boden eines umgestülpten Glases legen (Abb. 2), so führt das Glas nach einigen Minuten ungeordnet zuckende Bewegungen aus, die allmählich in ein Kreisen entlang der Innenseite des Buchstaben- und Ziffernkreises übergehen. Stellt ein am Glasschieben Beteiligter oder auch ein Unbeteiligter eine Frage, so bewegt sich das Glas zu einzelnen Buchstaben und Ziffern, die ein Schriftführer notiert, und die eine Antwort auf die gestellte Frage ergeben. Je öfter eine Gruppe das Glasrücken betreibt, um so rascher beginnt das Glas mit den geordneten Bewegungen im Kreis und um so rascher funktioniert der Automatismus des Glasrückens. Häufig sind die Beteiligten überzeugt, daß die Mitteilungen von Jenseitigen kommen (spiritistischer Standpunkt), aber viele Beteiligte sprechen das Glas zwar als eigene Persönlichkeit an, sind sich dabei aber bewußt, daß die Antworten aus dem Unterbewußtsein der Teilnehmer kommen (animistischer Standpunkt). Dies gilt für jeden Automatismus, wie Klopfen, Pendeln, Schreiben mit dem Kugelschreiber oder der Schreibmaschine (siehe meine Versuchsperson Frau RAAB, Kap. 5.1.2.2.), Zeichnen, Malen u. a. m.

Der häufigste Automatismus ist automatisches Sprechen in Trance (spiritistische Medien), z. B. Hélène SMITH (= Catherine MÜLLER), untersucht von Prof. Theodore FLOURNOY, Genf [4]: In Trance „sprachen aus ihr" MARIE ANTOINETTE, CAGLIOSTRO, Victor HUGO u. a. Der verstorbene Sohn eines Mitglieds ihres Séance-(= Sitzung-)kreises berichtete aus ihr über den Mars und seine Bevölkerung: Hélène SMITH kreierte eine Marsschrift (Abb. 3 und 4), und -sprache (letztere ein abgewandeltes Französisch), die sie fehlerfrei anwendete.

Ein Mal-Medium war Maria Magdalena HAFENSCHEER. Über sie berichtet Anna NOVOTNY [5], wobei in dem Buch auch viele Angaben des Prof. Dr. Peter HOHENWARTER, seinerzeit Leiter der Arbeitsgemeinschaft für Parapsychologie an der Wiener Katholischen Akademie, zu finden sind. Frau HAFENSCHEER war bei der Arbeit zwar nicht in Tieftrance, doch fühlte sie beim Zeichnen, Malen und Schreiben ihre Hände von geistigen Helfern geführt. Später wurde ihr eingegeben, mit beiden Händen zugleich zu zeichnen, was sie auch tat, und es wurden bald die beiden Bilder, die mit beiden Händen begonnen und zugleich beendet wurden, saubere Zeichnungen. Sie verfaßte in automatischer Schrift „Kundgebungen" eines Geistwesens, das sich SALOMON nannte, mit dem König der Bibel aber nichts zu tun hatte. Bei den von ihr gezeichneten und gemalten Bildern sah sie die Details zunächst nicht, denn sie arbeitete sehr rasch, erst wenn sie fertig war und ihr Bild ansah, erkannte sie die Einzelheiten.

Wie wird man Automatist? Durch Nachahmung von Vorbildern, meist als Folge häufiger Teilnahmen an spiritistischen Séancen, wobei mitunter subjektiv eine „Berufung" zum Trancemedium erlebt werden kann. Im „Magazin für Erfahrungsseelenkunde" wird über einen in Trance („gleichsam" bzw. „in einer Art von Betäubung") predigenden Korbmacher aus dem frühen 18. Jahrhundert berichtet, dessen Gattin ihn während seiner Predigten aufzuwecken versuchte, allerdings ohne Erfolg [6] (Abb. 5).

Wie weit die Personifizierungstendenzen des Unterbewußtseins gehen können, zeigen die 1973/74 durchgeführten Experimente einer kanadischen Parapsychologengruppe [7]. Sie

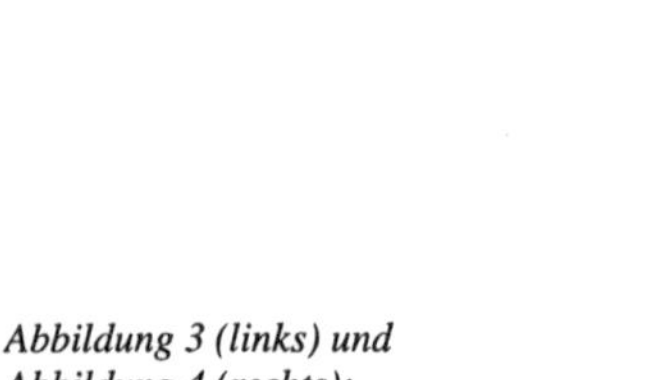

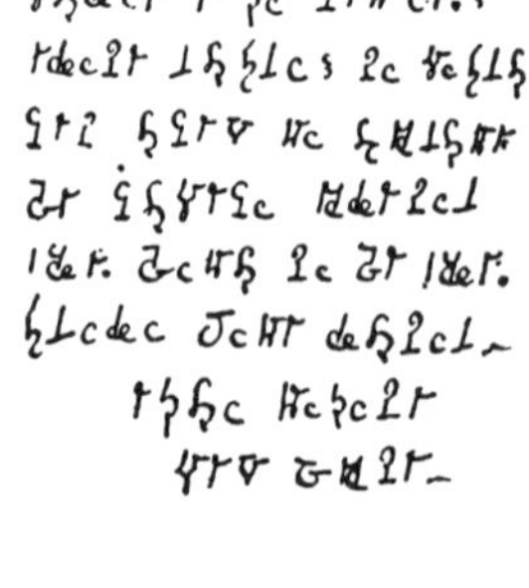

*Abbildung 3 (links) und Abbildung 4 (rechts): Marsschrift von Hélène Smith (beide Flournoy [4])*

machte den Versuch, eine künstliche Persönlichkeit zu erschaffen, deren Lebensgeschichte durch wiederholtes Erzählen derselben im Unterbewußtsein der Gruppe so verankert wurde, daß die Persönlichkeit – sie wurde „PHILIP" benannt – schließlich selbständig zu agieren begann. So erweiterte sie ihre Lebensgeschichte über die getroffenen Annahmen hinaus und äußerte sich in den Sitzungen quasi als eigenständige Persönlichkeit. Natürlich war „PHILIP" ein Erzeugnis des UB der Sitzungsteilnehmer und dies läßt den Schluß zu, daß auch die anderen in spiritistischen Sitzungen auftretenden „Persönlichkeiten" als

## III.

### Ein Korbmacher, der oftmals, gleichsam in einer Betäubung, ausnehmend erwecklich prediget.

Wetterburg den 3ten October 1784.

Johann Conrad Mohr, in Buhlen, einem im Fürstlich-Waldeckischen Amt Waldeck liegenden

Weise. Nachdem er die Predigt mit Amen geschlossen hat, so betet er das Vater Unser ꝛc. und der Herr segne uns ꝛc. Zuweilen lässet er auch den Segen weg. Während seinem ganzen Vortrag sitzet er in einer Art von Betäubung; hat die Augen starr offen, ohne zu sehen, wer oder was vor ihm ist; geräth dabei in einen Schweiß und in Engbrüstigkeit, ob er gleich weder sehr laut noch lange redet; und wenn alles geendiget ist, scheinet er sehr ermüdet, schöpfet tief Athem, und erholet sich nur langsam wieder. Nachdem er wieder zu

*Abbildung 5: Ausschnitt aus dem „Magazin für Erfahrungsseelenkunde"* [6]

Erzeugnisse der Trance Medien oder allenfalls der Sitzungsteilnehmer angesehen worden können; eine animistische Auslegung, die den Anhängern der spiritistischen Hypothese natürlich nicht gefällt.

Abschließend einige Worte zur Psychohygiene: Ein zu starkes Aktivieren unterbewußter seelischer Tätigkeiten und insbesondere ein unkundiges Praktizieren mit seelischen Ausnahmezuständen (Meditation, Trancezustände mit Produktion von Spaltpersönlichkeiten, häufiges automatisches Schreiben) birgt große Gefahren in sich. In solchen Zuständen ist die Kritikfähigkeit des Wachbewußtseins nicht mehr oder zumindest nicht mehr völlig vorhanden. Sie kann dann allmählich auch in normalen Bewußtseinszuständen abnehmen und gegebenenfalls ganz verlorengehen. Dies äußert sich unter anderem in krankhaften Sinnestäuschungen sowie überhaupt in Empfindungen ohne Einwirkung entsprechender Reize, also in Halluzinationen, unter Umständen aller fünf Sinne; es können in der Tat visuelle, auditive, Tast-, Geruchs- und Geschmackshalluzinationen auftreten. Spaltpersönlichkeiten können sich so stark verselbständigen, daß sie bereits ein Eigenleben zu führen beginnen. Solange ein Komponist die eingegebene Melodie hört, ist das harmlos, wenn sich aber ein spiritistisches Medium zu stark mit Trancepraktiken abgibt und allmählich auch im Wachzustand die Stimmen der „Geister" hört, durch die es dann geplagt und die es nicht mehr los wird, ist man bereits bei einer „mediumistischen Psychose" angelangt, und das Ende kann die Einweisung in eine psychiatrische Heilanstalt mit der Diagnose „Schizophrenie" sein. Nicht umsonst heißt es ja, daß Genie und Wahnsinn nahe beieinander liegen.

Zu welchen unglaublichen Erscheinungen krankhafte Persönlichkeitsspaltungen[6] führen können, soll an zwei Beispielen demonstriert werden:

Zunächst Miss BEAUCHAMP, ein außergewöhnlich intelligentes gebildetes und ernstes Mädchen von damals 23 Jahren:

„Sie war bei Morton PRINCE wegen schwerer Neurasthenie in ärztlicher Behandlung. In der Folge trat sie – sie nannte sich selbst „Sally" – in drei Persönlichkeiten mit völlig verschiedenen Kenntnissen und Eigenschaften auf, die sich ständig stritten. Sie wußten nur teilweise voneinander, eine wiederum kannte die beiden anderen." Eine ausführliche Darstellung des Falles findet man bei [8], S. 251–252.

Der zweite Fall: Sybil – ein Pseudonym – zerfiel in 16 Persönlichkeiten, die nach jahrelanger psychiatrischer Behandlung aufgelöst werden konnten. Es entstand die 17., gesunde Sybil [9].

3.4 ZUSAMMENFASSUNG

Der Schlüssel zum Verständnis vieler – wenn auch sicher nicht aller – im Zusammenhang mit okkulten Praktiken auftretender, überraschender Erscheinungen ist die Wirksamkeit des Unterbewußten (UB), also der Fähigkeit zu unter Umständen kompliziertester geistiger Aktivität, ohne daß diese bewußt miterlebt und bewußt gesteuert wird. (Manche Autoren verwenden statt „Unterbewußtes" den synonymen Ausdruck „Unbewußtes".) Unterbewußte Seelentätigkeit kann zu ausgeprägten seelischen Automatismen mit gleichzeitiger Freilegung erstaunlicher Begabungen und Leistungen, insbesondere hinsichtlich des Gedächtnisses, aber auch der Ausschmückung („Dramatisierung") des Dargebotenen führen. Die so unglaublichen Leistungen des Unterbewußten sind teilweise auch auf die – vor allem aus der Hypnoseforschung bekannte – Tatsache zurückzuführen, daß das Gedächtnis eine schier unbegrenzte Speicherfähigkeit besitzt und daß fast alles einmal bewußt, aber eben auch unterbewußt Aufgenommene – vor allem in Zuständen herabgeminderten Bewußtseins (Grenze Wachsein/Schlaf, Auto- und Fremdhypnose etc.) – wieder bewußt werden kann. Es zeigen sich bei den seelischen Automatismen besonders deutlich die Personifizierungstendenzen des Unterbewußten, die zu einer durchaus nicht krankhaften Bildung von Spaltpersönlichkeiten mit erstaunlichem Eigenleben und großer Begabung führen können. Solche Spaltpersönlichkeiten zeigen, wenn die spiritistische Vorstellung einmal geprägt ist, ein Verhalten, als würden sich autonome Persönlichkeiten, etwa „Jenseitige", und hier vor allem Geister Verstorbener, manifestieren. Viele Sensitive – wie man paranormal Begabte auch nennt, wenn man nicht unbedingt an die spiritistische Deutung ihrer Produktionen denkt und sie daher nicht als „Medien" bezeichnen will – sind sich aber völlig im klaren darüber, daß ihre durch

Automatismen hervorgebrachten Äußerungen Produktionen ihres eigenen Unterbewußtseins sind, auch wenn sie mit diesem ihrem „zweiten Ich" gewissermaßen wie mit einer eigenständigen Persönlichkeit verkehren und mit ihr, etwa in Form von Frage und automatisch produzierter Antwort, Gedanken austauschen, wie ich das selbst häufig bei meinen Telepathieversuchspersonen erlebt habe (siehe z. B. Frau RAAB, Kap. 5.1.2.2).

## 4 DIE QUELLEN DER PARAPSYCHOLOGISCHEN FORSCHUNG

### 4.1 SPONTAN AUFTRETENDE PHÄNOMENE, KURZ SPONTANPHÄNOMENE

Spontanphänomene treten – offensichtlich aufgrund einer sehr heftig wirkenden Emotion – in besonderer Stärke und mit großer Überzeugungskraft auf; es handelt sich um einmalige Ereignisse, die im allgemeinen nur nachträglich durch Zeugenaussagen zu dokumentieren sind. Es ist nicht verwunderlich, daß spontane telepathische Übertragungen und psychokinetische Wirkungen im Moment des Todes besonders häufig berichtet werden.

### 4.2 VERSUCHE MIT BEGABTEN PERSONEN

Bei Versuchen mit begabten Personen, vor allem auch mit sogenannten „Medien", die unter anderem die zentralen Personen als Mittler zwischen „Jenseitigen" (externen bzw. entkörperlichten Wesenheiten) und Sitzungsteilnehmern bei spiritistischen Séancen bilden bzw. bei Sensitiven wird es meist nötig sein, die bei solchen Versuchssituationen nicht in so hohem Grade vorhandenen Emotionen, wie sie bei Spontanphänomenen wirksam sind, durch geeignete Methoden zu verstärken. Dadurch wird eine gegebenenfalls wirksame außersinnliche Wahrnehmung (ASW) überhaupt feststellbar bzw. eine Psychokineseerscheinung (Klopfen, Tischlevitation etc.) ausgelöst – beim Agenten (Versuchsperson, die sendet) etwa durch stark emotionierende zu übertragende (zu sendende) Informationen (aufregende Bilder bei Bildübertragungsexperimenten und anderes).

Es darf als erwiesen gelten, daß eine außersinnliche Informationsübertragung, also etwa Telepathie, beim Empfänger ihren Weg über das Unterbewußtsein nimmt (wie, ist derzeit unbekannt), sodaß das Wirksamwerdenlassen (das „Heraufholen") unterbewußter seelischer Inhalte in vielen Fällen eine Voraussetzung für die Feststellbarkeit eines ASW-Phänomens ist. Dieses Heraufholen gelingt besonders gut in einem Zustand mehr oder minder stark herabgeminderten Wachbewußtseins des Empfängers zum Zwecke der Abschirmung gegenüber Reizen, die den unterbewußten Vorgang stören oder überdecken. Solche, in ihrer Tiefe verschiedenen Zustände sind etwa wie folgt zu benennen bzw. zu beschreiben: der „Zustand entspannter Aufmerksamkeit" oder auch „Zustand seelischer Leere", der hypnotische (genauer fremdhypnotische) Zustand, der autohypnotische Zustand (Trance), der normale Schlaf (etwa bei traumtelepathischen Experimenten, siehe später) und die Übergangsphase Schlaf–Wachsein.

Hilfsmittel zur Abschirmung bewußt aufgenommener Reize und zur Erreichung des günstigen, mehr oder weniger tiefen Dämmerungszustandes sind etwa: Konzentration auf einen glänzenden Gegenstand (bekannt von der Hypnose, doch gehört hierher auch die Kristallkugel der Wahrsager), Entspannungsübungen, Meditationsübungen, Singen erbaulicher, meist religiöser Lieder; umstritten ist die Wirkung von Psychopharmaka (Nervengiften) wie z.B. Meskalin, Alkohol etc.

In den geschilderten Zuständen treten dann die erwähnten psychischen Automatismen leichter auf, die man zum Bewußtmachen unterbewußter seelischer Inhalte mit großem Erfolg verwenden kann und die nach Rudolf Tischner sehr anschaulich „Steigrohre des Unterbewußten" genannt werden. Neben den schon erwähnten verschiedenen automatischen Schreibverfahren mit dem umgestülpten Glas, mit einem Schreibtischchen oder anderen Schreibapparaten benützt man vor allem das unmittelbare automatische Schreiben mit dem Bleistift bzw. dem Kugelschreiber oder der Schreibmaschine (Christl Raab, Kap. 5.1.2.2); man legt auch visuelle Halluzinationen aus, wie sie beim Kristallsehen oder beim Betrachten einfärbiger, meist dunkler Flächen provoziert werden (eidetische Bilder), oder man deutet einfache motorische Reaktionen (Pendel- und Wünschelrutenausschläge). Bei spiritistischen Sitzungen (Séancen) wird vor allem automatisches Sprechen in Trance befindlicher „Medien" praktiziert.


## 4.3 STATISTISCH AUSWERTBARE VERSUCHSREIHEN IN DER LABORSITUATION

Den Wissenschaftler spricht diese Versuchsart vielfach am stärksten an, und die Jahrzehnte währenden Versuchsreihen des amerikanischen Professors J. B. RHINE haben den Grundstein zur Anerkennung der Parapsychologie als wissenschaftlich relevantes Fachgebiet gelegt.

## II. Teil
## Parapsychische Phänomene

## 5 PARAPSYCHISCHE PHÄNOMENE (AUSSER-SINNLICHE WAHRNEHMUNG, ASW)
### 5.1 TELEPATHIE
#### 5.1.1 TELEPATHISCHE SPONTANPHÄNOMENE[7]

Die große Bedeutung der Spontanphänomene liegt in der Fülle des übertragenen Informationsinhaltes, sodaß es für die Anerkennung als Faktum einer Informationsübertragung keiner weiteren Überprüfung durch ein statistisches Verfahren bedarf. Wegen der Einmaligkeit der Ereignisse wäre im übrigen eine Überprüfung der Signifikanz auf statistischer Basis auch nur in den seltensten Fällen möglich. Die folgenden, zumeist selbst erlebten oder selbst dokumentierten Beispiele zeigen deutlich, daß man hier Zufall in evidenter Weise ausschließen kann. Das Spontanphänomen steht und fällt alleine mit dem für alle Telepathieexperimente nötigen Nachweis, daß die beobachtete Informationsübertragung nicht mit Hilfe bekannter Hilfsmittel bzw. durch die „normalen" Sinne stattgefunden hat. Im übrigen gilt natürlich als Voraussetzung für eine wissenschaftliche Brauchbarkeit des Falles, daß die Dokumentation einwandfrei erfolgt ist; das heißt vor allem, daß die Niederschrift möglichst umgehend angefertigt wurde und das Faktum durch Zeugen und (oder) möglichst gutes anderes Beweismaterial hinreichend belegt ist (unbeabsichtigte Erinnerungstäuschungen sind jedem Juristen von Zeugenaussagen her bekannt).


FALL 1: „EMMY"

Von 1940 bis 1942 war ich in Regensburg in Garnison und dort mit einer jungen Dame mit Vornamen Emmy befreundet. Ihre Eltern waren geschieden, ich lernte nur ihre Mutter, nicht jedoch ihren Vater kennen. In Gesprächen wurde er nie erwähnt – er war gewissermaßen nicht existent –, sodaß ich über ihn keinerlei Information besaß. Nach Kriegsende bestand mit Emmy, die inzwischen selbst Familie besaß, nur noch ein gelegentlicher informativer Briefwechsel. Sie wohnte nach wie vor in Regensburg, ich studierte zu Hause in Wien. Meiner Familie war Emmy nicht persönlich, sondern nur durch meine Erzählungen und die gelegentlichen Briefe bekannt.

Am 1. Februar 1948 fragte mich beim Frühstück meine Schwester, ob ich etwas über Emmys Vater wüßte. Ich erklärte ihr, daß ich während meines Regensburger Aufenthaltes nie etwas über ihn erfahren und nun nach so langer Zeit erst recht keine Ahnung hätte, wie es ihm gehe und ob er überhaupt noch lebe. Auf meine Frage, wieso sie denn plötzlich auf den uns allen völlig unbekannten Herrn zu sprechen komme, berichtete sie, in der vergangenen Nacht geträumt zu haben, Emmys Vater sei an Herzlähmung gestorben.

Etwa zwei Wochen später erreichte mich ein vom 6. Februar datierter – also eine Woche nach dem Ereignis verfaßter – und am 8. Februar abgestempelter Brief Emmys, in dem sie vom Tode ihres Vaters am 31. Jänner 1948 mit der Todesursache „Herzlähmung" Mitteilung machte. (Abb. 6a und 6b) Während also die Bestätigung des Ereignisses erst nach 14 Tagen eintraf, übernahm meine Schwester die Information unmittelbar zur Zeit des Geschehens, offenbar auf telepathischem Wege im Traum.

*Abbildung 6a: Todesanzeige (Archiv Hofmann)*

Eine so rasche Übermittlung hätte auf normale Weise nur fernschriftlich oder fernmündlich erfolgen können, was aber schon im Hinblick auf die gegebene Sachlage – nur noch gelegentliche briefliche Verbindung zwischen Emmy und mir und Verschweigen jeglicher Information über ihren Vater von Anfang unserer Bekanntschaft an – gar nicht in Frage gekommen wäre und auch in der Tat nicht der Fall war.

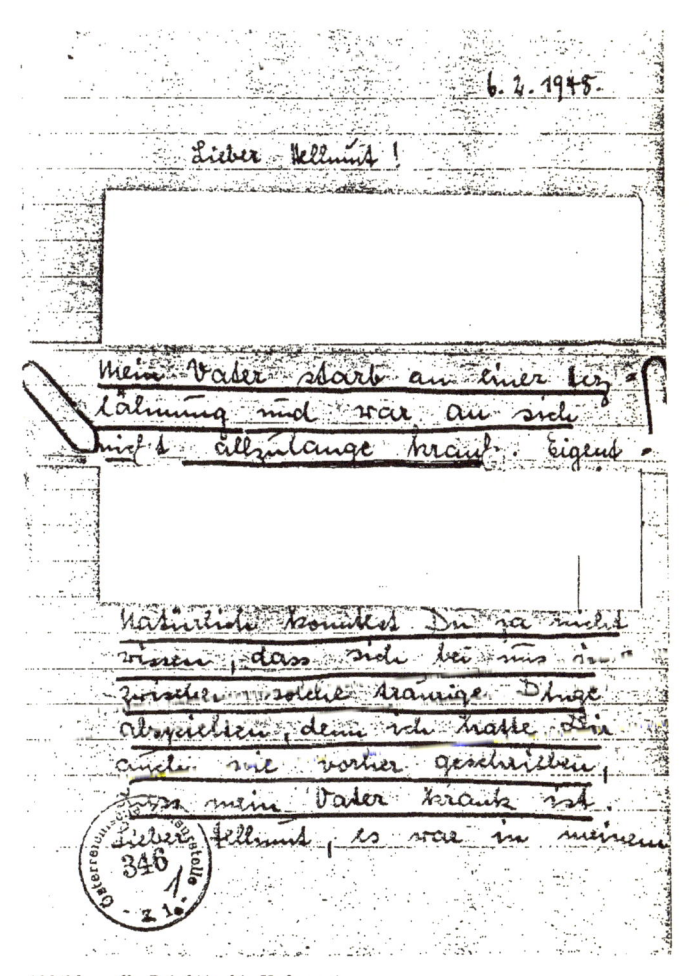

*Abbildung 6b: Brief (Archiv Hofmann)*

Als ungewöhnlich an dieser Übertragung muß hervorgehoben werden, daß die telepathische Botschaft nicht von mir als dem zu erwartenden Empfänger, sondern von meiner völlig unbeteiligten Schwester übernommen wurde, obwohl Emmy – wie sie in ihrem Brief erwähnte – am Sterbebett ihres Vaters sehr intensiv an unsere seinerzeitige Verbindung und insbesondere auch an ein Zerwürfnis im Zusammenhang mit dem Soldatentod meines Bruders dachte.

FALL 2: „FINGERSPITZE"

Der ehemals sehr bekannte Wiener praktische Arzt und Vorsitzende der „Ärztlichen Gesellschaft für Hypnose und Autogenes Training", Dr. Heinrich WALLNÖFER, stellte das nachstehend wiedergegebene Protokoll vom 25. Juni 1971 über eine spontane telepathische Übertragung zur Verfügung, die eine seiner Patientinnen erlebte:

„Mir [= der Patientin] träumte, daß ich die Fingerspitze des linken Zeigefingers verloren habe. Ich suchte sie und fand sie nicht. Plötzlich war sie wieder da und zwar in einiger Entfernung zum verkürzten Finger. Die Fingerspitze war ganz weiß, und ich nahm sie und drückte sie mit der rechten Hand fest auf den Zeigefinger drauf in der Hoffnung, daß sie wieder anwachsen werde. In diesem Augenblick erwachte ich und sah sofort nach, ob mein linker Zeigefinger verletzt wäre. Als ich befreit seine Unversehrtheit feststellte, schlief ich wieder ein. Am nächsten Abend telefonierte ich routinemäßig mit meiner Mutter, die 320 Kilometer entfernt in einer kleinen Stadt lebt. Sie erzählte mir unter anderem auch, daß ihre Schwester (also meine Tante) sie am Vortag angerufen und ihr ganz aufgeregt mitgeteilt habe, daß etwas Unangenehmes passiert sei: Meine Tante ist mit dem Zeigefinger der linken Hand in den Propeller des Ventilators gekommen, und es wurde ihr die Fingerspitze weggerissen. Sie mußte sofort ins Krankenhaus, wo ihr die Fingerspitze angenäht und die Hand in Gips gelegt wurde, da sie sich auch einen anderen Finger gebrochen hatte. Meine Tante wohnt ca. 160 Kilometer von mir entfernt, fast genau in der Mitte der Strecke zwischen dem Wohnort meiner Mutter und mir. Meine Tante hatte ich seit eineinhalb

Jahren nicht gesehen, und mein Kontakt zu ihr ist sehr lose. Man kann eher sagen, daß wir in den vergangenen eineinhalb Jahren überhaupt keinen Kontakt miteinander hatten."

FALL 3: „KAFFEEMASCHINE"

Einer meiner ehemaligen Assistenten, der inzwischen zum Professor avancierte Dr. Helmut PFÜTZNER, interessierte sich seit langem für Parapsychologie, kannte die einschlägige Literatur und war bemüht, sich durch Beteiligung an meinen Untersuchungen und eigene Aktivitäten ein Urteil über die Existenz paranormaler Phänomene zu bilden. Da er bislang selbst keinen ihn überzeugenden Fall erlebte, war er skeptisch, ob Paraphänomene überhaupt existierten. Im Jänner 1977 überreichte er mir nach der Rückkehr aus dem Urlaub mit der Bemerkung, nun habe es auch bei ihm „eingeschlagen", nachstehend wiedergegebenes Protokoll:

„Am 8. Jänner 1977 – während eines Urlaubs in unserem Bad Gasteiner Hotel – verließ meine Frau um ca. 8.30 Uhr morgens das Schlafzimmer, um aus der Hotelküche Kaffee zu holen. Ich schlief nochmals ein und wurde durch ihre Rückkehr geweckt. Spontan erzählte ich ihr, sie hätte mich aus einem Traumgeschehen geweckt oder – besser noch – erlöst: Eine Flasche, auf einem kleinen an der Wand befestigten Schrank befindlich, fällt um und entleert sich, sodaß der (rote) Wein langsam an den Schrankwänden entlang über einen darunter stehenden Tisch hinweg zu Boden fließt. Worauf meine Frau berichtet, gerade das sei ihr eben passiert, nun müßte sie es wohl gestehen: In der Küche hatte sie eine Kanne unter die an der Wand befestigte (Dalux) Kaffeemaschine gestellt, den Abflußhahn geöffnet und sich daran gemacht, Tassen und anderes vorzubereiten, als sie plötzlich durch heiße Spritzer auf die Beine an den geöffneten Kaffeehahn erinnert wurde. Inzwischen hatte sich eine Unmenge Kaffee über einen unter der Maschine befindlichen Küchenschrank ergossen und war die Schrankwand entlanggeflossen, um am Boden eine Lache zu bilden. Der Schrecken meiner Frau war besonders groß, da zu dieser Zeit die Küche stark überlastet war und obendrein der besonders starke (und daher notwendige) erste Teil des Kaffees verlorengegangen war. Ergänzend sei betont, daß ich nur in ganz besonders seltenen Fällen von meinen Träumen erzähle und ferner, daß Schlafzimmer und Küche in völlig getrennten Gebäudeteilen untergebracht sind; dazwischen liegen ein weites Stiegenhaus und verwinkelte Gänge mit mehreren Türen."

Die Abweichung bei der Übertragung zwischen Kaffee (Sender) und Rotwein (Empfänger) könnte z. B. in der höheren Affinität Prof. PFÜTZNERS zu Wein liegen.

FALL 4: „BURGENLAND"

Meine Tochter Barbara erwies sich schon früh als vorzügliche Empfängerin für telepathische Übertragungen von Mutter und Vater her. Eines der ersten überzeugenden Spontanphänomene ereignete sich im Sommer 1976, als Barbara knapp dreieinhalb Jahre alt war. An einem Sonntagmorgen lagen sowohl wir Eltern im Schlafzimmer als auch Barbara in ihrem Kinderzimmer im Bett, es hatte noch niemand zu erkennen gegeben, daß er aufgewacht war. Die Türen beider Zimmer zum Flur standen wie immer offen, es bestand jedoch keine Sichtverbindung zwischen Kinderzimmer und Schlafzimmer. Ich selbst war bereits wach, döste vor mich hin und überlegte, ob wir mit dem Auto ins Burgenland fahren sollten, um Wein einzukaufen, da mein Keller schon ziemlich leer war. Da ertönte im Kinderzimmer Barbaras Stimme: „Aber Papa, im Burgenland waren wir doch erst!" Wie sich herausstellte, war auch Barbaras Mutter schon wach und hatte ebenfalls verwundert dieses erste Lebenszeichen Barbaras an diesem Morgen gehört. Die Wohnung ist als Hofwohnung völlig ruhig, das Radio war natürlich noch nicht eingeschaltet, es gab also keine Geräusche, die etwa bei Barbara und mir gleichartige, auf das Burgenland hinführende Assoziationen hervorrufen hätten können. Im übrigen war Barbaras Ruf als unmittelbare Antwort auf meine Überlegungen formuliert, sodaß eine normale Erklärung ausscheidet und zweifelsohne eine telepathische Kommunikation vorlag.

FALL 5: „OMA"

Barbaras Mutter berichtete eines Morgens unmittelbar nach dem Aufwachen, daß sie eben einen unangenehmen Traum hatte. Sie sah, daß ihre Mutter, also Barbaras Oma, die täglich in der Früh zu uns kam, um Barbara zu betreuen, am Weg von ihrer Wohnung zu uns an der Ecke Mittersteig–Ziegelofengasse beim Versuch, die Ziegelofengasse zu überqueren, fast einen Unfall hatte. Ein sehr schnell fahrendes Auto zwang sie, sich rasch zurück auf den Gehsteig zu retten, da sie bereits die Fahrbahn betreten hatte und nur so dem Unfall entgehen konnte. Wir warteten aufgeregt auf Oma und als wir hörten, daß sie unsere Wohnungstüre aufsperrte, stürzten wir ins Vorzimmer, um zu sehen, ob Oma etwas passiert wäre. Oma erzählte sofort, bevor wir noch etwas sagen konnten, von ihrer Rettung vor einem Unfall an der Kreuzung Mittersteig–Ziegelofengasse, auch alle anderen Details stimmten mit dem Traum von Barbaras Mutter überein: das schnell fahrende Auto, die von Oma bereits betretene Fahrbahn der Ziegelofengasse beim Versuch, diese zu überqueren, und der rettende Sprung zurück auf den Gehsteig.


FALL 6: „TULLN"

Am 18. Juni 1978 frühstückten wir morgens gegen 9.30 Uhr, Barbara saß rechts neben mir auf der einen Seite eines rechteckigen Tisches, ihre Mutter an der gegenüberliegenden Seite. Nach dem Frühstück plauderte ich zunächst mit Barbara, ihre Mutter studierte die Zeitung, wobei sie diese mit beiden Händen vor sich hielt, sodaß für uns Gegenübersitzende nicht zu sehen war, was sie las. Dann etwas Stille, als plötzlich Barbara, ohne jeden Zusammenhang mit dem mit mir geführten Gespräch, ihre Mutter fragte: „Mama, wieviel Stunden sind wir damals mit dem Auto nach Tulln gefahren?" Barbaras Mutter ließ die Zeitung sinken und zeigte verwundert eine Meldung, die sie eben mit Beklemmung gelesen hatte und die von einem tödlichen Unfall auf einer Straße im Bezirk Tulln handelte (Abb. 7). Barbara war etwa zwei Wochen vorher mit ihrer Mutter in deren Auto an dieser unübersichtlichen Unfallstelle vorbei nach Tulln gefahren

Sonntag, 18. Juni 1978 / Nr. 6484

## Doppelsturz mit „heißen Eisen"
### Ein Motorradfahrer getötet, der zweite schwer verletzt

In einer Doppel-S-Kurve zwischen Staasdorf und Frauenhofen im Bezirk Tulln (NÖ) kam der 28 Jahre alte Günther Novak aus Langenrohr mit seiner Honda 500 von der Fahrbahn ab. Er prallte gegen einen Telefonmast und flog rechts in ein Getreidefeld. Der 21jährige Richard Drahtberger aus Staasdorf, der mit einer Kawasaki 900 vor Günther Novak fuhr, hörte den Anprall, drehte sich um und kam dabei ebenfalls von der Straße ab. Er stieß mit der Maschine gegen einen Baum und wurde links von der Fahrbahn in ein Getreidefeld geschleudert. Richard Drahtberger erlitt tödliche Verletzungen. Günther Novak wurde schwer verletzt in das Krankenhaus Tulln eingeliefert. Er konnte bisher vom Verkehrsunfallkommando noch nicht einvernommen werden. An der Unfallstelle wurden keine Bremsspuren gefunden.

*Abbildung 7: Zeitungsmeldung (Archiv Hofmann)*

– auf diese Fahrt bezog sich Barbaras Frage – und der Gedanke, es hätte auch ihnen damals ähnlich ergehen können, rief bei Barbaras Mutter beim Lesen der Meldung eine starke Erregung hervor. Es sei vermerkt, daß das Radio nicht eingeschaltet war und auch ein von Barbara hyperästhetisch übernommener Hinweis aufgrund unbewußten Flüsterns ihrer Mutter im Hinblick auf die örtliche Situation mit Sicherheit als Erklärung ausscheidet. Lag also für Barbara kein akustischer Hinweis auf Tulln vor, so konnte sie schließlich nicht nur wegen der von ihr abgewandten Zeitungsseite mit der Meldung, sondern auch wegen der Tatsache, daß sie damals im Alter von etwas über fünf Jahren Druckschrift noch kaum lesen konnte, auch keinen auf optischem Weg erhalten haben. Auf meine Frage „Wieso weißt du, was Mama gelesen hat?" antwortete Barbara: „Ich habe es ja gehört." (Bei Kindern im Vorschulalter werden telepathische Übertragungen häufig beobachtet. [34] S. 153)

FALL 7: „VISION DES HERRN E."

Mitunter können telepathische Übertragungen so stark wirken, daß sie beim Perzipienten Halluzinationen auslösen, vor allem, wenn dieser zum Halluzinieren neigt. Der folgende, im Jahr 1963 protokollierte Bericht des Herrn E. über eine Erscheinung im Zusammenhang mit dem Ableben seines im Nebenhaus wohnenden Bekannten, Herrn U., zeigt einen solchen Fall, wobei Herr E. nach seinen Angaben mehrere ähnliche Erlebnisse hatte, teilweise ebenfalls von Visionen begleitet.

Bericht des Herrn E.: „Es war etwa zwei Tage vor dem Tod meines Nachbarn, Herrn U. Ich lag abends bereits im Bett und schlummerte leicht. Plötzlich sah ich Herrn U. ins Zimmer treten. Er lächelte mir freundlich zu, trat an mein Bett, ergriff meine Hand und neigte sich etwas näher zu mir. Er sagte dabei: „Grüß dich Gott!" und drückte meine Hand so fest, daß ich sie noch am nächsten Morgen spürte. Herr U. erschien mir in seiner gewohnten Kleidung, ohne Hut. Besonders eindrucksvoll war seine besondere Freundlichkeit, sein Lächeln. Er sagte dann: „Auf Wiedersehen!" und die Erscheinung war plötzlich verschwunden. Ich war, vor allem durch den starken Händedruck, völlig wach geworden und fragte meine Frau, die – ebenfalls im Halbschlaf – neben mir lag, ob sie Herrn U. gesehen habe, was sie aber verneinte. Etwa 10 bis 14 Tage nach dem Tode des Herrn U. machte ich seiner Frau Mitteilung von meinem Erlebnis. Herr U. starb am 28. November 1955."

Bericht der Witwe Frau U.: „Ein oder zwei Tage vor dem Ableben meines Mannes – er war bereits so schwach, daß er sich kaum noch im Bett bewegen konnte – erzählte er mir morgens, sofort nachdem ich aufgewacht war, aufgeregt ein Erlebnis mit etwa den folgenden Worten: „Mutti, ich war heute Nacht bei Herrn E.! Ich verstehe das nicht, ich kann ja doch nicht aufstehen!" Ich faßte das zunächst als Traumerlebnis meines Mannes auf, doch widersprach er mir, da er das bestimmte Gefühl hatte, gewissermaßen körperlich im Nachbarhaus gewesen zu sein. Ich ging in der Folge auf diese Auffassung meines Mannes ein und fragte ihn: „Was hast du denn beim Herrn E. drüben gemacht?" Darauf antwortete er und zuckte dabei fragend mit den Schultern: „Ich habe ihm die Hand gegeben, aber ich verstehe nicht, wie das möglich ist, da ich ja nicht mehr aus dem Bett heraus und mich nicht mehr bewegen kann!" Ich meinte daraufhin: „Da wird sich der Herr E. aber gefreut haben!" Etwa zwei Wochen nach dem Tode meines Mannes suchte ich Herrn und Frau E. auf, bei welcher Gelegenheit mir, ohne daß ich eine Erwähnung gemacht hätte, von dem Erscheinen meines Mannes Mitteilung gemacht wurde."

Hinweis: Bei OBE (Out-of-the-Body-Experiences = außerkörperliche Erfahrungen) hat man das Gefühl, sich aus dem Körper heraus und an einen anderen Ort zu begeben, wo man sieht und hört, was dort geschieht und unter Umständen auch gesehen werden kann. Dies ist auch als dramatisiertes Telepathie- oder Hellseherlebnis erklärbar. Starke außerkörperliche Erfahrungen hatte Lotte INGRISCH [10], ein bekanntes Werk für OBE stammt von MONROE [11].

*Beispiel: Die Vision eines New Yorker Arztes während einer Erholungsreise auf einem Flußdampfer:*
„[...] Auf seinem Bett [...] ausgestreckt, hat er plötzlich das Gefühl, sich von seinem Körper zu trennen, sieht sich selbst liegen und befindet sich plötzlich im Studio seines Freundes in New York. Dieser schaut ihn erstaunt an und sagt: ‚Was tust du hier? Ich glaubte, du seiest in Florida.' Nach einiger Zeit fühlt er, daß er wieder in seinen Körper eintritt."

Der Bericht fährt fort, daß er brieflich seinen Freund von dem Erlebnis in Kenntnis setzt, wobei sich jedoch sein Brief mit dem seines Freundes kreuzt, der ihm seinerseits erzählt, daß er ihn plötzlich in seinem Studio gesehen habe.

„Das ist kein Ausnahmefall, es gibt zahlreiche ähnliche Berichte. Bei allen erhebt sich die Frage, ob sich ein vom physischen Leib getrennter, ‚feinstofflicher' Leib, ein Astralleib – wie die Okkultisten es nennen –, an einen fernen Ort begeben hat oder ob das Ereignis auf eine wechselseitige außersinnliche Wahrnehmung, eine reziproke telepathische Verbindung mit halluzinatorischen Visionen, zurückzuführen ist." [12]

Berichte über Spontanphänomene liefern in erster Linie kasuistisches Material (Fallmaterial), und sie sind – wie bereits erwähnt – geeignet, das Faktum der Telepathie in besonders eindringlicher Weise zu demonstrieren. Sie bilden meist den Anlaß dafür, daß man sich für Probleme der Parapsychologie zu interessieren beginnt, wobei zugegeben werden muß, daß die starke Wirkung vor allem eine subjektive, die Beteiligten betreffende ist, während Unbeteiligte und Uninformierte solche Berichte – vielfach schon, um ihr festgefügtes Weltbild nicht zum Wanken zu bringen – als „Geschichtchen" abtun, die sich irgendwie „auf normale Weise" aufklären lassen. Der Interessierte, der sich von der Tatsächlichkeit der Phänomene überzeugt hat und sich näher mit den Berichten auseinandersetzt, registriert sehr bald Gemeinsamkeiten bei den einzelnen Fällen, die nicht zu übersehen sind und die erste Ansätze für eine systematische Erforschung sowie Hinweise für die erfolgreiche Durchführung gezielter Versuche, die in den nächsten Kapiteln besprochen werden sollen, liefern. Dieses für Spontanphänomene typische „Muster" ist an Hand der mit Absicht ihrer Art nach relativ verschieden gewählten Beispiele sehr leicht zu erkennen, wobei von den nachfolgend angeführten, wohl als den wichtigsten anzusehenden Bedingungen natürlich nicht alle in jedem einzelnen Fall gegeben oder zumindest erkennbar sein müssen:

Spontanphänomene treten offenbar (leichter, stärker) auf, wenn

a) zwischen Agent (Sender) und Perzipient (Empfänger) eine gewisse seelische Verbindung besteht, es sich also um einander nahestehende Personen handelt;

b) der Agent durch eine entsprechende seelische Situation stark emotionalisiert ist, sodaß er entweder – wohl meist unbewußt – sein Interesse auf eine bestimmte andere Person richtet, oder aber die Erregung so intensiv ist, daß sie gewissermaßen bis zu einer nahestehenden Person „durchschlägt";

c) ein psychischer Zustand beim Perzipienten gegeben ist, bei dem das Wachbewußtsein und somit auch die bewußte Reizaufnahme (der normalen Sinne) herabgemindert sind, sodaß die Bewußtwerdung unterbewußter seelischer Inhalte begünstigt ist, wie eben im Schlaf oder Halbschlaf, im Traum, im Zustand „seelischer Leere", im Koma, in Fremd- oder Selbsthypnose (Trance), bei Automatismen etc.

Zweifelsohne wirkt in Todesnähe eine außergewöhnlich starke Emotion, und in einer derartigen Situation ereignen sich besonders häufig paranormale Phänomene, vor allem telepathische Übertragungen (z. B. eine Mutter sieht plötzlich als Vision den Tod ihres Kindes). Vor Jahren hatte sich die „Österreichische Gesellschaft für Parapsychologie und Grenzbereiche der Wissenschaften" (damals „Österreichische Gesellschaft für psychische Forschung") an den Leserkreis einer Illustrierten mit der Bitte gewandt, Erfahrungsberichte über selbst erlebte paranormale Erscheinungen zur Verfügung zu stellen. Es langten viele Hunderte Briefe ein, von denen etwa 80 % Mitteilungen über derartige Ereignisse im Zusammenhang mit dem Tod einer nahestehenden Person enthielten.

### 5.1.2 EXPERIMENTE MIT TELEPATHIEBEGABTEN VERSUCHSPERSONEN

Spontanphänomene besitzen zwar eine große Überzeugungskraft, sie bieten jedoch relativ wenig Möglichkeiten für eine eingehendere wissenschaftliche Untersuchung der Telepathie. Man ist daher bemüht, durch gezielte, also geplante Versuche, bei denen der Experimentator die Bedingungen möglichst weitgehend selbst stellen und variieren kann, die Phänomene der Telepathie experimentell in den Griff zu bekommen. Es ist naheliegend, solche Versuche mit Personen durchzuführen, die erfahrungsgemäß eine telepathische Begabung besitzen.

Von dem bekannten Physiker, Mathematiker und Philosophen Albert EINSTEIN (1879–1955), dessen Denken das 20. Jahrhundert entscheidend beeinflußte, wird folgender Bericht überliefert:

„1915 hatte EINSTEIN FREUD und den Sensitiven Wolf MESSING zu Gast, und man beschloß, Messings angebliche Fähigkeiten zu prüfen: FREUD sollte ihm einen mentalsuggestiven Befehl geben. – Messing ging ins Badezimmer, holte eine Pinzette und zupfte EINSTEIN drei Barthaare aus; FREUD bekannte, dies sei in der Tat sein gedachter Auftrag gewesen." (Aus [33] S. 152.)

Entsprechend den mit Spontanphänomenen gemachten Erfahrungen (a, b, c) wird man bei gezielten Telepathieversuchen trachten:

a) als Agent und Perzipient möglichst solche Versuchspersonen auszuwählen, die einander gut kennen und womöglich schon eigene Erfahrungen mit telepathischen Übertragungen gemacht haben;

b) Zielobjekte (also jene Gegenstände, Persönlichkeiten, Bilder, abstrakte Begriffe etc., auf die sich der Agent beim Versuch konzentriert und von denen der Perzipient aufgrund telepathischer Übertragung möglichst viele Details erkennen soll) zu benützen, die die Versuchsperson, insbesondere den Agenten, stark ansprechen (emotionieren);

c) vor allem beim Perzipienten einen psychischen Zustand eintreten zu lassen, der ihm das Bewußtmachen der unterbewußt auf telepathischem Weg in Erfahrung gebrachten Informationen ermöglicht. Von solchen Zuständen – sie wurden bei den Spontanphänomenen erwähnt – eignen sich vor allem die Trance, der Schlaf (traumtelepathische Versuche) oder einfach ein Zustand „seelischer Leere". Letzterer ist dadurch gekennzeichnet, daß man logisch-bewußtes Denken weitestgehend ausschaltet und sich in einen Zustand „entspannter Erwartung" versetzt, in dem man Gedanken, Eindrücke, Bilder gewissermaßen von selbst (aus dem Unterbewußtsein) kommen läßt. Besonders günstige Resultate ergeben sich, wenn der Perzipient in einem solchen Zustand einen psychischen Automatismus produzieren, also seine Eindrücke durch automatische Rede (vorwiegend in Volltrance), oder durch automatisches Schreiben oder Zeichnen wiedergeben kann.

Neuerdings wird in diesem Zusammenhang auch die „Ganzfeldmethode" angewandt, wo eine völlige Abschirmung der Versuchspersonen den Einfluß unerwünschter Außenreize verhindert (abgeschirmte Kammer, Ruhestellung – z.B. Liege, Bett, bequemer Sessel – angenehme optische, z.B. Rotlicht, und akustische Reize, z.B. Rauschen der Meeresbrandung über Kopfhörer etc.).

5.1.2.1 SPIRITISTISCHE SÉANCEN

Bei spiritistischen Sitzungen („Séancen") fungiert in den meisten Fällen ein sogenanntes „Medium" als Mittler zwischen den Anwesenden und den „Wesenheiten" (meist „Jenseitigen"), mit denen die Teilnehmer in Kontakt zu treten wünschen. Vielfach fällt das Medium dabei in einen Trancezustand, das heißt, in einen autohypnotisch herbeigeführten Schlafzustand, in dem das Wachbewußtsein des Mediums abgeschaltet ist. Es weiß dann auch nach der Sitzung nicht, was sich ereignet und was es selbst automatisch gesprochen hat („automatische Rede"). Die Äußerungen des Mediums werden von den spiritistischen Gläubigen als Mitteilungen eben von Jenseitigen, unter anderem auch von verstorbenen Angehörigen, aufgefaßt („spiritistischer" Standpunkt). Der Wissenschaftler ist meist überzeugt, daß diese Äußerungen auf die unterbewußte seelische Tätigkeit der Sitzungsteilnehmer oder allenfalls auch anderer *lebender* Personen zurückzuführen ist (sogenannter „animistischer" Standpunkt). Jedenfalls aber kann man bei solchen Séancen häufig parapsychologische Phänomene erleben.

Unmittelbar nach Endes des Zweiten Weltkrieges hatte ich Gelegenheit, an derartigen spiritistischen Sitzungen teilzunehmen. Es war damals üblich, nach der Botschaft des „Leitgeistes" des Mediums Fragen an diesen zu stellen, die dann beantwortet wurden. Dabei zeigten sich telepathische Fähigkeiten des Mediums, wie ich sie in einer solchen Vollkommenheit später nie wieder erlebte. Sicherlich spielte der feste Glaube, daß die über das Medium sich manifestierenden „Geister" evidenterweise auch alle unsere Gedanken und Wünsche kennen, mit eine wesentliche Rolle für das Gelingen telepathischer Übertragungen. Der Experimentator hat bei spiritistischen Séancen allerdings nur sehr beschränkte Möglichkeiten, die Versuchsbedingungen selbst zu bestimmen, er muß sich vielmehr dem traditionellen Ritus anpassen und dabei versuchen, Phänomene zu provozieren. Es sei nachfolgend ein Fall beschrieben:

Nach der Trancerede des „Leitgeistes" kam die übliche Fragestunde. Die Teilnehmer fragten damals (1945) häufig nach dem Schicksal verschollener Kriegsteilnehmer, es wurden Ratschläge für die Behandlung irgendwelcher Leiden erbeten etc. Als die Reihe an mich kam, zögerte ich mit der Formulierung meiner Frage. Ich wollte Auskunft über Möglichkeiten, meinem damals sehr deprimierten Vater zu helfen, überlegte aber wegen der Anwesenheit der beiden Schwestern meines Vaters, ob ich eine solche Frage stellen solle. Da half mir das Medium (der „Leitgeist") mit der Aufforderung: „Wenn du dich genierst, die

Frage auszusprechen, so kannst du sie dir denken, ich verstehe dich ja auch so!" Ich dachte also nochmals an das Problem mit meinem Vater, und das Medium antwortete sofort: „Weißt du, du mußt deinen Vater verstehen [...]" Es folgten einige Bemerkungen über meinen Vater und Ratschläge, die durchaus meinen Vorstellungen entsprachen und vermutlich telepathisch von mir „abgezapft" waren. Faszinierend war aber die Tatsache, daß das Medium auf meine gedachte Frage ohne den geringsten Hinweis sofort in völlig treffender Weise antwortete, so als hätte es meine Frage wörtlich verstanden. Das Beispiel ist an sich dem Fall „Burgenland" aus Abschnitt 5.1.1 sehr ähnlich, doch handelte es sich dort um einen selten auftretenden Spontanfall, während hier das Medium in Trance offensichtlich in der Lage war, laufend solche telepathischen Kontakte herzustellen.

Die okkultistische Literatur ist voll von Berichten über Erfahrungen mit Trancemedien, sodaß hier nicht mehr weiter auf diesen Themenkreis eingegangen werden muß.

### 5.1.2.2 GEPLANTE TELEPATHIEVERSUCHE MIT WACHEM PERZIPIENTEN

Die bekannteste Form geplanter Telepathieversuche ist wohl das Bildübertragungsexperiment.

Der Agent konzentriert sich dabei auf ein Zielbild, das der Perzipient übernehmen und wiedergeben, am besten zeichnen soll: zumindest soll er es in möglichst vielen Details beschreiben.

Bei der Auswahl der Zielbilder soll man möglichst keine sehr allgemeinen Bilder, wie Haus, Baum, Schere etc., nehmen, da die Gefahr groß ist, daß der Perzipient zufällig auch ein solches übliches Bild wählt. Agent und Perzipient sollen sich in verschiedenen Räumen befinden, einer davon am besten in einem Faradaykäfig zur Verhinderung nicht nur akustischer, sondern vor allem auch radiogestützter Verständigung.

Eine besonders bekannte und erfolgreiche Versuchsserie wurde vom Ehepaar SINCLAIR durchgeführt und von Upton SINCLAIR in dem Buch Mental Radio (deutsche Ausgabe [13]) publiziert. Das Geleitwort verfaßte Albert EINSTEIN.

Im Normalfall fertigte Upton SINCLAIR, ein bekannter amerikanischer Schriftsteller, das Zielbild an und konzentrierte sich darauf, während seine Frau Mary Craig versuchte, es zu zeichnen; sie fügte manchmal auch noch Kommentare dazu. Der Abstand zwischen Agent (Upton SINCLAIR) und Perzipient (Mary Craig SINCLAIR) betrug bis zu 50 Kilometer!

Von meinen Versuchen mit Max BÖHM (dem Sohn des Kabarettisten Maxi BÖHM) zeigt Abbildung 8 ein gelungenes Experiment, das in meinem Institut an der TU Wien stattfand.

Zu erwähnen sind auch die Experimente mit Uri GELLER am „Stanford Research Institute" (publiziert in „Nature", 18. 10. 1974 und in [14]).

VERSUCHE MIT SCHRIFTSTÜCKEN ALS ZIELOBJEKTEN

Im Jahr 1967 ergab sich für mich die Möglichkeit, gezielte Telepathieversuche mit einer Versuchsperson als Perzipient durchzuführen, die bereits durch paranormale Begabung bekanntgeworden war. Es handelt sich um die von Hans BENDER in einer Publikation über eine Ufo-Vision als Frau K. benannte Versuchsper-

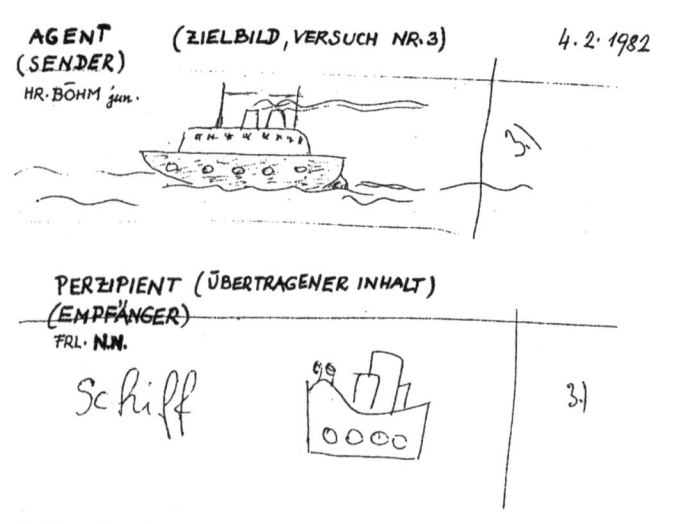

*Abbildung 8: Gelungener Versuch mit wachem Perzipienten (Original Hofmann)*

son, deren richtiger Name – ich bin ermächtigt, ihn zu nennen – Frau RAAB lautet. Ich kannte Frau RAAB seit vielen Jahren, sie studierte gleichzeitig mit mir an der Technischen Universität in Wien. Zur Zeit der Versuche war Frau RAAB die Ehefrau des inzwischen verstorbenen Wiener Notars Dr. Wilhelm RAAB. Von ihrem Interesse für Parapsychologie und ihren diesbezüglichen Fähigkeiten erfuhr ich allerdings erst durch Zufall im Jahr 1967. Frau RAAB schreibt automatisch, am liebsten auf der Schreibmaschine. Sie gibt an, es sei ihr bewußt, daß es sich um automatisch produzierte Äußerungen ihres Unterbewußten und nicht um Einwirkungen einer von ihr unabhängigen, etwa im Jenseits existierenden Persönlichkeit handle. Trotzdem wird ihre Spaltpersönlichkeit bei Experimenten – ähnlich einer spiritistischen Séance – wie eine selbständige Person angesprochen. Der Ablauf der wichtigsten Experimentalabende wurde auf Tonband aufgenommen, sodaß nachträglich eine Überprüfung der Fragestellungen wie überhaupt aller geführten Gespräche und somit eine Kontrolle möglich ist, ob der Versuchsperson ein Anhalt über die zu übertragenden Informationen gegeben wurde.

Bei den Versuchen war ich selbst in allen Fällen der Agent, das heißt, ich konzentrierte mich auf das jeweilige, nach einem Zufallsverfahren aus einer Menge von im allgemeinen jeweils 10 Stück ausgewählte Objekt, und Frau RAAB schrieb ihre Eindrücke auf einer Schreibmaschine automatisch nieder. Als Zielobjekte erwiesen sich am günstigsten: Schriftstücke, über deren Inhalt Frau RAAB Angaben machte und Personen, über die sie eine Charakterisierung abgab.

Von den Versuchen mit Schriftstücken als Zielobjekten sei als Beispiel der folgende Fall angeführt: Zur Experimentalsitzung am 23. Mai 1967 (Teilnehmer Frau RAAB, Herr Dr. RAAB und ich selbst) brachte ich zehn verschiedene, von mir ausgewählte und keiner anderen Person bekannte Schriftstücke in einem großen verschlossenen Kuvert mit. Es handelte sich um drei willkürlich, ohne hinzusehen aus illustrierten Zeitschriften herausgeschnittene Stücke, eine Todesanzeige, eine Geburtsanzeige, eine Ansichtskarte, einen Bericht meines Bruders über einen Kriegseinsatz und drei private Briefe mit verschiedenem, für mich sehr bedeutsamen Inhalt. Der am Telepathieversuch nicht direkt beteiligte Dr. RAAB zog in einem Nachbarzimmer, ohne daß die Versuchsperson Frau RAAB etwas sehen konnte, eines der Schriftstücke aus dem Kuvert. Ich konzentrierte mich auf dieses Schriftstück, das Frau RAAB als Perzipientin nach wie vor nicht sehen durfte, und sie schrieb automatisch folgendes nieder:

„Kartengruß aus einer Urlaubssituation, die aber dem Schreiber nicht sehr angenehm ist." Ich stellte hierauf die Frage, was unter einer Urlaubssituation, die dem Schreiber nicht sehr angenehm ist, zu verstehen sei. Hierauf schrieb Frau RAAB die Gegenfrage: „Ist er krank?" Ich fragte weiter um das Geschlecht des Schreibers, die Antwort lautete: „Eine Dame", und schließlich wollte ich wissen, ob die Karte aus dem Inland oder Ausland stamme, was mit „Inland. Deutsch geschrieben" beantwortet wurde. Das willkürlich aus dem Kuvert herausgezogene Zielobjekt war tatsächlich die Ansichtskarte, sie stammte von einer Dame, die mir von einem Kuraufenthalt in dem bekannten Kurort Bad Gastein geschrieben hatte. Es sind also alle Details richtig erfaßt worden: die Karte, der Kuraufenthalt als Urlaubssituation, die dem kranken Schreiber nicht angenehm ist, die von einer Dame in deutscher Sprache verfaßte, aus dem Inland stammende Nachricht. Einzig auf das Geschlecht des Schreibers war allenfalls zu schließen, da ich auf die Niederschrift „Ist er krank?" die Frage nach dem Geschlecht stellte und man hieraus unter Umständen (möglicherweise aus dem Tonfall) vermuten konnte, daß die Bezeichnung „er" eben unrichtig war. Berücksichtigt man, daß Frau RAAB keine wie immer geartete Information über das Zielobjekt besaß, muß man von einer geradezu vollkommen gelungenen telepathischen Übertragung sprechen.

Bei weniger deutlichen Treffern erfolgt die Zuordnung in der Regel durch unbeteiligte Personen (siehe auch unten). Da sich hier unter den zehn vorbereiteten Schriftstücken nur die eine Ansichtskarte befand, würden alle Angehörigen einer Zuordnungsgruppe diese natürlich als Zielobjekt erkennen.

VERSUCHE MIT ZIELPERSONEN

Bei Versuchen mit Zielpersonen wurde von mir im wesentlichen wie folgt vorgegangen: Es wurde eine Liste mit Namen von Zielpersonen vorbereitet, die bis zum Ende der Experimente nur mir allein bekannt war. Aus dieser Liste wurde, wiederum mit Hilfe eines Zufallsverfahrens, eine Zielperson ausgewählt. Als Information wurde Frau Raab lediglich mitgeteilt: „Ich konzentriere mich jetzt auf eine Dame (oder einen Herrn)." Es konnte sich im Prinzip um jede lebende oder bereits verstorbene Persönlichkeit handeln, die mir unmittelbar oder aber auch aus der Literatur bzw. durch Massenmedien wie Presse, Rundfunk und Fernsehen, bekannt war. Wie sich nachträglich herausstellte, waren nur lebende Personen in die Experimente einbezogen worden, was aber Frau Raab nicht wußte und auch den übrigen Teilnehmern nicht bekannt war. Während ich mich also auf die Zielperson konzentrierte, schrieb wieder Frau Raab automatisch auf der Schreibmaschine ihre Eindrücke nieder. Nach dem Experiment wurde zur Feststellung, ob die von Frau Raab gegebene Beschreibung der Persönlichkeit zutreffend sei, bei Zielpersonen aus meinem Bekanntenkreis folgendes Verfahren angewendet: Ich befragte Personen, die mit mir einen gemeinsamen Bekanntenkreis von wenigstens 20 Frauen und Männern (in der Tat waren es wesentlich mehr) besitzen und denen ich mitteilte, daß hierzu auch die Zielperson gehöre, ob sie dieselbe aufgrund der vorliegenden, von Frau Raab gegebenen Beschreibung identifizieren könnten.

Bei insgesamt acht derartigen Versuchen, die an den Experimentalabenden am 23. Mai, 11. August und 7. Dezember 1967 durchgeführt wurden (Teilnehmer neben mir und Frau Raab noch Dr. Raab sowie an den beiden letzten Abenden der bekannte, damals soeben aus der seinerzeitigen CSSR emigrierte Parapsychologe Dr. Milan Rýzl und am letzten Abend der praktische Arzt Dr. Heinrich Wallnöfer), gelang eine richtige Identifizierung in vier Fällen, und zwar in zwei Fällen durch einen meiner Assistenten und in je einem Fall durch meine Frau sowie durch die Versuchsperson Frau Raab selbst. In zwei weiteren Fällen ergaben sich einige richtige, zum Teil geradezu ausgefallene Informationen, die allerdings zu einer Identifizierung nicht ausreichten, und bei den beiden letzten Fällen handelte es sich um Zielpersonen, die durch ihre Position in der Öffentlichkeit bekannt waren. Bei solchen Zielpersonen eignet sich natürlich das beschriebene Identifizierungsverfahren im Hinblick auf die schier unbegrenzte Zahl von Möglichkeiten nicht.

Allerdings läßt sich in derartigen Fällen das folgende brauchbare Beurteilungsverfahren benützen: Man lasse sich von einem in Fragen der Psychologie und der Statistik Erfahrenen eine Personengruppe von z. B. zehn in der Öffentlichkeit sehr bekannten Frauen bzw. Männern zusammenstellen, die ihrem Persönlichkeitstyp nach sehr verschieden sind und im wesentlichen die wichtigsten vorkommenden Typen repräsentieren. Dann scheide man die der Zielperson am ähnlichsten erscheinende Person aus dieser Liste aus und ersetze sich durch die Zielperson. Schließlich lasse man eine möglichst große Gruppe von Beurteilern, die über das Ergebnis des Experiments absolut keine Information besitzen, die vorliegende Personsbeschreibung jener Person der Referenzliste zuordnen, die ihrer Meinung nach beschrieben wurde. Das Resultat dieses Zuordnungsverfahrens kann dann in bekannter Weise nach den Regeln der Statistik ausgewertet werden.

Da nur zwei Versuche mit Zielpersonen durchgeführt wurden, die nicht zu meinem persönlichen Bekanntenkreis zählen, lohnte sich die Durchführung eines solchen sehr aufwendigen Beurteilungsverfahrens nicht. Es eignet sich aber diese Art von Versuchen andererseits wieder – im Gegensatz zu solchen mit Zielpersonen aus dem privaten Bekanntenkreis – zur Demonstration für den Leser. Daher soll eines dieser beiden am 7. Dezember 1967 durchgeführten Experimente im Detail wiedergegeben werden, sodaß sich der Leser immerhin qualitativ ein Bild über die Signifikanz der Aussage machen kann. Die Zielperson war in diesem Fall die damalige persische Kaiserin FARAH DIBA. Der Perzipientin, Frau RAAB, wurde, wie schon erwähnt, nur bekanntgegeben, daß ich mich auf (irgend)eine Person weiblichen Geschlechts konzentriere. Ihre Niederschrift lautete: „Sehr charmantes Geschöpf, keineswegs schön, aber sehr intelligent, wobei sie absolut versteht, ihre Intelligenz nicht in den Vordergrund zu stellen. Wissensgebiete, die sie wirklich interessieren, sind mehr abstrakt, sie hat aber auch einen ausgeprägten praktischen Sinn. Sehr beliebt bei den meisten Leuten, bei einigen aber auch gefürchtet. Die Dame ist sehr belesen und reist gerne, hat aber nicht viel Gelegenheit dazu; wenn sie aber reist, dann sieht sie ganz andere Dinge, als der Baedeker vorschreibt. Sie will nicht gerne im Mittelpunkt stehen, ist aber meist hineingespielt.

Äußerst sympathisch!" Zu beachten ist hier, daß es sich um keine allgemeingültigen Charakterisierungen handelt, sondern die Aussagen sind gefärbt durch Vorstellungen des Agenten bzw. des Perzipienten.

Zum Vergleich die Niederschrift von Frau RAAB über die Zielperson des anschließend durchgeführten Experimentes, ebenfalls aufgrund der Information „Ich konzentriere mich auf eine Dame", verfaßt: „Diese Dame ist nun keineswegs sympathisch. Sie ist äußerst rechthaberisch und in keiner Weise angenehm; sie ist zwar intelligent, hat aber die unangenehme Eigenschaft, sich mit dieser Intelligenz reichlich aufzuspielen. Sie sieht gut aus, ist aber nicht ihrem Alter entsprechend aufgemacht. Sie versteht nicht, alt zu werden. Kaum gelingt es ihr, sich zu bremsen, wenn sie in eine Gesellschaft jüngerer Leute kommt; sie vergißt ganz, wo sie zu stehen hat; hysterisch."

Es handelte sich in diesem Fall um einen jener vorhin erwähnten Versuche mit einer Zielperson aus meinem persönlichen Bekanntenkreis, die aufgrund dieser Angaben leicht identifiziert werden konnte.

Es ist evident, daß sich Zielpersonen für Telepathieversuche deshalb gut eignen, weil der Agent (oder gegebenenfalls der Perzipient) durch vorhandene Sympathien oder auch Antipathien stärker emotionalisiert wird, als dies bei reinen Bildübertragungsexperimenten – etwa im Sinne der erwähnten Versuche des Ehepaares SINCLAIR – der Fall ist.

## AUSSERGEWÖHNLICHER TELEPATHIEVERSUCH AUS DER VOLKSREPUBLIK CHINA

In einem Film[8] aus der Volksrepublik China wurden Versuche über parapsychologische Phänomene aller Typen (ASW und Psychokinese) gezeigt. Besonders gelungen war ein Telepathieversuch, dem der für den Film verantwortliche Professor einer chinesischen Universität mit einem Lehrer und seinem noch sehr jungen Sohn durchführte, der die von seinem Vater empfangenen Eindrücke mit Kreide auf eine kleine Schiefertafel malte. Der Professor war der Versuchsleiter und zeichnete als Zielbild „$\sqrt{3}$" auf einen Zettel. Er zeigte das Zielbild dem Vater, der es ansah, und steckte es wieder in seine Tasche. Dann wurde das Kind gerufen, das natürlich von dem Zielbild nichts wissen durfte. Es kam mit seiner Mutter aus dem Haus und setzte sich an den Tisch, auf dem seine Tafel und die Kreidestücke lagen (Abb. 9). Man sieht auf dem Bild rechts den Versuchsleiter (den Profes-

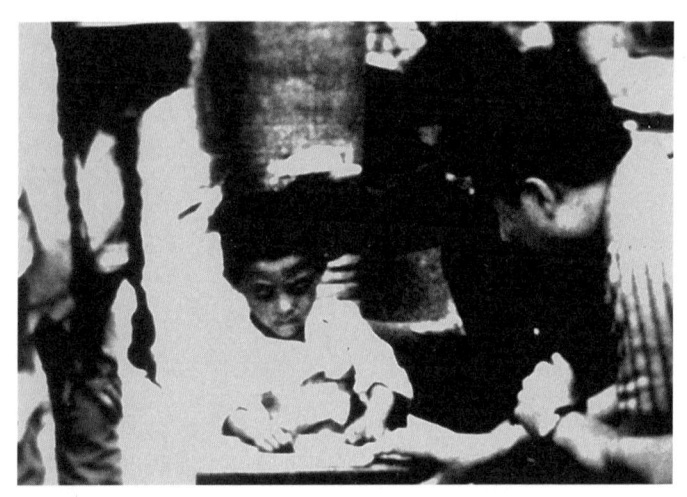

*Abbildung 9: Telepathieversuch in China (Archiv Hofmann)*

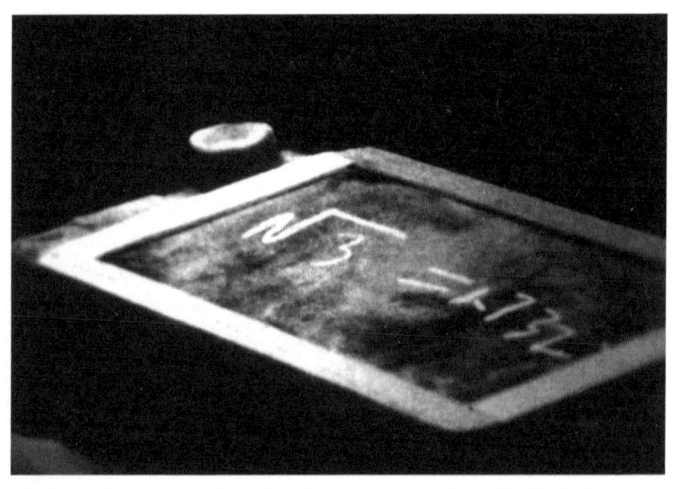

*Abbildung 10: Ergebnis des Telepathieversuches in China (Archiv Hofmann)*

sor), das Kind und den Vater, der seine Hand über den Kopf seines Kindes hält. Während der Vater (der Agent) sich auf das Zielbild konzentrierte, begann das Kind (der Perzipient), mit der Kreide auf der Tafel die empfangenen Eindrücke aufzuzeichnen. Das angefertigte Bild (Abb. 10) zeigt ein etwas mißglücktes Wurzelzeichen, unter dem die Zahl 3 steht, und das Überraschende ist, daß von dem Kind auch die Lösung angeschrieben wurde. Wahrscheinlich hat der Vater beim Versuch auch an die Lösung gedacht und diese hat sich mit übertragen.

### 5.1.2.3 TRAUMTELEPATHISCHE VERSUCHE

Die Entfernung vom wachen Agenten (A) zum schlafenden Perzipienten (P) oder zu der schlafenden Perzipientin (P-in) muß so groß und die Raumverhältnisse müssen so beschaffen sein, daß eine direkte Übertragung durch Hören oder Sehen unmöglich ist (es muß auch eine Aufnahme der unterschwelligen Akustik von unwillkürlichen Wortartikulationen ausgeschlossen sein).

### DIE TRAUMTELEPATHIEVERSUCHE DES PSYCHOLOGEN WILFRIED DAIM, WIEN, 1948

Die Protokolle des Agenten (A) und des Perzipienten (P) wurden damals sofort nach Beendigung eines Versuches schriftlich verfaßt.

Als Zielbilder wurden jeweils die Kombination einer von fünf Farben (rot, grün, blau, gelb, braun) und einer von fünf geometrischen Figuren (Kreis, Quadrat, Kreuz, Dreieck, Halbring), die durch eine Zufallsverfahren ausgewählt wurden, verwendet. (Die Farben wurden deshalb verwendet, weil es nur wenige Menschen gibt, die farbig träumen. Daher mußte innerhalb eines Traumes ein farbiges Element von vornherein auffallen. Bei der Wahl geometrischer Figuren spielten ähnliche Überlegungen eine Rolle: Man träumt nicht gerade oft von geometrischen Formen.) Da jede Farbe mit jeder Form kombinierbar war, ergab das 25 Möglichkeiten.

Da die Versuche zeitig am Morgen stattfanden, zu welcher Zeit der Perzipient noch schlief, war der Abstand zwischen (A) und (P) im allgemeinen durch den Abstand der betreffenden, in verschiedenen Stockwerken gelegenen Schlafzimmer gegeben (30 Meter Luftlinie, dazwischen waren vier Mauern). Bei anderen Versuchen waren (A) und (P) auch in verschiedenen Häusern, Abstand 1,1 Kilometer oder 6,8 Kilometer.

Zwei sehr gut gelungene Experimente sollen beschrieben werden, weitere können der Publikation von DAIM [15] entnommen werden.

*1. Versuch, 14. März 1948, (A) Dr. Daim, (P-in) cand. phil. G.D.:*
(A) konzentrierte sich auf ein rotes Dreieck mit der Spitze nach oben. Nach nochmaliger Konzentration auf das Zielbild energischer Aufwachbefehl um 6.30 Uhr. (P-in) gibt nach dem Aufwachen um 6.30 Uhr an, kurz davor einen sehr lebhaften Traum gehabt zu haben: Eine Pianistin spielt laut, ein Soldat will die P-in und ihre Angehörigen verhaften, starke Pferde- und Musikgeräusche. „Plötzlich schlägt durch das ganze unruhige Geschehen der bewegten, sehr verschwommenen Bilder eine dreieckige, grellrote Tanne durch und bleibt einige Sekunden inmitten der ganzen früheren Trauminhalte unbewegt stehen. Es ist nicht eine Tanne aus der Natur, sondern wie man sie in ABC-Büchern für Kinder findet: ihr Stamm ist schwarz, ihre Farbe ausgeprägt, während die anderen Trauminhalte farblos grau sind. Nach einigen Augenblicken verschwindet sie und kurze Zeit später auch der übrige Traum, der nur noch als ein matter Ton eines Bildes geblieben ist, seitdem die Tanne sich zeigte. Dann bin ich wieder erwacht."

Durch das zunächst dynamische Geschehen im Traum ist in einem plötzlichen Situationswechsel das schematische Bild einer ruhig stehenden, roten Tanne durchgedrungen.

Daß eine telepathische Übertragung vorhanden war, dafür sprechen:
„1. die Gleichheit der Farbe
2. die Gleichheit der Form
3. die Statik des Traumelements gegenüber der Dynamik des übrigen Traumes
4. die Zusammenhanglosigkeit von roter Tanne und übrigem Traum

5. die Deutlichkeit des farbigen Elements im Gegensatz zur vagen Schemenhaftigkeit des übrigen Traumes
6. die Plötzlichkeit des Einschlagens des telepathischen Elements
7. die Vordergründigkeit des telepathischen Elements gegenüber dem übrigen Traum
8. die Gleichzeitigkeit von Übertragungsversuch und Traum"

*2. Versuch, 20 März 1948, (A) Dr. Daim, (P-in) M. W., Entfernungsverhältnisse wie beim 1. Versuch:*
(A) konzentriert sich um 6.30 Uhr auf eine blaue Kreisfläche. Da er Konzentrationsschwierigkeiten hat, spricht er eindringlich, aber leise mehrmals das Wort blau aus, dann das Wort aufwachen. (P-in) gibt nach dem Aufwachen um 6.30 Uhr an: Zuerst träumt sie von ultravioletten Strahlen, stellt sich aber violettblau vor. „[...] immer wieder die Vorstellung einer Sonne [...] Zunächst sah ich diese Sonne primär als Form, in der Farbe etwas graublau. Dann tauchte in mir die Frage auf, wieso sie denn nicht orangerot sei, wie doch eine Sonne normalerweise ist. Dann dachte ich aber, sie müsse wohl blau sein. Dann brach ich die Szene ab." Aufwachen durch hörbaren Laut um 6.30 Uhr.

Die durch das Zufallsverfahren bestimmten Merkmale (Farbe und geometrische Figur) wurden bei beiden Versuchen telepathisch vollkommen richtig übertragen. Interessant ist, daß das Unterbewußtsein der Perzipientinnen eine Traumdeutung vornimmt (rote Tanne statt rotes Dreieck, blaue Sonne statt blauer Kreis), die nicht paßt. Die falschen Farben wurden von den P-innen noch im Traum bemerkt.

## DIE TRAUMTELEPATHIEVERSUCHE VON M. ULLMAN, S. KRIPPNER UND A. VAUGHAN IM MAIMONIDES MEMORIAL HOSPITAL, NEW YORK

Durch moderne Hilfsmittel konnten die Versuche gegenüber jenen von Daim wesentlich verbessert und vor allem vermehrt werden: Die Agenten- und Perzipientenprotokolle wurden auf Tonband gesprochen; die Traumzeit (REM-Phase) konnte mit Hilfe eines EEGs festgestellt werden, sodaß pro Nacht mit dem gleichen Perzipienten mehrere Versuche gemacht werden konnten [16].

Hatte sich etwa ein Sender auf das Gemälde „Mystische Nacht" von Millard SHEETS konzentriert – es zeigt eine Gruppe von Frauen, die zwischen blaugrünen Bäumen und Bergen ein esoterisches Ritual vollziehen – schildert der Träumer eine Reihe von Träumen wie: „Bin bei einer Gruppe von Menschen – nehme an etwas teil" (Traum 1); „viele Berge und Bäume" (Traum 2); „Ich habe immer wieder Blau gesehen" (Traum 3); „wieder Bäume und Grünes und Landschaft" (Traum 4). Morgens sagte die Versuchsperson, sie habe das Gefühl gehabt, daß „da irgendein primitiver Aspekt war, eine Art Stammesritual im Dschungel".

Als George BELLOWS' Gemälde „Dempsey und Firpo", das Gemälde eines Preisboxkampfes im Madison Square Garden in New York, als Sendebild benutzt wurde, berichtete der Träumer: „[...] es hat irgendwas mit dem Madison Square Garden und einem Boxkampf zu tun." Das Gemälde „Das Innere der Synagoge" von Alex KATZ beschrieb ein Träumer so: „[...] irgendwas mit einer Synagoge [...] und mit dem Gelben Rabbi."

### 5.1.2.4 TELEPATHISCHE SUGGESTIONEN

#### FERNHYPNOSEN DURCH PROF. PIERRE JANET UND DR. GIBERT (1885/86)

Pierre JANET war Professor in Paris, Dr. GIBERT war Arzt in Le Havre.

Prof. Pierre JANET und Dr. GIBERT konnten die Versuchsperson – Frau B., sie selbst nannte sich Leonie – auf größere Entfernung bis einige Kilometer telepathisch hypnotisieren und ihr Befehle erteilen, die sie genau ausführte. Mehrere Beobachter kontrollierten den Versuchsablauf, unter ihnen der Arzt Dr. J. OCHOROWICZ, der in der Folge ein Buch über mentale Suggestion herausgab [17]. Leonie wußte stets, wer sie hypnotisiert hatte und konnte nur von ihm wieder aufgeweckt werden.

Es ist erstaunlich, daß diese erfolgreichen Telepathiehypnosen bereits in den letzten Jahren des 19. Jahrhunderts stattfanden und publiziert wurden.

Eine eingehendere Behandlung dieser Versuche findet sich in [8], S. 284 ff.

Angst vor böswilligen telepathischen Beeinflussungen, insbesondere vor Fernsuggestionen, ist nicht nötig, sie sind nur bei aufeinander eingespielten Personen möglich.

## FERNSUGGESTIONEN DURCH PROF. LEONID WASSILIEW, LENINGRAD

Leonid L. WASSILIEW (der Nachfolger von BECHTEREW an der Universität Leningrad) hat in seinem Telepathielaboratorium durch telepathisch übertragene Einschlafsuggestion die Einschlafzeit signifikant herabsetzen können.

Die Fernsuggestionen haben auch auf Versuchspersonen in einem Faradaykäfig gewirkt. Demzufolge würde Telepathie nicht auf elektromagnetischer Wellenübertragung beruhen [18].

## DISTANZTELEPATHIEVERSUCHE WIEN–ATHEN (1928)

Die Telepathieexperimente zwischen Wien und Athen (Entfernung zirka 900 Kilometer) wurden folgendermaßen durchgeführt: In Wien war nur eine Versuchsperson, und zwar sowohl als Agent als auch als Perzipient tätig; es war dies Herr Hptm. Rudolf GROSZ. Die Vorgänge in Wien wurden von Univ.-Prof. Dr. Camillo SCHNEIDER kontrolliert. Wenn Herr GROSZ in Wien als Agent tätig wurde, so waren zur selben Zeit in Athen bis zu vier, vom Nervenarzt Dr. Angelos TANAGRA ausgesuchte Versuchspersonen in der Stadt in getrennten Räumen als Perzipienten auf Herrn GROSZ konzentriert, um seine Sendungen zu empfangen und aufzuzeichnen. Anschließend wurde umgekehrt vorgegangen: In Athen arbeitete eine Versuchsperson als Agent und Herr GROSZ in Wien war dann der Perzipient.

Einige Versuchsergebnisse sind in den Abb. 11a und 11b dargestellt: Bei der ersten Übertragung von Wien nach Athen konzentrierte sich Herr GROSZ in Wien auf ein Herz. Der erste Perzipient, Frl. ELPINIKI, empfing in Athen das gesendete Herz einwandfrei, der zweite zeichnete ein unten offenes Bild und der

| Wien | Agent GROSZ in Wien | ♡ | 🎾 | ☼ | e |
|---|---|---|---|---|---|
| ↓ | Perzipienten in Athen 1 | ♡ | ♀ | ⋈ | ℰ |
| | 2 | ◯ | ♀ | ☆ | ε |
| | 3 | ♠ | ⩔ | ✎ | |
| Athen | 4 | ⏝ | | | |

*Abbildung 11a: Distanz-Telepathiversuch Wien–Athen, Ergebnis der ersten Übertragung (nach Schroeder [20])*

| Athen | Agenten in Athen | 6 | X? | 🍴 | 👢 |
|---|---|---|---|---|---|
| ↓ Wien | Perzipient GROSZ in Wien | 6 | X (im fahrenden Eisenbahnzug zwischen Wien-Baden eingenommen) | ✎ | 👣 |

*Abbildung 11b: Distanz-Telepathieversuch Wien–Athen, Ergebnis der zweiten Übertragung (nach Schroeder [20])*

dritte das Herz um 180° verdreht als Kartensymbol Pick; der vierte Perzipient hatte einen Fehlversuch. Bei der zweiten Sendung von Wien nach Athen war das zu übertragende Zielbild ein Tennisrakett. Die beiden ersten Perzipientenzeichnungen sind zwar um 90° gedreht, aber sonst dem Zielbild sehr ähnlich. Der dritte Perzipient hatte bei dieser Übertragung keinen Erfolg zu verzeichnen. Die dritte Sendung brachte anstelle der gesendeten strahlenden Sonne zweimal einen Stern. Wenn man von den Planeten unserer Sonne absieht, sind ja die Sterne auch strahlende Sonnen. Der dritte Perzipient hat mit dem Kometen jedenfalls auch einen Himmelskörper übernommen. Bei der vierten Sendung konzentrierte sich Herr GROSZ auf den Buchstaben „e". Ein Perzipient zeichnete ein etwas mißglücktes „e", der zweite das griechische „e", also ein kleines Epsilon.

Bei der Sendung von Athen nach Wien hat der Perzipient GROSZ das erste Zeichen, einen Sechser, ganz gut übernommen, beim zweiten Bild stimmt die zentrale Figur, das X, gut, nur wurde das danebenstehende Fragezeichen in zwei Punkte verwandelt. Beim dritten Bild stimmt im wesentlichen nur die Lage und beim vierten wurde aus der Fußbekleidung, dem Schuh, ein Bein.

Ein weiterer Versuch hat sich als geradezu ausgezeichnet erwiesen:

Herr GROSZ zeichnete einen Sarg und daneben die Umrisse einer Frau.

Wie sich herausstellte, konnte die Agentin in Athen, Frl. ELPINIKI, an diesem Tag an den Versuchen nicht teilnehmen, da ihr Vater gestorben und zur Versuchszeit das Begräbnis gerade zu Ende gegangen war.

Wie man sieht, war die bei der betreffenden Situation gegebene Emotion für eine telepathische Übertragung noch erfolgreicher als die ruhige Konzentration auf ein Zielbild.

Die Versuche wurden von Christoph SCHROEDER publiziert [20].

### 5.1.3 STATISTISCH AUSWERTBARE RATEVERSUCHE[9]

Von Versuchen solcher Art sind jene von J. B. RHINE, Professor an der Duke University in Durham (North Carolina), am bekanntesten [35]. Man kann sagen, daß ganz besonders sie zur weitgehenden Anerkennung der parapsychologischen Forschung als wissenschaftliche Disziplin beigetragen haben. RHINE arbeitete bei Telepathie- und Hellsehversuchen im wesentlichen mit den bekannten ZENER-Karten (Abb. 12), das sind je fünf gleiche Spielkarten mit den fünf Symbolen Kreis, Kreuz, Stern, Quadrat und Wellenlinie, zusammen also 25 Karten für einen Ratedurchgang („run"). Die Wahrscheinlichkeit, durch Zufall eine Karte richtig zu erraten, ist bei diesem Verfahren $1/5$, bei einer hohen Zahl von Einzelversuchen wird also bei ausschließlichem Walten des Zufalls die Trefferzahl nahe bei $1/5$ der Anzahl der Einzelversuche liegen. Überschreitet die Trefferzahl diesen Wert, so kann nach den Gesetzen der Statistik die Wahrscheinlichkeit[10] p für das Zustandekommen eines solchen Ergebnisses durch Zufall berechnet werden. Ist diese Wahrscheinlichkeit kleiner als der üblicherweise als Signifikanzgrenze angenommene Wert $1/100$, so darf man annehmen, daß nicht der Zufall, sondern eine Gesetzmäßigkeit, also etwa Telepathie, im Spiel war.

*Abbildung 12: Zener-Karten (Photo Hofmann)*

Im Kapitel 2.3 wurde bereits angeführt, daß die einzelnen Phänomentypen nicht mit Sicherheit auseinander zu halten sind. Dies trifft vor allem für Telepathie und (räumliches) Hellsehen zu, solange man bei einem Telepathieversuch den Agenten auf ein vorhandenes Zielbild sehen läßt, wie dies üblicherweise gehandhabt wird. In diesem Fall könnte aber das Zielbild auch durch Hellsehen in Erfahrung gebracht worden sein, ja sogar auch durch präkognitive Erfassung der jeweils nach Ende jedes Einzelversuches erstellten Eintragung in das Versuchsprotokoll. RHINE sprach in einem solchen Fall von Allgemeiner ASW (Allgemeiner Außersinnlicher Wahrnehmung, AASW), da es sich ja um Telepathie *oder* um (räumliches oder präkognitives) Hellsehen handeln konnte. Es bevorzugte dann RHINE lange Zeit reine Hellsehversuche, und die größten Erfolge, nämlich die höchsten Trefferzahlen, erreichte er mit seinen Versuchspersonen bei Hellsehversuchen. Es werden daher die statistisch auswertbaren Rateversuche eingehender beim Hellsehen (Kapitel 5.2) behandelt.

Bei Versuchen mit Spielkarten werden nun immer wieder Einwände gemacht, daß allenfalls Tricks angewendet oder aber aus geringfügigen Unterschieden der Kartenrückseiten Hinweise auf die Art des betreffenden Symbols gewonnen werden können und anderes mehr. Man benützt daher heute häufig Versuchsanordnungen, bei denen die verschiedenen Symbole mit Hilfe von elektronischen Geräten in absolut zufälliger Reihenfolge bestimmt werden, und die man deshalb „Zufallsgeneratoren" nennt.

### 5.1.3.1 ASW-TESTANLAGE MIT ZUFALLSGENERATOR

An meinem Institut wurde im Jahr 1971 eine elektronische Versuchsanlage für ASW-Tests mit einem solchen Zufallsgenerator[11] entwickelt (Abb. 13). Die Anlage – ein Vorbild habe ich 1968 am Freiburger Institut für Grenzgebiete der Psychologie und Psychohygiene kennengelernt – besteht aus einem Zentralgerät für den Versuchsleiter (Abb. 13 – Mitte), das auch den Zufallsgenerator enthält, einem Sichtgerät für den Agenten (Abb. 13 – links) und einem Wahlgerät für den Perzipienten (Abb. 13 – rechts). Bei Hellseh- und Präkognitionsversuchen wird naturgemäß das Sichtgerät (für einen Agenten) nicht benötigt.

Eine genauere Beschreibung der Anlage findet sich in [22], einer Arbeit des Autors, die in diesem Buch auf S. 107 abgedruckt ist.

Die drei Teile der Anlage sind bei einem Telpathieexperiment in weit voneinander entfernten Räumen des Instituts aufgestellt,

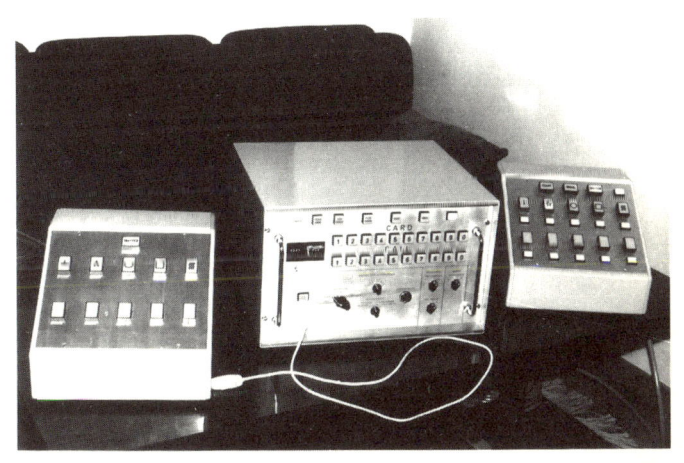

*Abbildung 13: Elektronische Versuchsanlage für ASW-Tests aus dem Jahr 1971 (Photo Hofmann)*

damit eine normale (optische oder akustische) Informationsübertragung mit Sicherheit ausgeschaltet ist. Überdies befindet sich eines der beiden Geräte für die Versuchspersonen, meist das Sichtgerät für den Agenten, in einem FARADAYschen Käfig modernster Bauart, der elektromagnetische Wellen abschirmt, sodaß die Anwendung von Taschensendern und -empfängern zur betrügerischen Übertragung von Informationen unmöglich gemacht ist.

Der Bau des Gerätes erfolgte durch einen Studierenden als Diplomarbeit. In weiterer Folge wurde, ebenfalls als Diplomarbeit, ein Prozeßrechneranschluß für die Anlage gebaut, sodaß sowohl der Versuchsablauf als auch die Aufzeichnung und Auswertung völlig automatisiert werden können. In diesem Fall ist auch der mitunter geäußerte Einwand, der Versuchsleiter könne die Ergebnisse beim Protokollieren oder Auswerten verfälschen, gegenstandslos.

Mit der beschriebenen Anlage wurden von meinem damaligen Assistenten Helmut PFÜTZNER Telepathieversuche durchgeführt, über die hier einige Details berichtet werden sollen. Bei einer Versuchsserie, bei der er und seine Frau als Versuchspersonen fungierten, wurde eine Wahrscheinlichkeit (für zufälliges Zustandekommen des Resultates) von etwa 1 : 6000 erreicht (Signifikanzgrenze 1 : 100!).

Bei einer anderen Versuchsserie mit einer größeren Zahl von Versuchspersonen ergab sich bei getrennter Auswertung der Ergebnisse nach dem Geschlecht der Teilnehmer das interessante Resultat, daß die (skeptischeren?) Männer absolut zufällige Resultate erzielten ($p = 1/5$, siehe Kapitel 5.1.3), während die (gläubigeren?) Frauen einen signifikanten Trefferüberhang ($p = 1/1667$) erreichten. [Helmut PFÜTZNER: Ergebnisse von im Zeitraum 1972/73 durchgeführten Telepathieversuchen. Unveröffentlichter Bericht.]

Inzwischen wurde eine neue, modernere Anlage gebaut (1983), mit der jedoch bisher nur wenig gearbeitet wurde.

5.1.4 ZUSAMMENFASSUNG

Spontanphänomene aus dem Bereich der Telepathie (von denen eine Auswahl von mir selbst erlebter oder recherchierter Fälle dargestellt wurde) wecken aufgrund ihrer Überzeugungskraft das Interesse an diesen Phänomenen und geben Impulse zur Durchführung von wissenschaftlich relevanten Experimenten. Versuche unter kontrollierten Bedingungen führen mit telepathiebegabten Versuchspersonen relativ häufig zu positiven Ergebnissen, wie die berichteten Beispiele von Experimenten erwiesen. Statistisch auswertbare Rateversuche benötigen zwar einen hohen Zeit- und Arbeitsaufwand, sie werden jedoch wegen ihrer exakten Grundlagen in Kreisen der Wissenschaft in ihrem Wert am höchsten eingeschätzt.

5.2 RÄUMLICHES HELLSEHEN (HELLSEHEN IN DIE GEGENWART)

5.2.1 HELLSEHERISCHE SPONTANPHÄNOMENE

Historischer Fall: Vision Emanuel SWEDENBORGS (1680–1772) in Göteborg im Jahre 1759 vom gleichzeitigen Brand in Stockholm, Entfernung 800 Kilometer; zu dieser Zeit gab es keinerlei technische Kontaktmöglichkeit. Die Vision war wahrscheinlich ein Mischphänomen; die Eindrücke des Brandgeschehens wurden sowohl hellseherisch als auch aufgrund der Erlebnisse der Beteiligten telepathisch empfangen (vgl. Kap. 2.3 und 5.1.3). Immanuel KANT gibt in seinen Träumen eines Geistersehers die Vision SWEDENBORGS wieder.

Ein Fall aus der Sammlung Louisa RHINE, der Frau von Prof. Dr. J. B. RHINE [34]:

Ein Geologe aus den USA hatte folgenden Traum: Nahe am Ufer des Flusses, der an seinem Wohnort vorbeifließt, sah er eine schöne Geode im Wasser liegen (eine Geode entsteht in Blasen von vulkanischem Gestein durch Füllung mit mineralischen Stoffen). Er träumte von einer Reihe von markanten Stellen in der Nähe der Geode und fuhr am nächsten Tag in der Hoffnung, sie zu entdecken, mit seiner Frau zu dem Fluß und fand tatsächlich den Ort, an dem die Geode lag.

Obwohl man ihm einen schönen Preis für seinen Fund bot, verkaufte er ihn nicht.

Hier handelt es sich um einen Fall von echtem Hellsehen (in die Gegenwart), da niemand den Aufenthaltsort der Geode gewußt hat.

### 5.2.2 HELLSEHEXPERIMENTE MIT BEGABTEN VERSUCHSPERSONEN

Meist geht es um das Auffinden verlorener Gegenstände, deren derzeitiger Aufenthaltsort unbekannt ist, auch von Leichen. Eine besonders begabte Person war Gérard CROISET. Er wurde hauptsächlich von W. H. C. TENHAEFF, einem der Pioniere der wissenschaftlichen Parapsychologie und langjährigem Vorstand des damaligen Instituts für Parapsychologie an der Universität Utrecht, untersucht. CROISET gab an, wo die Leiche gefunden wird, mitunter auch wann (möglicherweise zusätzliche Präkognition).

Der Holländer CROISET wurde vielfach zur Suche verschwundener Kinder herangezogen, die häufig in einen der vielen Kanäle Hollands gefallen waren. Ein für CROISET typischer Fall:

Der vierjährige Knabe Toontje Thooner ist seit einem Tag spurlos verschwunden und Herr CROISET wird telefonisch um Hilfe gebeten. Um sich auf den Fall einzustellen, stellt er einige damit zusammenhängende Fragen. Nachdem er erfahren hat, daß der Anrufer kein Familienangehöriger des Verschwundenen ist, teilt er ihm mit, daß die Leiche des Kindes nach drei Tagen in einem Kanal in der Nähe einer Brücke bei einem Zinkeimer gefunden werde. Tatsächlich wurde der Körper des Buben von der Polizei nach drei Tagen an einer Stelle, genau wie sie von Herrn CROISET beschrieben wurde, gefunden.

Zahlreiche Fälle bei [38].

Ein weiterer Fall echten, räumlichen Hellsehens findet sich bei WINTERSTEIN[12] [19]:

Eine auf einem französischen Grundstück ausgegrabene römische Münze wurde vom Eigentümer nach Paris zu dem im 19. Jahrhundert bekannten Hellseher Alexis DIDIER († 1886) geschickt. Mit DIDIER experimentierten zahlreiche bekannte Interessenten, wie z. B. Victor HUGO. Zur Münze sagte DIDIER, daß auf dem Grund des Eigentümers noch eine Urne vergraben sei, die mit derartigen Münzen angefüllt wäre. Er konnte auch die Ausgrabungsstelle genau angeben. Tatsächlich fand man dort die Urne, sie enthielt 3½ Kilogramm römischer Münzen.

WÜNSCHELRUTENEFFEKT[13]

Dieser Effekt ist entweder durch (räumliches) Hellsehen hervorgerufen („mentales" Muten), wenn es sich nämlich beim Rutenausschlag um eine mit Hilfe eines motorischen Automatismus angezeigte, unterbewußt auf paranormalem Wege erfaßte Information handelt. Oder aber er ist durch eine physikalische Beeinflussung des Nervensystems des Rutengehers bewirkt. Letzteres ist derzeit wahrscheinlicher, denn offensichtlich besteht ein Zusammenhang zwischen Rutenanzeige und Abnormitäten physikalischer Parameter des Untergrundes (Bodenleitfähigkeit, luftelektrisches Feld, magnetisches Feld, Gammastrahlen etc.). Eine Diplomarbeit hierüber wurde an meinem Institut an der Technischen Universität Wien [39] ausgearbeitet, und neueste Untersuchungen des Wünschelruteneffekts durch eine Gruppe von Wissenschaftlern deutscher Universitäten bestätigen diese Ansicht [40].

Ein eindeutiger gemeinsamer Hintergrund einer physikalischen Größe und dem Rutenausschlag wurde bisher nicht gefunden, vielleicht wird jede signifikante Abweichung vom normalen, gewohnten physikalischen Umweltklima, egal um welche gestörte Größe es sich im konkreten Fall handelt, vom Rutengeher erfühlt [21].

### 5.2.3 STATISTISCH AUSWERTBARE RATEVERSUCHE

J. B. RHINE erzielte an der Duke-Universität in Hellsehsituationen mit ZENER-Karten (vgl. Kap. 5.1.3 sowie Abb. 12), die von einer Maschine gemischt wurden, höhere Signifikanzen als bei Telepathie. Dabei wurde die reine Hellsehsituation dadurch hergestellt, daß das gemischte Paket mit den Bildseiten nach unten auf den Tisch gelegt wurde, und die VP gibt die Reihenfolge der vermuteten Kartensymbole von oben nach unten an. Erst nach Ende eines „run" (eines Durchganges) werden die Karten der Reihe nach angesehen und dabei wird das Versuchsprotokoll angefertigt. Die VP Linzmayer erreichte einmal bei einem „run" (25 Karten) von Anfang an hintereinander 15 Treffer, das bedeutet eine Wahrscheinlichkeit $p \approx 3 \times 10^{-11}$, bei den letzten 10 Karten des Durchgangs gab es noch sechs Treffer, sodaß bei dem „run" insgesamt 21 Treffer erzielt worden waren, was eine noch deutlich kleinere Wahrscheinlichkeit ergibt. Hubert E. Pearce war der erste Mensch, der alle 25 Karten eines „run" richtig erraten hat, die Wahrscheinlichkeit ist hier $p \approx 3 \times 10^{-18}$. Bald darauf gelang Mr. Zirkle der gleiche Erfolg; weitere VPen sind nicht mehr bekannt geworden, die dies schafften.

Noch bedeutender waren die Erfolge von Versuchspersonen, die bei einer Zahl von mehreren tausend Einzelversuchen je „run", also je 25 Karten, neun und sogar zehn Treffer erzielten. Rhine publizierte die Ergebnisse seiner Versuche in [36, 37] und in vielen weiteren Veröffentlichungen.

Schon Rhine stellte fest, daß die Trefferzahlen bei längeren Versuchsreihen absinken; ein Ermüdungseffekt, der auf die ansteigende Interesselosigkeit bei langen, gleichartigen Versuchsanordnungen zurückzuführen sein dürfte. Die New Yorker Psychologin Dr. Gertrude Schmeidler untersuchte die Einstellung von Versuchspersonen zur Frage der möglichen Existenz von ASW. Sie nannte die VPen mit positiver Einstellung „Schafe" (oder Gläubige) und jene mit negativer Einstellung „Böcke" (oder Ungläubige). Die Versuchsergebnisse der „Schafe" lagen über dem Durchschnitt, diejenigen der „Böcke" unter dem Durchschnitt. Sicher verschlechtern Langeweile und Ungläubigkeit die Versuchsergebnisse, positive Einstellung zur ASW, aber auch Aufmunterungen, wie Lob, kleine Preise oder Variation der Versuchsbedingungen, verbessern sie. Bemerkenswert aber ist vor allem, daß die Ungläubigen (die „Böcke") unter der Zufallserwartung blieben, was auf den unterbewußten Wunsch dieser Probanden schließen läßt, möglichst keine Treffer zu erzielen. Dies kann aber auch nur durch eine paranormale Beeinflussung der Resultate zustandegekommen sein! Gerade solche zusätzlichen Nebeneffekte sind ein starker Beweis für ASW, denn wenn es ASW gar nicht gibt, so können solche Nebeneffekte die Versuchsergebnisse nicht verändern!

## 5.3 ZEITLICHES HELLSEHEN
### 5.3.1 HELLSEHEN IN DIE VERGANGENHEIT

Diese Versuchsart wird meist, eher unglücklich, als „Psychometrie" bezeichnet, unglücklich insofern, als ja hier nichts gemessen wird. Die Versuchsperson erhält zur Kontaktaufnahme mit den vergangenen Ereignissen einen Gegenstand[14], an dem diese Ereignisse gewissermaßen haften oder „Spuren" hinterlassen haben. Vielleicht ist der Gegenstand in diesem Fall nur ein Hilfsmittel zur Erhöhung der Emotion. Wahrscheinlich handelt es sich in Wahrheit um telepathisches Abzapfen, da es ja – schon wegen der Verifizierung – jemanden geben muß, dem die Ereignisse um den Gegenstand bekannt sind, meist ist es der Besitzer des Kontaktgegenstandes.

Die beiden „Psychometriefälle" sind dem Büchlein von Hans HERLIN, PSI-Fälle, Heyne-TB 5104, München, 1974, entnommen.

Der erste Fall: Gegenstand ein Souvenir, das PAGENSTECHERS Frau (PAGENSTECHER [1855–1942] war Arzt, der die hier eingesetzte VP Maria REYES de Z. behandelte) von einem Besuch der Niagarafälle mitgebracht hatte – eine Brosche aus Kalkstein, wie sie in den Souvenirwerkstätten am Niagarafall hergestellt werden.

Maria REYES, die den Gegenstand mit verbundenen Augen berührte, sah: „Ich befinde mich in einer Fabrik. Ich sehe Männer und Frauen. Sie sind europäisch gekleidet, sie bearbeiten auf einer Drehbank verschiedene Gegenstände in verschiedenen Größen, Perlen, Schmuckknöpfe. Ich höre in der Ferne das Rauschen eines sehr großen Wasserfalles."

Der zweite Fall: Gegenstand: ein Stück Leder aus der Militärmütze des Generals Carlos DOMINGUEZ; er trug sie in der Nacht, als Präsident CARRANZA bei einem Überfall bei Tlaxcalantango, Pueblos, getötet wurde.

Maria REYES' Vision: „Es ist eine dunkle Nacht, […]. Ich höre […] Pistolen- und Gewehrfeuer, Kommandos in Spanisch, […]. Es scheint ein nächtlicher Infanterieangriff zu sein. Vor mir, meinen Weg kreuzend, sehe ich einen Mann niederstürzen, sein verzerrtes Gesicht, beleuchtet von dem aufblitzenden Gewehrfeuer, […]. Über seinen toten Körper hinweg stolpern Männer.

[...] Es ist ein schrecklicher Anblick." General DOMINGUEZ, Überlebender dieser Schlacht, bestätigte die Beschreibung in allen Einzelheiten.

Da Psychometrie sehr wahrscheinlich auf Telepathie beruht, möchte ich noch ein Experiment behandeln, das von mir als Psychometrieversuch mit meiner Versuchsperson Frau RAAB angelegt war, sich aber letztlich als Telepathiefall herausstellte: Ich besitze eine silberne Doppelmantel-Taschenuhr, die mir vor vielen Jahren von dem inzwischen verstorbenen praktischen Arzt Dr. B. mit der folgenden Erklärung geschenkt worden war: Er habe die von seinem Vater erhaltene Uhr zu einer spiritistischen Sitzung mit dem in der Zwischenkriegszeit sehr bekannten Grazer Medium Maria SILBERT mitgenommen. Eine Spezialität dieses Mediums bzw. seines „Leitgeistes" namens „NELL" war das Gravieren der während der Sitzung unter den Tisch gelegten Taschenuhren an der Innenseite eines Deckels. Meist wurden dabei der Name „NELL" oder auch irgendwelche Buchstaben oder Zeichen, die für den Besitzer der Uhr von Bedeutung waren, auf geheimnisvolle Weise (psychokinetisch? – Betrug scheint vielfachen Beobachtungen zufolge ausgeschlossen werden zu können) eingraviert. Die mir von Dr. B. gewidmete Uhr erhielt nun damals eine Gravur, und zwar ein geschwungenes N, also den Anfangsbuchstaben des Namens NELL. Dr. B. erklärte bei der Übergabe der Uhr, er sei bereits alt und wolle diese an sich seltene, für die Parapsychologie zumindest historisch interessante Uhr in sachkundigen Händen wissen.

Beim Experiment mit Frau RAAB übergab ich ihr das Objekt mit den Worten: „Ich habe hier eine alte silberne Uhr. Kannst du mir etwas über sie sagen?" Während ich mich auf die mir mitgeteilte Begebenheit mit der Uhr konzentrierte, verfertigte Frau RAAB in der gewohnten Weise auf der Schreibmaschine automatisch eine Niederschrift, die neben einer guten Charakterisierung des Arztes Dr. B. unter anderem folgendes enthielt: „Sie [die Uhr] wurde von dem Vater des Spenders viel getragen [...] die Uhr hat schon einmal bei einem eher spiritistischen Experiment mitgespielt [...]." Neben der Tatsache, daß die Uhr dem Vater des Dr. B. gehörte, wurde von Frau Raab erfaßt, daß mir die Uhr geschenkt (gespendet) wurde und sie bei einem spiritistischen Experiment mitgewirkt haben sollte. Eine große

Überraschung ergab sich kurze Zeit später, als ich den früheren Besitzer um weitere und genauere Daten über die Uhr bat, um eine möglichst ausführliche Dokumentation vornehmen zu können. Dr. B. entschuldigte sich nämlich bei mir, daß er bei genauer Überprüfung der Sachlage feststellen mußte, mir eine falsche Uhr geschenkt zu haben, die niemals zu einer Sitzung mit Frau SILBERT mitgenommen worden sein konnte. Das eingravierte, geschwungene N ließ sich in der Tat als ein Uhrmacherzeichen identifizieren. Frau RAAB hatte also bei unserem Experiment keineswegs „psychometrisch", also aufgrund einer Art von Hellsehen in die Vergangenheit, die Geschichte der Uhr in Erfahrung gebracht, sondern offensichtlich meine falschen Informationen über den Gegenstand auf telepathischem Weg übernommen.

Auch „Reinkarnationserinnerungen" können im übrigen durch Telepathie oder das Wiederauftauchen verschütteter Erinnerungen aus zurückliegenden Sinneseindrücken erklärt werden.

## 5.3.2 HELLSEHEN IN DIE ZUKUNFT (PRÄKOGNITION)

Präkognition ist das umstrittenste Phänomen der ASW, es ist auch am wenigsten gut beglaubigt, das heißt, bei statistisch auswertbaren Versuchsreihen sind die Signifikanzen lange nicht so hoch wie bei Telepathie oder bei Hellsehen in die Gegenwart.

### 5.3.2.1 PRÄKOGNITIVE SPONTANPHÄNOMENE

Sie treten meist in Form von (Wahr-)Träumen oder von Visionen (*Zweites Gesicht* in Westfalen[15]) auf. Da die ordentliche Dokumentation gerade bei Präkognitionsphänomenen besonders wichtig ist, sollten alle Personen, die glauben, gelegentlich Wahrträume zu haben, in jedem Fall sofort eine Niederschrift verfassen (Datum[16] nicht vergessen!). Solche Aufzeichnungen sollte man gleich von mindestens einem Zeugen unterschreiben lassen. Am besten ist es, eine Zweitschrift bei einem Mitglied der Leitung der Österreichischen Gesellschaft für Parapsychologie und Grenzbereiche der Wissenschaften zu hinterlegen.

Diskretion und die vorherige Einholung des Einverständnisses für eine Publikation, allenfalls unter einem Pseudonym, wird zugesichert! Leider werden die Fakten bei der Präkognition meist erst nach Eintritt des konkreten Ereignisses dokumentiert, da ja erst dann klar geworden ist, daß es sich um ein Präkognitionsphänomen gehandelt hat. Um so wichtiger ist die Namhaftmachung und die Bestätigung eines oder mehrerer Zeugen.

Bei der Präkognition muß man mit folgenden Fehldeutungen rechnen:

Erstens könnte das Ereignis (unterbewußt) logisch erschlossen worden sein, sodaß gar keine Präkognition vorliegt. Zweitens könnte man die Absicht, das Ereignis herbeizuführen, telepathisch erfaßt haben, sodaß anstelle von Präkognition Telepathie vorliegt. Drittens ergeben sich hier Fehldeutungsmöglichkeiten aus der Erwartungssituation, das heißt, man muß die unbewußte Herbeiführung des vorhergesehenen Ereignisses, unter Umständen auch psychokinetisch, in Betracht ziehen („Erfüllungszwang").

Nun zwei Fälle, die ich selbst (mit-)erlebt habe, wobei in beiden Fällen Telepathie und Erfüllungszwang nicht möglich sind:

Barbaras Mutter, die schon wegen telepathischer Kontakte erwähnt wurde (Kap. 5.1.1, Fälle 5 und 6), erklärte wiederum eines Morgens, sie hätte einen eigenartigen Traum gehabt (es war im April 1976), und zwar wäre die Reichsbrücke[17] eingestürzt. Am 1. August 1976 um 4.43 Uhr trat das geträumte Ereignis wirklich ein.

Seit vielen Jahren gab mir ein Mitglied unserer Gesellschaft schriftliche Aufzeichnungen ihrer Träume, wobei ihrer Meinung nach öfters Wahrträume aufgetreten wären. Allerdings konnte ich bislang nicht feststellen, daß beweisbare Präkognitionsphänomene dabei waren.

Am 4. Dezember 1996 (das Datum ist in meinem Terminkalender vermerkt) erhielt ich von Frau Z. telefonisch folgende Nachricht: „Ich sah heute Nacht im Traum Ihren Kopfpolster, er war blutig." Am 17. Dezember 1996 geschah ein unangenehmes Ereignis: Ich ging in mein Arbeitszimmer, um am Schreibtisch zu arbeiten. Als ich unter dem schweren bronzenen, sechsflammigen

Polenluster war, fiel dieser herunter, streifte mich am Hinterkopf und es gab natürlich einen Riesenkrach, als er am Boden landete. Ich bekam einen Schock, lief mit meinem blutenden Kopf ins Schlafzimmer und warf mich auf mein Bett. Als ich nach einiger Zeit aufstand, bemerkte ich den blutigen Kopfpolster. (Auch das Datum des Vorfalls ist in meinem Terminkalender vermerkt.)

### 5.3.2.2 PRÄKOGNITIONSEXPERIMENTE MIT BEGABTEN VERSUCHSPERSONEN

Präkognitionsaussagen sind fast immer spontan, sie treten vielfach im Traum auf.

So hat der Freiburger Parapsychologe Prof. Dr. Hans BENDER über 2400 Berichte, die er von Frau Christine MYLIUS erhalten hat, an seinem Institut archiviert. Sehr bekannt wurde Frau MYLIUS durch ihre Träume zu dem erst viel später in Angriff genommenen Film „Nacht fiel über Gotenhafen". Thema des Films waren Ereignisse zu Ende des 2. Weltkrieges, als das Schiff „WILHELM GUSTLOFF" mit über 6000 Flüchtlingen aus Ostpreußen von einem russischen U-Boot torpediert wurde und unterging. Die 12 Gotenhafen-Träume wurden vier Jahre bis knapp ein halbes Jahr vor dem Eintritt von Vorkommnissen beim Drehen des Filmes aufgezeichnet.

Als Beispiel sei der Traum Nr. 897 von Frau MYLIUS vom 22. Mai 1959 angeführt [32], S. 57, [44], S. 67 und [42], S. 45: „Fahre in einem uralten, dreckigen Dampfer, der kaum manövrierfähig ist und der schon stundenlang braucht, um aus dem Hafen zu kommen. Auch die Mannschaft sieht ziemlich verwahrlost aus und steht unter Alkohol." Am 10. September 1959, also vier Monate nach dem Traum, fuhr das Filmteam, zu dem auch Frau MYLIUS gehörte, mit einem alten Dampfer zu Aufnahmen nach Helgoland. Man benötigte drei Stunden, um das Schiff aus dem Hafen der Stadt Bremerhaven zu bringen. Passagiere und Besatzung genossen fleißig den zollfreien Whisky, der Zweite Steuermann war so betrunken, daß er abgelöst werden mußte. Auch die übrigen Gotenhafenträume hatten ähnlich deutliche Zusammenhänge mit den späteren Geschehen um die Filmaufnahmen.

Von den vielen präkognitiven Träumen der Frau MYLIUS seien noch zwei zusammengehörige Träume wiedergegeben, die beide von einem schweren Unfall ihrer Mutter handeln [32], S. 25:

Zunächst der erste Traum vom 17. Oktober 1962 (Traum Nr. 1235):

„Meine Mutter fährt mit einem Schlitten einen Berg hinunter und erleidet einen Schock."

Mit diesem Traum hängt der zweite vom 3. März 1963 zusammen (Traum Nr. 1259), er lautet (auszugsweise):

„Ich fahre mit meiner Mutter und einem Mann auf einem Schlitten in einer Kurve durch einen Hohlweg. Rechts ein Abgrund. Plötzlich stürzt sie mit ihrem typischen ‚Huh!' rücklings in die Tiefe. Ich schaue ihr nicht nach, weiß, was geschehen sein muß, [...]."

Der letzte Teil des Traumes:

„[...] Doch auf einmal steht Mutter neben mir. Sie lächelt und hat nur Kopfschmerzen von dem Sturz. Ich frage sie, wie dieses Wunder geschehen konnte? Sie sagt: ‚Frag nicht, es ist eben geschehen, und du siehst ja, ich lebe!'"

Am 4. Juli 1969, viele Jahre nach den beiden Träumen, passierte folgendes: Frau MYLIUS befand sich mit ihrer 81jährigen Mutter und ihrer Tochter Isabel zu einem kürzeren Urlaubsaufenthalt auf ihrem Familiensitz Schloß Weißenstein in Osttirol. Tochter Isabels offener Wagen, der „alte Schlitten", wie er immer genannt wurde, parkte unterhalb des Schlosses in der Rechtskurve des Hohlwegs dicht an einem steil abfallenden Felsen. Es war eine Fahrt hinunter ins Dorf Matrei geplant. Frau MYLIUS und Cousin Kay waren schon eingestiegen, ihre Mutter wollte zum Arzt und gerade einsteigen, als Frau MYLIUS das typische „Huh!" der Mutter hörte, wie das bei gefährlichen Anlässen üblich war. Als sie sich umdrehte, war ihre Mutter verschwunden. Sie war, so wie sie es in ihrem Traum gesehen hatte, beim Einsteigen ins Auto den steilen Schloßberg hinuntergestürzt. Es bestand wenig Hoffnung, daß ihre Mutter den Sturz in den Schloßgraben überlebt hätte. Doch sie wurde ins Spital gebracht, und als Frau MYLIUS am nächsten Tag ihre Mutter im Spital besuchte, sagte diese: „Du siehst ja, ich lebe!"

## 5.3.2.3 STATISTISCH AUSWERTBARE RATEVERSUCHE

J. B. Rhine hat mit seinen Vorschau-Versuchen mit den Zener-Karten nur niedrigere Signifikanzen im Vergleich zur Telepathie und zum räumlichem Hellsehen erreicht, die Wahrscheinlichkeiten liegen etwa bei $10^{-6}$; sie sind aber immer noch sehr viel kleiner als die übliche Signifikanzgrenze von $1/100 = 10^{-2}$.

## 5.3.2.4 STATEMENT ZUR FRAGE DES BERUFSMÄSSIGEN WAHRSAGENS DER ZUKUNFT

Folgende Erkenntnisse der parapsychologischen Forschung sprechen eindeutig gegen das berufsmäßige Wahrsagen der Zukunft:

a) parapsychologische Phänomene lassen sich erfahrungsgemäß nicht ständig produzieren

b) die Präkognition ist das seltenste Phänomen der Parapsychologie und sie kommt fast nur als Spontanphänomen vor

c) Wahrsager haben keinen wie immer gearteten Hinweis dafür, welche ihrer Aussagen richtig ist und welche falsch.

Wie arbeiten nun die Hellseher und vor allem jene, die die Zukunft „voraussagen" (möchten)?

Ich möchte einen konkreten Fall schildern, um auch gleich die Schattenseiten dieser Dinge klarzumachen: Eine mir bekannte Dame berichtete, daß sie mit einer Freundin zu einem Wahrsager ging. Sie wurde als erste vorgelassen, der Wahrsager hatte sie noch nie gesehen. Sie setzte sich hin und, wie das viele machen, sagte der Wahrsager gleich: „Sie brauchen mir keinen Namen zu nennen, sie brauchen mir nichts mitzuteilen, ich werde Ihnen erst einmal etwas aus Ihrem Leben sagen: Ihr Mann muß mit Holz zu tun haben und er muß vor etwa einem Monat im Spital gelegen sein." Sie war verblüfft: Ihr Mann war Besitzer eines Sägewerkes und hatte sich tatsächlich nach einem Autounfall vor drei Wochen im Spital aufgehalten. Das ist kein Zufall; der betreffende Wahrsager ist einfach ein guter Telepath, er hat diese Information aus ihrem Unterbewußten abgezapft. Sie war natürlich überzeugt, daß er ein phantastischer Hellseher sei und hat ihm alles geglaubt, was er sonst noch gesagt hat, vor allem über ihre Zukunft.

Es gibt auf dem Gebiet der Wahrsagerei leider sehr viele ausgemachte Schwindler, die weder Telepathen noch Hellseher sind und nur den Leuten das Geld aus der Tasche holen wollen.

Ein seriöser Hellseher müßte sich erst einmal in einen etwas herabgeminderten Bewußtseinszustand versetzen, um die Eindrücke aus dem Unterbewußtsein aufsteigen, also „kommen" zu lassen. Es gibt hierfür verschiedene Methoden, das zu machen. Viele benützen als Hilfsmittel die berühmte Kristallkugel, die durchaus ihren guten Grund hat. Fixiert man nämlich einen Gegenstand – besonders, wenn er glitzert –, dann gerät man in einen leichten psychischen Spaltungszustand, in dem Visionen aufsteigen können. Man sieht in der Kristallkugel Bilder, hat also Halluzinationen, und man kann dann schildern, was man sieht. Es gibt auch Sensitive, die auditive Halluzinationen haben, das heißt, sie hören Stimmen und deuten das „Gehörte".

Dazu kommt natürlich noch, daß routinierte Hellseher ausgezeichnete Menschenkenner sind und auf ganz normalem Wege aus dem Klienten eine Menge durch „Angeln" herausholen können.

Selbst wenn ein Wahrsager ein guter Telepath ist und so vieles aus seinem Klienten herausholen kann, er kann nie wissen, ob seine Zukunftsaussagen richtig oder falsch sind.

Darum kann man nur warnen. Es ist schade ums Geld, wenn man zu einem Wahrsager geht, und es hat in der Regel auch keinen praktischen Wert für unsere Zukunftsbewältigung. Im Gegenteil, es kann sogar außerordentlich gefährlich sein, wenn man sich durch einen solchen „Wahrsager" verblüffen läßt und sich (vielleicht sogar sklavisch) an seinen „Zukunftsaussagen" orientiert und dann Entscheidungen trifft, die man bei vernünftiger Überlegung so niemals getroffen hätte. Man soll sich daher bei Entscheidungen, die das Leben gravierend beeinflussen, nicht an einen Wahrsager, sondern an den Verstand und das eigene Gewissen wenden, es sind die einzigen Instanzen, die letzten Endes entscheiden sollen.

III. Teil
Paraphysikalische Phänomene

6 PARAPHYSIKALISCHE PHÄNOMENE

Der dritte Teil des Zyklus über Parapsychologie befaßt sich mit den paraphysikalischen Phänomenen. Darunter seien jene Erscheinungen verstanden, bei denen es zu den verschiedensten Arten von Bewegungen und Veränderungen von Körpern – oder allgemeiner physikalischen Systemen – kommt; Veränderungen, die von der menschlichen Psyche provoziert und gesteuert werden, die aber nach unseren derzeitigen physikalischen Erkenntnissen bzw. Theorien nicht erklärbar sind. Bei paraphysikalischen Phänomenen spricht man vielfach von Psychokinese oder auch Telekinese, weil Bewegungen von Gegenständen ohne Zuhilfenahme bekannter physikalischer Hilfsmittel die ersten auffälligen paraphysikalischen Erscheinungen waren.

Historische Fälle finden sich zurück bis ins Altertum, und die heiligen Schriften aller Religionen sind voll von Berichten etwa über Levitationen (bis hin zu Himmelfahrten) oder über Bilokationen Heiliger, über Erweckungen Toter, über Spontanheilungen und viele andere Wunder positiver Art ebenso wie über dämonische Spukerscheinungen der unangenehmsten Formen. Über Levitationen, aber auch die meisten übrigen, vom Spuk her bekannten Erscheinungen wie Klopfgeräusche, Leuchtphänomene etc. wurde vielfach im Zusammenhang mit spiritistischen Medien berichtet, wobei allerdings älteren Berichten gegenüber äußerste Skepsis angebracht ist, und es sind auch zahlreiche Medien bei betrügerischen Manipulationen ertappt worden.

Heute sind „Psychokineten" in der Lage, feste Körper nicht nur zu bewegen, sondern sie auch zu verformen (z.B. der Löffelbieger Uri Geller aus Israel), und photographische Filme so zu beeinflussen (z.B. der Amerikaner Ted Serios), daß Bilder entstehen, die gar nicht da sein dürften.

## 6.1 SPONTANPHÄNOMENE

Paraphysikalische Wirkungen lernt man am deutlichsten kennen, wenn man Berichte über Spontanphänomene studiert.

Ein erster Bericht von dem mit meiner Cousine verheirateten Dipl.-Ing. M. Z. aus Villach. Von ihm erhielt ich über 40 Berichte über paranormale Ereignisse, einer davon ist der folgende:

„Ich war ein Junge von ungefähr acht Jahren, als ich mein erstes objektives Erlebnis mit paranormalen Kräften hatte [...].

Wir wohnten in der Favoritenstraße [...].

Meine Eltern waren mit mir an einem Novemberabend ausgegangen, und wir kehrten gegen 19 Uhr heim. Als mein Vater die Wohnungstüre aufsperrte, ertönte aus dem Salon ein ohrenbetäubendes Krachen und Splittern. Die erste Reaktion meines Vaters war: Einbrecher. Mit entsprechender Vorsicht wurde die ganze Wohnung durchsucht, aber da war kein Eindringling zu finden.

Bei Untersuchung des Salons fanden wir folgende erstaunliche Tatsache vor: Das hinter der Sitzecke hängende, 75 cm × 90 cm große, verglaste und gerahmte Familienwappen hatte mitsamt den intakten Aufhängeschnüren anscheinend einen Sprung aus dem Mauerhaken gemacht und war, ohne etwas von den auf einem darunter befindlichen Bord stehenden Zinnsachen merklich verschoben zu haben, in einem merkwürdigen Rückwärtssalto auf das kleine Sims mit Nippsachen gestürzt, wo es ganz allein das Andenken an Großmama, eine herzförmige Bonbonniere aus Porzellan, völlig zu Splittern zerschmetterte; alle anderen Nippes waren intakt und nicht verschoben. Das Deckglas des Familienwappens hatte beim Sturz nicht einmal einen Sprung abbekommen.

Es war, als wir den Lärm im Salon vernommen hatten, 18.55 Uhr gewesen. Noch in der gleichen Nacht erhielt meine Mutter ein Telegramm von ihrem Vater aus Laibach, daß Großmama zu jener Stunde verstorben sei, ein Herzschlag hatte ihrem Leben ein Ende gemacht."

Ein zweiter, ähnlicher Bericht eines Polizei-Revierinspektors, der mir von Herrn A. STEINER zur Verfügung gestellt wurde:

„In der Nacht vom 22. auf den 23. August 1981, um 4.15 Uhr morgens, wurden meine Gattin und ich von einem lauten

Geräusch aus dem Schlaf gerissen. Nach gründlicher Nachschau stellte ich fest, daß der kleine Spiegel, der im Badezimmer an der Wand hing, heruntergefallen war. Ich hing den Spiegel wieder an dem Haken, welcher ca. 2 cm hoch ist, auf. Es ist unmöglich, daß der Spiegel aus eigener Kraft aus dieser Halterung herunterfällt. Wir gingen daraufhin wieder zu Bett. In genau einer Stunde, also um 5.15 Uhr, wiederholte sich das gleiche Spiel nochmals. Der Spiegel fiel wieder vom Haken, worauf ich ihn nicht mehr an den Haken hing." Der Berichterstatter hält das seltsame Verhalten des Spiegels für die „Anmeldung" eines vor etwa fünf Monaten verstorbenen Kollegen.

Schließlich noch ein historischer Fall der beiden berühmten Tiefenpsychologen C. G. JUNG und Sigmund FREUD:

JUNG interessierte sich für FREUDS Anschauungen über Parapsychologie und benützte 1909 einen Besuch bei FREUD, um mit ihm über diese Problematik zu reden. FREUD lehnte damals die Parapsychologie als Unsinn ab, was JUNG so stark erregte, daß ein ungeheurer Krach im Bücherkasten ertönte. Man konnte denken, der Schrank würde zusammenfallen.

JUNG machte die Bemerkung, daß sich seine Gefühle gewissermaßen in die Außenwelt verlegt hätten, was FREUD wiederum als Unsinn bezeichnete. Da erklärte JUNG in einem Zustand absoluter Sicherheit, daß er Recht behalten werde: „Zum Beweis wird es gleich noch einmal einen solchen Krach im Schrank geben." Und das geschah tatsächlich. FREUD hat JUNG entsetzt angesehen und JUNG sprach nie mehr mit FREUD über diesen Vorfall [43].

Während JUNGS positive Einstellung zur Parapsychologie hinreichend bekannt ist – er hatte früh Psychokineseerlebnisse wie die laut krachende Spaltung eines Tisches in der mütterlichen Wohnung und das Zerspringen eines Brotmessers mit einem Knall – so war FREUD, wie das obige Erlebnis mit dem krachenden Kasten erweist, anfänglich der Parapsychologie gegenüber sehr reserviert. Später hat er sich aber, übrigens gleichzeitig mit JUNG, zur Teilnahme an dem Ersten internationalen okkultistischen Kongreß in Berlin (18. bis 24. Oktober 1914) angemeldet. Zuletzt hat er sich auch positiv zur Telepathie geäußert und die Arbeiten „Traum und Telepathie" (G. W. Bd. XIII) und „Psychoanalyse und Telepathie" (G. W. Bd. XVII) veröffentlicht.

Einzelne Spontanphänomene treten also wieder in stark emotionell geprägten Situationen und daher häufig im Zusammenhang mit einer Sterbesituation auf. Noch eindrucksvoller sind die, allerdings seltenen, sogenannten „Spukphänomene", bei denen es sich, wie schon erwähnt, um massive „wiederholte spontane Psychokinese" handelt. Seit dem Altertum bis in die neueste Zeit hinein wird immer wieder von spukhaften Erscheinungen berichtet, die oft Wochen und Monate andauern. Sie werden auch heute immer wieder von vielen Zeugen, unter anderem auch von Ärzten, Geistlichen und Polizisten, die zu Hilfe gerufen werden, beobachtet, und es ist tatsächlich gelungen, solche Spukfälle mit der nötigen wissenschaftlichen Sorgfalt zu dokumentieren (Rosenheim etc.), worüber – gewissermaßen als spektakulärer Höhepunkt – in einem eigenen Kapitel (6.4) zu sprechen sein wird.


6.2 EXPERIMENTE MIT BEGABTEN PERSONEN

Wieder wird man versuchen, kontrollierte Versuche mit begabten Personen durchzuführen, wozu vor allem auch die erwähnten psychokinetischen Erscheinungen im Zusammenhang mit spiritistischen Medien aus früherer Zeit gehören (Versuche von SCHRENCK-NOTZING etc.). Damals waren allerdings die Kontrollmöglichkeiten schlecht, vor allem in den Dunkelkabinetten, während man heute mit Nachtsichtgeräten arbeiten kann wie im Fall des südamerikanischen Materialisationsmediums in Herrenalb[18].

Neuerdings treten begabte Personen ohne Bezugnahme auf spiritistische Praktiken auf, wie etwa die Löffelbieger Uri GELLER (Israel) und SILVIO (Schweiz), sowie andere Psychokineten (Nina KULAGINA in Rußland, Matthew MANNING in England usw.). Solchen Versuchspersonen gelingen gelegentlich bei kontrollierten Versuchen in der Laborsituation physikalisch unerklärbare Effekte, hauptsächlich Bewegungen und neuerdings Deformationen von Gegenständen, ohne daß eine trickhafte Manipulationen festgestellt werden kann.

6.2.1  MEIN ERSTER PSYCHOKINESEVERSUCH

Mein erstes psychokinetisches Erlebnis hatte ich in Brunn am Gebirge im Hause eines Mitglieds unserer Gesellschaft. Die Gastgeberin, Frau H., hatte mir schon einmal Berichte über die Ereignisse im Zusammenhang mit dem tödlichen Verkehrsunfall ihres älteren Sohnes zur Verfügung gestellt. Sie erzählte mir von wiederholten Ahnungen, ihren Sohn bald zu verlieren, und als dann das Unglück am Karfreitag 1962 geschehen war, traten psychokinetische Erscheinungen in ihrer Wohnung auf. Insbesondere bewegten sich Gegenstände auf ihrem Nachtkästchen, ohne daß sie jemand berührt hätte. Eines Tages war ich also am Nachmittag bei Frau H. in ihrem Haus, zusammen mit ihrem zweiten Sohn und zwei oder drei weiteren Gästen. Es war der Besuch eines Architekten angekündigt, der auch dadurch bekannt geworden war, daß sich bei seiner Anwesenheit mitunter psychokinetische Phänomene ereignen sollen. Wir hatten, bevor noch der Architekt gekommen war, um den runden Tisch herum Platz genommen und die Hände aufgelegt, in der Hoffnung, Bewegungen des Tisches provozieren zu könne Es geschah jedoch zunächst nichts, bis der Architekt gekommen war. Er setzte sich mit an den Tisch und wir schlossen den Kreis dadurch, daß jeder mit den Fingern seiner Hände die Finger seiner beiden Nachbarn berührte. Sogleich ertönte in dem zentralen Fuß des Tisches, auf dem die Tischplatte ruhte, ein lautes Krachen, so als könnte der Tisch jeden Moment zusammenbrechen. Ich bat den Architekten, den Kreis zu verlassen. Im selben Moment hörte das Krachen auf. Dann bat ich ihn, sich hinter mich zu stellen und seine Hände auf meine Schultern zu legen. Er tat dies und augenblicklich begann es wieder im Tischfuß fürchterlich zu krachen. Ich kommandierte: „Hände weg von meinen Schultern!" Er tat es und es war still. Ich kommandierte: „Hände auf meine Schultern!" Der Architekt befolgte meine Anordnung und wieder krachte es lautstark im Tischfuß. Ein paar Mal ließ ich das Spiel wiederholen. Immer, wenn ich die Hände auf den Schultern hatte, krachte es fürchterlich im Tischfuß, waren seine Hände weg von meinen Schultern, war es still. Es war offensichtlich so, daß sich seine psychokinetischen Kräfte von seinen Händen über meine Schultern und meine Hände auf den Tisch übertragen ließen.

Plötzlich entschuldigte sich der Architekt, er müsse nach Hause, er hätte morgen eine Bauverhandlung bei der Gemeinde und müsse sich jetzt schonen, da er sonst nicht in der Lage wäre, morgen zur Bauverhandlung zu gehen. Er lief zur Türe hinaus und war weg! Es ist allen Parapsychologen bekannt, daß Versuchspersonen durch von ihnen provozierte psychokinetische Effekte stark an Energie verlieren, und so war es auch hier. Wir hatten damals noch probiert, durch festes Drücken auf die Tischplatte irgendein Geräusch zu erzeugen, aber das war trotz großer Kraftanstrengung nicht möglich.

### 6.2.2 DER GEDANKENPHOTOGRAPH TED SERIOS

Ted SERIOS, ein einfacher Mann aus Chikago, wurde von dem Psychoanalytiker Dr. Jule EISENBUD[19], Professor an der Universität von Colorado in Denver, jahrelang untersucht [41]. Ted SERIOS kam selbst nach Denver und Prof. EISENBUD ließ ihn zwei Jahre lang in seinem Haus wohnen.

Der Professor und seine Mitarbeiter überprüften sorgfältigst die Arbeitsweise Teds, dessen Gedankenfotos folgendermaßen entstanden:

Ein Mitarbeiter des Professors richtete eine (sorgsam kontrollierte) Polaroidkamera, in der sich die Bilder selbständig in wenigen Minuten entwickeln, auf Ted und knipste ihn oder Ted richtete selbst die Kamera auf sich und drückte auf den Auslöser.

Es gab im wesentlichen drei verschiedene Arten von Fotos:
1. Fotos normaler Art mit Ted SERIOS und der Zimmereinrichtung,
2. schwarze und hellweiße Bilder ohne erkennbare Strukturen,
3. Bilder paranormaler Art mit Gebäuden, oder anderen Ansichten, die man oftmals von Ted SERIOS angefordert hatte.

Die paranormalen Bilder waren zunächst verschwommen und besserten sich, wenn weitere Fotos gemacht wurden. Ted produzierte gerne Bilder von Kirchen und anderen Gebäuden und oft erkannte man erst lange Zeit später, um welches Gebäude es sich handelte. So entstand einmal ein Bild einer Kirche mit zwei Türmen, das zunächst verkannt wurde, bis viele Monate später die ausgezeichnet getroffene Kirche als Frauenkirche von

München identifiziert wurde. Ted SERIOS war nie in München und muß ein Bild der Frauenkirche (vielleicht vor langer Zeit) gesehen haben (Kryptomnesie, siehe Abschnitt 3.2). Prof. Hans BENDER veranlaßte Untersuchungen von Ted durch ein Berliner Fernsehteam [42]. Dieses brachte seine eigene Polaroidkamera mit. Ted sollte das Bild eines Urmenschen (paranormal) erzeugen. Nach Stunden begannen sich die Bilder „zu entwickeln", zuerst schwarze Fotos (Typ 2 von vorhin), dann Fotos mit geringen Strukturen, dann immer deutlichere Fotos bis zu einem hervorragenden Bild, das sich als Gemälde eines Neandertalers in einem Museum in Chicago entpuppte. Ted SERIOS war einmal in diesem Museum.

### 6.2.3 DER LÖFFELBIEGER URI GELLER

Im Jahre 1974 wurde ich vom ORF eingeladen, an der mit Uri GELLER am 23. Jänner angesetzten Live-Sendung teilzunehmen. Die Sendung wurde von Dr. PAYRLEITNER vorbereitet und geleitet. Ein Bericht von mir beschreibt die Vorfälle in und nach der Sendung ausführlich[20]. Um es gleich vorweg zu nehmen, die Sendung verlief enttäuschend, und Uri GELLER brachte keine überzeugenden paranormalen Phänomene zustande. Nach der Sendung allerdings geschah in einem Aufenthaltsraum doch noch einiges:

Uri GELLER wollte unbedingt zeigen, daß er paranormale Fähigkeiten besitzt und bat den anwesenden Ordinarius für Psychologie der Universität Graz, Univ.-Prof. Dr. MITTENECKER, einen Schlüssel für ein Experiment zur Verfügung zu stellen. Prof. MITTENECKER lehnte ab, er hätte kein geeignetes Objekt. Der ORF-Mitarbeiter, Herr MILDNER, der alles, was sich in der Garderobe abspielte, mit seinem Tonbandgerät aufzeichnete, machte sich erbötig, einen Schlüssel zur Verfügung zu stellen. Die Nummer des Zylinderschlüssels 85401 wurde von Uri GELLER aufs Tonband gesprochen und Prof. MITTENECKER nahm den Schlüssel in seine Hand.

Uri GELLER strich zart über den Schlüsselbart und tatsächlich, der Schlüssel verbog sich ganz wenig. Zur Überprüfung der leichten Verbiegung wurde der Schlüssel auf einen großen, glatten Tisch gelegt, um den sich die mitgekommenen etwa zehn Personen verteilten, und es zeigte sich, daß der Schlüssel nicht mehr ganz eben war. Anschließend machte Prof. MITTENECKER einen Telepathieversuch mit Uri GELLER, der im Abstand von etwa vier Meter an der zu Prof. MITTENECKER und mir gegenüberliegenden Wand Aufstellung nahm. Prof. MITTENECKER nahm sein Notizbuch und fertigte eine kleine Zeichnung an, wobei er das Notizbuch so durch sein Sakko abdeckte, daß selbst ich als unmittelbar daneben Stehender nicht sehen konnte, was er gezeichnet hatte. Der Verlauf des Experimentes wurde von Herrn MILDNER mit Hilfe seines Tonbandgerätes aufgenommen (ich besitze eine Kopie). Uri beklagte sich zunächst, wie häufig bei Versuchen, daß das Experiment kaum gelingen würde, zeichnete aber doch etwas auf ein großes Papierstück und fragte dann Prof. MITTENECKER, was er gezeichnet habe, und dieser sagte: „Drei Paragraphen." GELLER fragte: „Was ist das, ein Paragraph?" Prof. MITTENECKER zeigte hierauf seine Zeichnung, die mit jener Uri GELLERS verglichen wurde, der ebenfalls drei Paragraphen gezeichnet hatte. Die Abbildung in [45], S. 126, zeigt die beiden Zeichnungen. Das gelungene Telepathieexperiment erzeugte eine hektische Aufregung und da ließ sich plötzlich die Stimme des Herrn MILDNER hören: „Schaut her, der [Schlüssel] verbiegt sich ja." Alles drehte sich zum Tisch, in dessen Mitte der Schlüssel lag. Deutlich war zu sehen, daß sich die Schlüsselspitze von selbst[21] langsam nach oben bog. Die Tonbandaufnahme erwies, daß der Biegevorgang ungefähr zehn Sekunden dauerte. Ich legte einen vorbereiteten Zylinderschlüssel (Institutsschlüssel Nr. 6-084 MHS, Material Alpaka) etwa zwei Zentimeter neben den verbogenen Schlüssel auf den Tisch (Tonband, HOFMANN: „Legen wir den daneben, vielleicht verbiegt er sich mit."), worauf sich dieser von selbst mit seiner Bartspitze um etwa einen Zentimeter auf den anderen zu bewegte. (Tonband, MILDNER: „Der ist ja magnetisch!")

Nach Ende der Experimente wurde von den Hauptakteuren ein Photo gemacht (Abb. 14).

Später wurden beide Alpakaschlüssel untersucht, sie waren natürlich vollkommen unmagnetisch und nicht in der Lage, eine spitzengelagerte Magnetnadel zu bewegen. Den Endzustand des von selbst verbogenen Schlüssels zeigt Abb. 15.

Der sich im Besitze des Autors befindliche, verbogene Schlüssel zeigte schon bei grober Besichtigung keine Veränderungen, wie sie eine chemische Beeinflussung, allenfalls durch Quecksilbernitrat, hätte hervorrufen können. Trotzdem wurde er zur eingehenden chemischen Untersuchung dem Institut für chemische Technologie anorganischer Stoffe der Technischen Hochschule Wien (Prof. Dr. KIEFER) übergeben, das gemeinsam mit dem Institut für Analytische Chemie und Mikrochemie (Prof. Dr. MALISSA) unter Einsatz modernster physikalisch-chemischer,

*Abbildung 14: Von rechts nach links: Univ.-Prof. Dr. J. Mittenecker, Uri Geller, der Autor und der Psychologe Dr. P. Urban, der damals das Seminar der Österreichischen Gesellschaft für Parapsychologie leitete (Photo Hofmann)*

*Abbildung 15: Der von selbst verbogene Schlüssel (Photo Hofmann)*

insbesondere auch mikrochemischer Methoden (Untersuchungen mit Stereomikroskop, Mikrosonde, Röntgenfluoreszenz, Rasterelektronenmikroskop) keinerlei Einwirkung irgendwelcher chemischer Fremdsubstanzen, abgesehen von geringen Fettspuren, die von der Benützung des Schlüssels durch seinen Besitzer herrühren, feststellen konnte und zu dem Ergebnis kam, daß eine derartige Einwirkung mit Sicherheit auszuschließen ist (Gutachten vom 7. Februar 1974). Eine Begründung der selbständigen Verbiegung durch chemische Beeinflussung scheidet also jedenfalls aus.

6.2.3.1 NACHUNTERSUCHUNGEN

In der Folge wurde ich von vielen Leuten angerufen, weil sich bei und nach der Fernsehsendung in ihrer Wohnung psychokinetische Effekte ereigneten.
 Einige Fälle sollen angeführt werden:
 Aus Purkersdorf berichtete Frau M., daß sie bei der Sendung ohne Anstrengung einen „90er Nagel" verbiegen konnte, sie hatte das Gefühl, der Nagel wurde warm und plastisch, sodaß er ganz leicht zu verbiegen gewesen wäre. (Abb. 16)
 Die Witwe eines bekannten Filmregisseurs, Frau P., übergab dem Autor eine nahe den Zinken auseinandergesprungene Gabel (Abb. 17, rostfreier Stahl, Bruchstelle 1,5 mm × 13,2 mm) und teilte mit, daß sie vor den Fernsehapparat ein kleines Tischchen gestellt, auf dieses zur Erhöhung eine würfelförmige Holzkassette und darauf die Gabel gelegt hatte, die dort während der Sendung liegen blieb, ohne berührt zu werden. Der Zustand der Gabel war auch nach der Sendung unverändert, worauf sich Frau

*Abbildung 16: Von Frau M. aus Purkersdorf verbogener 90er-Nagel (Photo Hofmann)*

P. zu Bett begab. Am anderen Morgen war die an ihrem Ort verbliebene Gabel zersprungen, der kleine Teil mit den Zinken war auf das Tischchen heruntergefallen, der Stiel war auf der Kassette liegengeblieben. Frau P. befand sich während der gesamten Zeitspanne zwischen der Sendung am Abend und dem Zeitpunkt der Feststellung am nächsten Morgen, daß die Gabel zersprungen war, allein in ihrer Wohnung. Setzt man die Bruchstücke zusammen, so zeigt es sich, daß sich die Gabel, bevor sie zersprungen war, an der Bruchstelle um etwa 60° gebogen haben mußte. An den Bruchstücken sind keinerlei Beschädigungen oder Veränderungen festzustellen, die darauf schließen lassen, daß die Gabel unter Verwendung entsprechender Hilfsmittel (Zangen etc.), die hiezu unbedingt erforderlich gewesen wären, künstlich gebrochen wurde.

Die Erlebnisse eines Zahnarztes aus Wien:

Dr. P. erzählt (Tonband): „[...] es hat sich eigentlich nichts getan, es hat sich ja auch am Fernsehschirm nichts getan, da hat jeder seine Gabel vor sich hingelegt [...] ein paar Sekunden danach, plötzlich schau ich meine Gabel an und die anderen auch, mit offenem Mund, da haben wir bemerkt, daß sie verbogen ist und sich noch verbiegt." (Abb. 18, die Gabeln im Endzustand, linke Gabel, Objekt Nr. 1, rostfreier Stahl, an der Biegestelle schwächster Querschnitt von 2 mm × 5,3 mm)

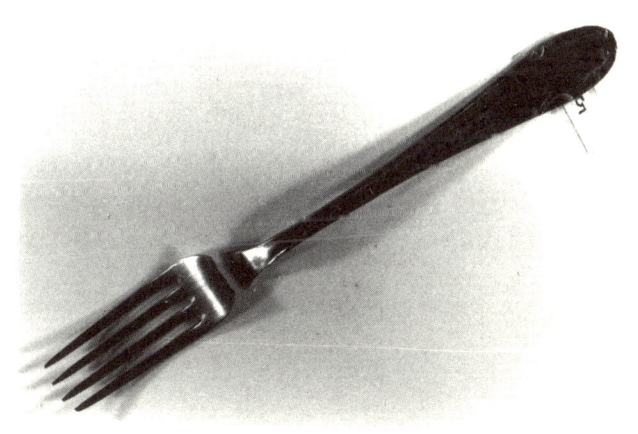

*Abbildung 17: Zersprungene Gabel von Frau P., Wien (Photo Hofmann)*

Die Nichte des Arztes beschreibt einen weiteren, gleichartigen Vorfall, der sich zwei Tage später ereignete, als sie in der Küche eine Gabel aus der Bestecklade genommen und auf den Tisch gelegt hatte (Tonband):

„[...] in dem Moment, wie ich sie hinlege, fängt sich die Gabel an zu biegen. Ich bin so erschrocken, mir haben die Knie so zu zittern angefangen [...] mir war direkt unheimlich, daß da jemand ist [...] da habe ich also wieder gesehen, wie es sich biegt [...]". (Abb. 18, rechte Gabel, Objekt Nr. 1a, gleiche Ausführung wie Objekt Nr. 1)

Nachexperimente mit Herrn W.[22]: Durch entsprechende Anregung (Besichtigung von Filmen der Psychokineseversuche mit der russischen Versuchsperson Nina KULAGINA) wurde er (Herr W.) dazu gebracht, verschiedene, vor ihm auf dem Tisch liegende Gegenstände ohne Berührung, allein durch angespannte Konzen-

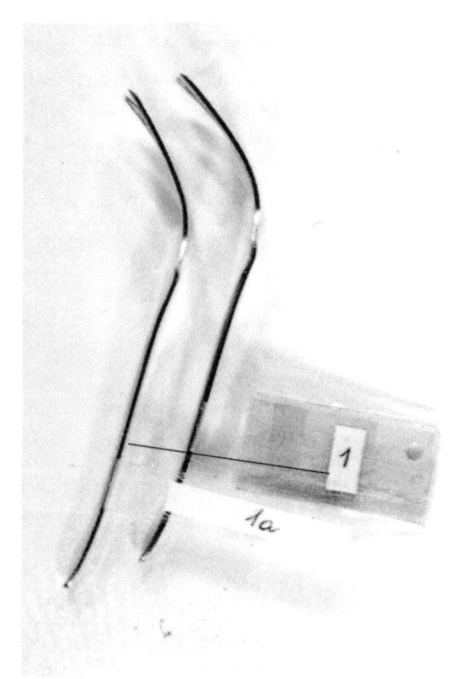

*Abbildung 18: Die Gabeln im Endzustand (Photo Hofmann)*

tration, in Bewegung zu setzen. Es konnten dabei vom Verfasser Verschiebungen bis 20 Zentimeter sowie (zusätzliche) Verdrehungen um Winkel bis zu etwa 90° beobachtet und zum Teil auch gefilmt werden. Abb. 19 zeigt vier zeitlich aufeinanderfolgende Situationen eines solchen Experimentes. Die Einzelbilder wurden dem mit einer Amateur-Super-8-Kamera angefertigten Film entnommen. Das Versuchsobjekt ist ein unbenütztes und noch zusammenhängendes Paar japanischer Eßstäbchen aus Holz (Länge 23,7 Zentimeter, Masse 4,4 Gramm). Die Überprüfung mit einem Gaußmeter ergab, wie erwartet, daß es absolut unmagnetisch ist. Am Beginn des Versuches lag der Gegenstand zwischen den Händen der Versuchsperson, er wurde während des gesamten Bewegungsablaufes von diesen nicht berührt. Die Bewegung des Stäbchenpaares erfolgte kontinuierlich in einer Schlangenlinie etwa 20 Zentimeter vorwärts vom Oberkörper der Versuchsperson weg, wobei deren Hände praktisch unbewegt auf dem Tisch lagen. Auf dem Film ist nur der letzte Teil der raschen, vier Sekunden dauernden Bewegung, und zwar eine Drehung um etwa 60°, festgehalten. Der beschriebene Versuch fand auf einem schweren Eichentisch für acht Personen in der Wohnung des Autors statt. Die Eßstäbchen stammen aus dem Besitz des Autors und wurden von ihm erst zu Beginn des Versuches auf den Tisch gelegt.

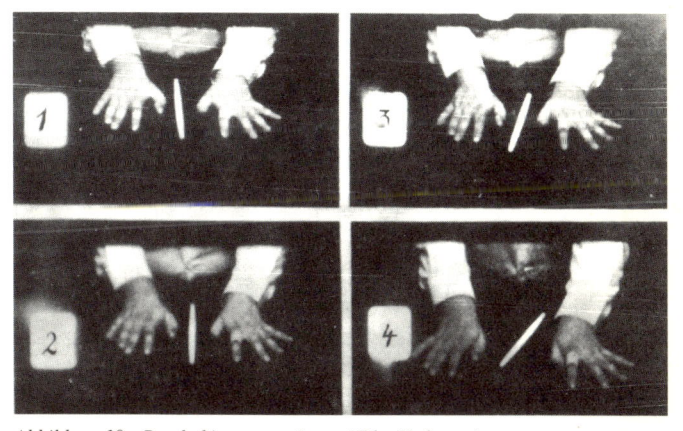

*Abbildung 19: Psychokineseexperiment (Film Hofmann)*

## 6.2.4 URI GELLERS NACHFOLGE: METALLBIEGER UND ANDERE PSYCHOKINETEN

Abschließend seien von den vielen Nachfolgern[23] Uri GELLERS, die durch dessen Vorbild zu eigenen Experimenten angeregt wurden, einige der attraktivsten von ihnen angeführt und ihre Erfolge beschrieben.

### 6.2.4.1 DER SCHWEIZER SILVIO

Der Graphiker (und neuerdings auch Maler) Silvio M. hat sich als Löffelbieger und als universell einzusetzender Psychokinet einen Namen gemacht. Untersucht wurde er von dem Freiburger Univ.-Prof. Dr. Hans BENDER, von Univ.-Prof. Dr. Hans-Dieter BETZ von der Universität München, vor allem von Bernhard WÄLTI, Universität Bern, und anderen.

Ich habe von Prof. BENDER einen Film bekommen, in dem das GELLERsche Löffelbiegen bis zum Bruch an der Biegestelle zu sehen ist, an der die Löffelkelle ohne Berührung von SILVIO um fast 180° herumgebogen wurde. SILVIO hat aber nicht nur Metallöffel, sondern auch Plastiklöffel nur durch Annäherung seiner Fingerspitze an den Löffel gebogen. Unter Kontrolle eines Mitarbeiters von Hans BENDER wurde auch ein 1-Franken-Stück geradezu um den Finger von SILVIO „gewickelt". SILVIO hat mit dem Trickkünstler Rolf MAYR aus Münchenbuch bei Bern zusammengearbeitet, der ursprünglich ein Gegner der Parapsychologie war, sich aber von der Echtheit der Biegephänomene SILVIOS überzeugen ließ. (Literatur: [22, 23])

### 6.2.4.2 DIE VERSUCHE VON JOHN HASTED

Weitaus die besten Laborversuche sind jene von John HASTED, Professor für Experimentalphysik am Birkbeck College der Universität von London, bei denen etwa eine Verbiegung aufgehängter Metallproben aus 1½ Meter Entfernung gelangen oder sich Drahtstücke in Glaskugeln verwickelten. Seine Experimente wurden mit jungen Versuchspersonen durchgeführt. Nebst einer

Reihe von anderen Versuchen hat Prof. HASTED eine interessante Versuchsmethode entwickelt, die es ermöglicht, die Experimente von den Versuchspersonen auch allein durchzuführen, wobei sich Prof. HASTED natürlich durch eigene Anschauung davon überzeugte, daß seine Versuchsperson Andrew G., die die in der Folge beschriebenen Experimente ausführte, unter seinen Augen die Psychokinese selbst ausführen konnte. Es wurden Kugeln aus dünnem Glas angefertigt (Durchmesser der Kugeln etwa 130 Millimeter) mit einer (einzigen) kleinen Öffnung (Durchmesser 3 bis 8,5 Millimeter), in die aufgebogene, also gerade gerichtete Büroklammerdrähte eingeworfen wurden. Wenn die Versuchsperson die Kugel 6 bis 15 Minuten lang schüttelte oder auf einem Tisch mit einer Hand hin- und herrollte, begannen sich die Drahtstücke zu verwickeln. Anschließend wurden wieder gerade gerichtete Büroklammern eingeworfen, die Kugel wurde wieder geschüttelt bzw. gerollt und die Drahtstücke verwickelten sich weiter. Bis zu elfmal wurde dieser Vorgang fortgesetzt, bis der Drahtknäuel die ganze Kugel erfüllte; Gesamtdauer über 100 Minuten, Gesamtzahl der Drahtstücke über 80. Die Möglichkeit für die Versuchsperson, allein zu arbeiten, ist psychologisch natürlich sehr wichtig, da ohne psychischen Druck gearbeitet werden kann. Die vielen mit verschlungenen Drahtstücken gefüllten Kugeln hätte Prof. HASTED niemals erhalten, wenn er bei allen dauernd hätte kontrollieren müssen.

Abb. 20 zeigt das Bild einer Kugel von Prof. HASTED, deren Herstellung eben beschrieben wurde. Prof. HASTED hatte eine solche Kugel zu seinem Wiener Vortrag am 9. November 1981 bei der Österreichischen Gesellschaft für Parapsychologie mitgebracht und sie wurde vom anwesenden Publikum entsprechend bestaunt. Für das von Prof. HASTED bzw. Adrin NEATROUR (Photo) zur Verfügung gestellte Bild dankt der Autor verbindlichst.

Die umfangreichen Versuche von HASTED sind in [34] beschrieben.

Bei Laboratoriumsversuchen unter der Leitung von Prof. Dr. Hans-Dieter BETZ vom Physik-Department der Münchner Universität konnten Bewegungen von Gegenständen, auch in abgeschlossenen Behältern, ferner Verbiegungen von metalli-

*Abbildung 20: Glaskugel von Prof. John Hasted (Photo Adrin Neatrour)*

schen und nichtmetallischen Gegenständen unter Kontrolle von Trickexperten festgestellt und gefilmt werden, wobei trickhafte Manipulationen nicht nachzuweisen waren. Metallische Probestangen (harte Legierungen aus Aluminium, Kupfer, Mangan) von einem Zentimeter Durchmesser beispielsweise, die mit Muskelkraft gar nicht gebogen werden können, deformieren sich bei leichter Berührung durch die Versuchsperson (J.-P. GIRARD).

### 6.2.3.4 WEITERE PK-PHÄNOMENE, DIE UNTERSUCHT WORDEN SIND:

- Erscheinungen von Belméz, Spanien
- Operationen philippinischer Heiler, die jedoch zu mehr als 90 Prozent als Trick bzw. Betrug angesehen werden müssen
- Tonband- und Videoeinspielungen, die in der Regel spiritistisch ausgelegt werden.

## 6.3 STATISTISCH AUSWERTBARE REIHENVERSUCHE (SERIENEXPERIMENTE)

Gerade bei den so selten beobachtbaren physikalischen Phänomenen, die überdies unserer normalen Erfahrung am krassesten widersprechen, kommt dieser Art von Experimenten in Laborsituationen eine besondere Bedeutung als Existenznachweis bzw. für deren Anerkennung zu. Wieder war es J. B. RHINE, dem an der Duke-Universität dieser Nachweis mit Würfelexperimenten gelang. RHINE hat Würfel zunächst von Hand (Würfelbecher) von der Versuchsperson auf ein ebenes, geneigtes Brett werfen lassen, wobei sich die Versuchsperson, während die Würfel die schiefe Ebene hinunterrollen, mit dem Versuchsleiter zuvor abbesprochene Wünsche denken soll, z.B. eine möglichst hohe Zahl zu erreichen (oder eine möglichst niedrige Zahl, oder möglichst viele 5er etc.). Später wurde eine rotierende Würfelmaschine hergestellt, bei der die Würfel elektrisch freigegeben wurden, sodaß diese ohne manuelle Betätigung durch die Versuchsperson auf eine ebene, horizontale Platte fielen[24]. Die Ergebnisse waren hochsignifikant, die Wahrscheinlichkeiten lagen in der Größenordnung $p = 10^{-13}$.

Damit rücken auch die anderen Psychokinesephänomene, also die spontanen bei Spuk und die bei begabten Versuchspersonen auftretenden, bis zu einem gewissen Grade provozierbaren, in den Blickpunkt des wissenschaftlichen Interesses.


## 6.4 SPUK

Kehren wir nach diesem Streifzug durch die drei Gruppen der Untersuchungsmethoden abschließend nochmals zu den Spontanphänomenen, nämlich zu den spektakulärsten, den Spukfällen, zurück. Es handelt sich hier fast immer um physikalische Erscheinungen destruktiver Art, die offensichtlich von einer Person auszugehen scheinen, ohne daß es dieser zu Bewußtsein kommt („personengebundener Spuk"). Ein Paradefall ist der sogenannte „Rosenheimer Spuk", der sich – eben in Rosenheim – im Jahre 1967 in einer Rechtsanwaltskanzlei ereignete und wochenlang anhielt.

In der überwiegenden Mehrzahl der Spukerscheinungen scheinen diese von Jugendlichen in der Pubertäts- oder Nachpubertätsphase auszugehen. Frustrationserscheinungen, also Schwierigkeiten seelischer Natur, insbesondere in Zeiten starker Persönlichkeitsveränderungen, scheinen vielfach das auslösende Moment zu sein. Ich besuchte 1965 selbst einen „Spukort" in der Nähe von St. Pölten, wo ein halbwüchsiger Junge Auslöser für die Ereignisse gewesen sein dürfte. Bringt man die Jugendlichen aus ihrer frustrierenden Umgebung weg, verschwinden stets auch gleichzeitig die Spukphänomene. Ist so der psychologische Hintergrund meist leicht verständlich – das Geschehen soll Unlustgefühle kompensieren und deshalb sind es destruktive Ereignisse, die vom Spukauslöser arrangiert werden –, so fehlt andererseits eine physikalische Erklärung der zum Teil sehr komplizierten, intelligenten Vorgänge vollends. Spuk ist an sich gar nicht so selten, wie man annehmen könnte. Er wird meist nur nicht publik, da die Betroffenen aus Angst, der Lächerlichkeit preisgegeben zu werden, oder aber, daß die spukauslösenden Personen einer psychiatrischen Untersuchung oder gar Behandlung zugeführt werden, die Ereignisse geheim halten. Sehr zum Schaden der Wissenschaft, da bei Bekanntwerden eines Falles die Erscheinungen meist schon lange aufgehört haben. Rechtzeitig und eingehend überprüfte Fälle wie den Rosenheimer Spuk gibt es zwar nur wenige, aber doch wiederum so viele, daß man Spuk für eine wissenschaftlich relevante Erscheinung halten muß. William G. ROLL sowie der Schweizer Theo LOCHER haben eine größere Zahl neuerer Spukfälle recherchiert, und es ist erstaunlich, wie sie einander in ihren Erscheinungsformen, ihren Mustern („patterns") gleichen[25].

Beim personengebundenen Spuk gibt es zwischen Anhängern der animistischen und der spiritistischen Vorstellung keine Differenzen, da ja der Spukauslöser eine lebende Person ist. Nun gibt es seit Jahrhunderten immer wieder Meldungen über Spukerscheinungen, die an einem bestimmten Ort durch lange Zeiten hindurch auftreten (z. B. Spukhäuser oder -schlösser in England und anderswo). Man spricht dann von „ortsgebundenem Spuk". Für Spiritisten sind in diesem Fall die Spukauslöser Jenseitige, also z. B. Verstorbene, die an diesen Orten

„umgehen" müssen, weil sie einen gewaltsamen Tod erlitten haben, oder in ihrem früheren, diesseitigen Leben große Schuld auf sich geladen haben, sodaß sie diese erst abtragen müssen, bis sie wieder zur Ruhe kommen können. Es können auch dämonische Erscheinungen sein, also Bewirkungen böser Geister.

Die Animisten sind da anderer Meinung: Da Psychokinese ihrer Meinung nach nur von lebenden Menschen hervorgerufen werden kann, erklären sie die Spukphänomene dadurch, daß sich Legenden gebildet haben und der Zustrom Neugieriger zu diesen Orten, die dort Spukphänomene erwarten, bewirkt, daß sich unter diesen gelegentlich auch Psychokineten befinden, die dann den Spuk auslösen. Da wir keine Kontrollpersonen im Jenseits haben, worauf der Innsbrucker Pater Prof. Dr. Andreas RESCH vor Jahren einmal hingewiesen hat, sind wir nicht in der Lage, die spiritistische Hypothese nach wissenschaftlichen Kriterien zu beweisen; sie wird weiterhin eine Glaubensangelegenheit[26] bleiben.

### 6.4.1 DER ROSENHEIMER SPUK

Der Rosenheimer Spuk ist, wie der Freiburger Parapsychologe, Univ.-Prof. Dr. Hans BENDER und seine Mitarbeiter nachgewiesen haben, jedenfalls ein personengebundener Spuk. Die Spukauslöserin („Fokusperson") war die Angestellte in der Kanzlei des Rechtsanwaltes ADAM, Frl. S. Zahlreiche Zeugen haben nachfolgend festgehaltene Spukereignisse festgestellt und in sehr eingehenden Zeugenaussagen, auch bei der Polizei, zu Protokoll gegeben:

In der Kanzlei des RA ADAM in Rosenheim spielten sich seit Juli 1967 unangenehme, ja geradezu schauderhafte Ereignisse ab. Es begann mit Telefonstörungen: Alle vier Apparate in der Kanzlei läuteten gleichzeitig, wenn man einen Hörer abhob, war die Leitung tot. Gespräche wurden andauernd unterbrochen. Auf Grund einer Intervention von RA ADAM bei der Post wurde die Telefonanlage abgeschaltet und von der Post ein Apparat mit eingebautem und plombiertem Gebührenzähler angeschlossen. Alsbald konnte festgestellt werden, daß sich der Gebührenzähler von selbst weiterdreht, obwohl gar kein Gespräch geführt wurde. Die Telefonrechnung stieg rapid an. Das Telefonamt stellte fest, daß häufig die Zeitansage angerufen wurde, beispielsweise an einem Tag innerhalb von 15 Minuten 47mal, was nach Meinung des RA ADAM im Hinblick auf die Aufzeichnungen über die geführten Gespräche nicht möglich war. Ab November 1967 traten zusätzlich Störungen im Stromnetz auf: Nach einem Knall erlosch in der Kanzlei das Licht, man stellte fest, daß sich alle vier Neonröhren, die in einer Höhe von über drei Meter an der Zimmerdecke montiert waren, in ihren Fassungen von selbst um 90° gedreht hatten und daher erloschen waren. Es wurden die E-Werke verständigt und gebeten, Untersuchungen der Elektroinstallation in der Kanzlei durchzuführen. Die Untersuchungen der E-Werke Rosenheim leitete Herr Revisor Paul BRUNNER, der mit seinen Mitarbeitern folgendes feststellen konnte: Stromkreisautomaten schalteten das Netz aus, schreibende Strom- und Spannungsmesser registrierten aber keine hohen Stromstöße; Neonröhren verdrehten sich wieder von selbst und eine fiel aus der Fassung auf den Boden und zerbrach; die Kanzleiangehörigen waren also gefährdet. Die Neonröhren wurden daher abmontiert und Fassungen mit normalen Glühbirnen montiert. Diese Glühbirnen explodierten mehrfach, aber die Automaten schalteten nicht ab. Beleuchtungskörper fingen zu schwingen an, dabei wurden Ausschläge bis 55 Zentimeter gemessen.

In der Folge wurde die Kanzlei mit einem eigenen Gummikabel direkt an die Hochspannungsstation Königstraße II angeschlossen. An dem Zerplatzen von Lampen änderte sich nichts, nur zeigten die Geräte in der Station Königstraße keine Stromstöße an. Lampen in der Kanzlei sind so stark ausgeschwungen, daß sie an der Zimmerdecke angeschlagen und zerbrochen sind. In der Station Königstraße wurde ein Notstromaggregat aufgestellt und die Kanzlei über das Gummikabel vom Notstromaggregat direkt versorgt. Die schreibenden Geräte in der Kanzlei zeigten kurzzeitige Endausschläge an, nicht aber die Geräte in der Station Königstraße. Der Physiker Dr. KARGER vom Max Planck-Institut für Plasmaphysik in München-Garching, der bald den Verdacht hatte, daß die Endausschläge am Spannungsschreiber nicht elektrischer sondern paranormaler Art sind, schließt eine Batterie, und zwar eine 1,5-Volt-Monozelle, an den Spannungsschreiber bei drei Volt Endausschlag an, dieser schreibt daher bei konstanter Spannung der Monozelle von 1,5 Volt in der Mitte einen geraden Strich. Plötzlich registriert der Schreiber acht kurzzeitige kräftige Endausschläge, obwohl eine Monozelle natürlich keine Spannungsstöße abgeben kann! Also war klargestellt, daß die Ausschläge an den Schreibern nicht elektrisch, sondern paranormal mechanisch hervorgerufen wurden.

Damit war für Herrn BRUNNER von den E-Werken Rosenheim erwiesen, daß die Erscheinungen in der Kanzlei ADAM mit der Physik nichts zu tun haben und natürlich auch das Stromversorgungsnetz in Ordnung ist und an den Erscheinungen in der Kanzlei ADAM keine Schuld trägt.

Aber der Spuk war deshalb noch nicht zu Ende, es traten unter Anwesenheit der Herren BRUNNER und MAYER der Rosenheimer E-Werke weitere, geradezu unheimliche Dinge[27] auf: Bilder an der Wand wackelten, drehten sich und fielen von der Wand auf den Boden.

Als Schluß einen Absatz aus dem Revisionsbericht des Herrn BRUNNER an die Direktion der Stadtwerke E-Werke in Rosenheim:

„Bei einem kurzen Gespräch mit einer Bürokraft (es war Frl. S.) am kleinen Tisch vor dem Ölofen stand Herr BRUNNER direkt vor dem Blumenbild, als Herr RA ADAM von links kommend das Büro betrat. In diesem Moment drehte sich das Bild sehr rasch ca. 320 Grad im Linksdrehsinn, sodaß sich der Aufhängedraht am Haken verwickelte. Mit aller Bestimmtheit hat niemand persönlich diesen Vorgang durch manuelle Betätigung ausgelöst, da er sich nur in ca. ein Meter Entfernung vom Beobachter abspielte." (Zu diesem Absatz noch eine Bemerkung des Autors: wenn man ihn aufmerksam durchliest, wird man den psychologischen Hintergrund des Rosenheimer Spuks leicht erkennen.)

Der Revisionsbericht, der mir von Univ.-Prof. Dr. Hans BENDER zur Verfügung gestellt wurde, schließt mit:

> Eindeutiges Ergebnis:
> Stromversorgungsnetz der Stadtwerke
> in Ordnung.
> Den Technikern fremde Kräfte bewirken
> alle Ausschläge auf den Diagrammen.
>> Rosenheim, den 5. Jan. 1968
>> Paul Brunner
>> Vereidigter
>> Prüfamtsaußenstellenleiter
>> Leiter der Revisionsabteilung

Literatur zum Rosenheimer Spuk: [25–28]; weitere Spukliteratur: [29, 30].

## 7 ERKLÄRUNGSVERSUCHE FÜR PSI (IN SCHLAGWORTEN)

Sieht man von bewußtem Betrug ab, der leider seit dem Beginn der Aufzeichnungen häufig vorkommt, so kommen als Erklärungsmöglichkeiten für Psi in Frage:

### 7.1 NEGATIVE ERKLÄRUNGSVERSUCHE

1. Zufall (für ASW): nur Übereinstimmungen werden registriert und aufgebauscht, die vielen laufenden Ereignisse ohne Übereinstimmung werden nicht registriert – also gewissermaßen eine falsche Anwendung der Statistik
2. Auftreten gleichartiger Assoziationsketten (für Telepathie) Beispiel im Kap. 3.1
3. Hyperästhesie (bewußt oder auch unterbewußt)
4. Fehlinterpretation von Leistungen des Unterbewußtseins, z. B. bei Hellsehen: Erinnerung an unterbewußt aufgenommene Wahrnehmungen (Kap. 3.2), „Geister" als Personifizierungs- und Dramatisierungstendenzen des Unterbewußtseins.
5. Menschenkenntnis, „Angeln" von Wahrsagern
6. Psychokinese (PK) existiert gar nicht, alles ist Trick.

## 7.2 POSITIVE ERKLÄRUNGSVERSUCHE

1. Animismus: Paraphänomene als Folge von Eigenschaften der menschlichen Psyche Lebender; die Phänomene sind natürlich auch nach dem derzeitigen Stand der Naturwissenschaften noch nicht erklärbar (Standpunkt der wissenschaftlichen Parapsychologie)
2. Spiritismus: Paraphänomene als Bewirkungen der Seelen Abgeschiedener oder sonstiger „Jenseitiger" (Engel, Dämonen etc.); Ausgangspunkt der neueren spiritistischen Bewegung waren die USA (1848, Familie Fox, Hydesville)
3. Synchronizitätstheorie von C. G. JUNG und Wolfgang PAULI („Anordner hinter den Kulissen")
4. bisher unbekannte Energieübertragungsmechanismen (Neutrinos, Versuche von PESCHKA, u. a.)
5. Heranziehen weiterer Dimensionen (z. B. HEIMsche Theorie, sechs und mehr Dimensionen)
6. Quantenmechanik: Mikrophysik folgt nicht exakten, sondern Wahrscheinlichkeitsgesetzen. Makrophysikalische paranormale Phänomene derzeit aber durch Quantenmechanik nicht erklärbar. Zum Problem Parapsychologie und Quantenphysik siehe [46].

Die moderne Physik stellt zumindest keinen Gegenbeweis mehr gegen die Paraphänomene dar (statistische Art der physikalischen Gesetze). Die HEISENBERGsche Unschärfe läßt Eingriffsmöglichkeiten in physikalische Abläufe möglich erscheinen. Die Paraphänomene ragen in einen Bereich jenseits des materiell (physikalisch-chemisch) Erfaßbaren hinein (siehe auch [1]: das Gehirn als offenes materielles System in Wechselwirkung mit geistiger Dimension).

Man kann derzeit nur feststellen: Bei den parapsychologischen Phänomenen handelt es sich um seelisch-körperliche Wechselwirkungen, deren physikalischer Hintergrund derzeit noch nicht erklärt werden kann.

## 8  AUSKLANG

Ich bin nun mit diesen Ausführungen zum Ende gekommen und hoffe, daß das von mir gebrachte Material den Leser zumindest nachdenklich gestimmt und gegenüber den Versuchen einer wissenschaftlichen Erforschung dieser Erscheinungen aufgeschlossen gemacht hat. Ich möchte in diesem Sinn meine Einführung in die Parapsychologie mit einigen Sätzen aus der Vorrede, die der berühmte deutsche Biologe und Naturphilosoph Hans Driesch seinem 1932 erschienenen Buch „Parapsychologie. Die Wissenschaft von den okkulten Erscheinungen" [31] vorangesetzt hat, abschließen, da diese Worte in ausgezeichneter Weise den Standpunkt eines großen Wissenschaftlers zu diesem Problemkreis darlegen:

„Mit den ‚mystischen‘, ‚irrationalen‘ Neigungen der Gegenwart hat die Parapsychologie gar nichts zu tun. Sie ist Wissenschaft, ganz ebenso wie Chemie und Geologie Wissenschaft sind. Unmittelbar ‚schauen‘ tut sie gar nichts, sie arbeitet positivistisch und induktiv. Sie findet Typen oder Formen des Weltgeschehens, wie jede andere Wissenschaft; ihre Arbeit ist durchaus ‚rational‘, wenn anders man das Auffinden solcher Typen rationales Arbeiten nennt."

Driesch schließt seine aufrüttelnde Erklärung mit den Worten:

„Parapsychologie steht somit im Dienst echter Aufklärung, denn rational arbeiten heißt ‚aufklärend‘ arbeiten. Eben weil die Parapsychologie echte Aufklärungsarbeit leistet, sollte man endlich aufhören, sie ‚Okkultismus‘ zu nennen."

## LITERATUR

[1] John Eccles und Sir Karl Popper: Das Ich und sein Gehirn. Verlag Piper, München–Zürich 1982.

[2] Upton Sinclair: Mental Radio. Deutsche Ausgabe: Radar der Psyche. Scherz, Bern–München–Wien 1973.

[3] Gerhard Heindl: Zwischen Physis und Psyche. Wiener Geschichtsblätter, Jg. 51/1996, H. 3.

[4] Theodor Flournoy: Spiritismus und Experimentalpsychologie. Felix Meiner Verlag, Leipzig 1921.

[5] Anna Novotny: Die prophetischen Bilder von Maria Magdalena Hafenscheer. Selbstverlag, Druck Dellerfuchs, Wien 1981.

[6] Magazin für Erfahrungsseelenkunde. Bd. 3/1, S. 41 ff.

[7] I. M. Owen und M. Sparrow: Eine Gruppe erzeugt Philip. Aurum Verlag, Freiburg i. Br. 1979.

[8] Fanny Moser: Der Okkultismus. Bd. I und II. Orell Füssli Verlag, Zürich 1935. Nachdruck: Das große Buch vom Okkultismus. Walter Verlag, Olten–Freiburg i. Br., 1974.

[9] Flora Rheta Schreiber: Sybil, Persönlichkeitsspaltung einer Frau. Kindler Taschenbuch Nr. 2178, München 1977.

[10] Lotte Ingrisch: Nächtebuch. Verlag Hermann Bauer, Freiburg i. Br. 1986.

[11] R. A. Monroe: Der Mann mit den zwei Leben. Econ Verlag, Düsseldorf–Wien 1972.

[12] Hans Bender: Psi-Phänomene. In: Integral, Jg. 4/1979, Heft 1, S. 31.

[13] Upton Sinclair: Radar des Gehirns; Scherz Verlag, Bern–München–Wien 1973.

[14] Martin Ebon: The Amazing Uri Geller. New American Library, Lombard Associates, Inc., New York 1975.

[15] Wilfried Daim: Experimentelle Traumtelepathie. Wissenschaft und Weltbild Jg. 1/1948, S. 392.

[16] Montague Ullman, Stanley Krippner und Alan Vaughan: Traumtelepathie. Aurum Verlag, Freiburg i. Br., 1977.

[17] J. Ochorowicz: De la suggestion mentale avec un préface de Ch. Richet. 2. Ausg. O. Doin, Paris 1887.

[18] Leonid Wassiliew: Experimentelle Untersuchungen der Mentalsuggestion. Beihefte der Zeitschrift für Parapsychologie und Grenzgebiete der Psychologie, Francke Verlag, Bern und München 1965.

[19] Alfred Winterstein: Telepathie und Hellsehen. Phönix-Verlag, Wien 1948.

[20] Christoph Schroeder: Telepathische Versuche zwischen Wien und Athen. Zeitschrift für metapsychische Forschung Jg. 1930, S. 174.

[21] Hellmut Hofmann: Radiästhetische Phänomene; Zement und Beton, 29. Jg./1984, S. 155.

[22] Hellmut Hofmann: Elektronik im Dienste der Parapsychologie; Informationen, Technische Hochschule Wien, 2. Jg./1971, H. 2.

[23] Hans Bender und Rolf Vandrey: Psychokinetische Experimente mit dem Berner Graphiker Silvio. Zeitschrift für Parapsychologie und Grenzgebiete der Psychologie, 18/1976, S. 217.

[24] Bernhard Wälti: Die Silvio-Protokolle 1976–1977. Zeitschrift für Parapsychologie und Grenzgebiete der Psychologie, 20/1978, S 1.

[25] Hans Bender: Der Rosenheimer Spuk – ein Fall spontaner Psychokinese; Zeitschrift für Parapsychologie und Grenzgebiete der Psychologie, XI/1968, S. 104.

[26] Andreas Resch: Der Fall Rosenheim I, II und III. Grenzgebiete der Wissenschaft, 16/17, 1967/68, S. 241, 289 und 337.

[27] Andreas Resch: Der Fall Rosenheim IV und V. Grenzgebiete der Wissenschaft 18/19, 1969/70, S. 1 und 49.

[28] F. Karger und G. Zicha: Physikalische Untersuchung des Spukfalles in Rosenheim. Zeitschrift für Parapsychologie und Grenzgebiete der Wissenschaft XI/1968, S. 113.

[29] William Roll: Der Poltergeist. Aurum Verlag, Freiburg i. Br. 1976.

[30] Theodor Locher und Guido Lauper: Schweizer Spuk und Psychokinese. Aurum Verlag, Freiburg i. Br. 1977.

[31] Hans Driesch: Parapsychologie. Die Wissenschaft von den „okkulten" Erscheinungen; Rascher Verlag, Zürich 1952.

[32] Christine Mylius: Traumjournal. Herausgegeben von H. Bender, Deutsche Verlagsanstalt, Stuttgart 1974.
[33] Werner F. Bonin: Lexikon der Parapsychologie. Scherz-Verlag, Bern–München 1976.
[34] John Hasted: The Metal Benders. Routledge & Kegan Paul, London 1981.
[35] Louisa E. Rhine: Verborgene Wege des Geistes. Aurum Verlag, Freiburg i. Br. 1979.
[36] Joseph Banks Rhine: Neuland der Seele. Übersetzt und eingeleitet von Prof. Dr. Hans Driesch. Deutsche Verlags-Anstalt, Stuttgart 1938.
[37] Joseph Banks Rhine: Die Reichweite des menschlichen Geistes. Herausgegeben von Rudolf Tischner. Deutsche Verlags-Anstalt, Stuttgart 1950.
[38] Jack Harrison Pollack: Croiset der Hellseher. Verlag Hermann Bauer, Freiburg i. Br. 1965.
[39] Christian Werbik: Elektromagnetische und andere physikalische Zustände an sogenannten Reaktionszonen. Diplomarbeit, Institut für Grundlagen und Theorie der Elektrotechnik der Technischen Universität Wien 1978.
[40] H. L. König und H.-D. Betz: Erdstrahlen? Der Wünschelruten-Report. Wissenschaftlicher Untersuchungsbericht. Eigenverlag König-Betz, München 1989.
[41] Jules Eisenbud: Gedankenphotographie. Die PSI-Aufnahmen des Ted Serios. Aurum-Verlag, Freiburg i. Br. 1975.
[42] Hans Bender: Unser sechster Sinn. Deutsche Verlags-Anstalt, Stuttgart 1971.
[43] C. G. Jung: Erinnerungen, Träume, Gedanken. Herausgegeben von Aniela Jaffé. Rascher Verlag, Zürich-Stuttgart 1963.
[44] Hans Bender: Verborgene Wirklichkeit. Walter Verlag, Olten–Freiburg i. Br. 1973.
[45] Uri Geller und Guy Lyon Playfair: Der Geller Effekt. Ariston Verlag, Genf 1986.
[46] Laura Oteri: Quantum Physics and Parapsychology. Parapsychology Foundation Inc., New York 1975.

# GESAMMELTE AUFSÄTZE

*von Hellmut Hofmann*

# I
## Elektronik im Dienste der Parapsychologie

Die Parapsychologie ist ein junger Zweig der Wissenschaften, der sich mit der Erforschung von Erscheinungen beschäftigt, die – soweit ihre Existenz überhaupt als erwiesen gelten darf – innig mit der menschlichen Psyche zusammenhängen. Die parapsychologischen Phänomene scheinen jedoch mit den uns gewohnten naturwissenschaftlichen Vorstellungen so schwer verträglich zu sein, daß ihre Existenz – vielfach eben aus der Voreingenommenheit heraus, es könne derartige Dinge gar nicht geben – in weiten Kreisen der Wissenschaft negiert wird, allerdings meist, ohne daß eine genauere Überprüfung dieses Standpunktes in sorgfältiger Weise stattgefunden hätte.

Zu den parapsychologischen Phänomenen zählen zunächst die Telepathie und das Hellsehen in die Gegenwart („räumliches Hellsehen"), Vergangenheit und in die Zukunft („Präkognition"). Diese rein (para-)psychischen Phänomene faßt man unter dem Begriff der „Außersinnlichen Wahrnehmung" (ASW), in der englischen Literatur „Extra Sensory Perception" (ESP), zusammen. In all diesen Fällen handelt es sich um Informationsübertragung ohne Zuhilfenahme bisher bekannter Sinne und technischer Kommunikationsmittel. Die zweite Gruppe ist jene der (para-)physischen Phänomene, bei denen offenbar eine unmittelbare Beeinflussung der Materie durch die Psyche (und gegebenenfalls auch eine umgekehrte Wirkung) zustandekommt, und zwar wiederum auf eine bisher der Wissenschaft unverständliche und mit den heutigen Naturgesetzen scheinbar in Widerspruch stehende Weise. Hiezu gehört als bekanntestes Beispiel die Telekinese („Fernbewegung"), worunter die willentliche Bewegung von Gegenständen ohne direkte mechanische Einwirkung verstanden wird. Derartige, von einer hierfür besonders begabten Versuchsperson bewirkte Fernbewegungen werden derzeit[28] an Universitäten der UdSSR unter Laboratoriumsbedingungen untersucht, und der Autor ist im Besitz eines Filmes über diese telekinetischen Experimente, bei denen es der Versuchsperson gelingt, unter einer Plastikhaube befindliche Gegenstände (Streichhölzer, Streichholzschachtel, Feuerzeug usw.) nur durch Konzentration in Bewegung zu setzen.

Im Gegensatz zu vielen anderen Ländern existiert in Österreich noch kein Hochschulinstitut für Parapsychologie. Die Beschäftigung mit dieser Materie in wissenschaftlicher Weise erfolgt derzeit im Rahmen der dem Notring der wissenschaftlichen Verbände angehörenden Österreichischen Gesellschaft für Parapsychologie (vormals Österreichische Gesellschaft für Psychische Forschung) mit dem Sitz am Institut des Autors an der Technischen Hochschule in Wien (Institut für Grundlagen und Theorie der Elektrotechnik)[29]. Es besteht bei den durchgeführten Arbeiten eine enge Zusammenarbeit vor allem mit dem Institut für Grenzgebiete der Psychologie und Psychohygiene der Universität Freiburg i. Br. (Prof. Dr. H. BENDER)[30] sowie bei der Erstellung elektronischer Testgeräte für parapsychologische Zwecke mit dem Institut für Allgemeine Nachrichtentechnik der Technischen Universität Darmstadt (Prof. Dr.-Ing. W. KLEIN).

Parapsychologische Phänomene treten zumeist nur spontan auf, wie etwa die sehr zahlreichen telepathischen Übertragungen im Augenblick des Todes. Eine Untersuchung derartiger Fälle ist naturgemäß meist nur im nachhinein möglich und somit außerordentlich problematisch, wenn man mit der gebotenen wissenschaftlichen Strenge vorgehen will. Um die parapsychologischen Erscheinungen unter Laboratoriumsbedingungen untersuchen zu können, begann vor etwa vier Jahrzehnten Prof. RHINE an der Duke University in den USA mit Kartenexperimenten, die einer statistischen Auswertung zugänglich sind. Ein Paket der dabei benützten Spielkarten besteht aus jeweils fünf gleichen Karten mit den fünf einprägsamen und leicht unterscheidbaren Symbolen[31] Kreis, Kreuz, Quadrat, Wellenlinie und Stern. Bei Rateversuchen besteht bei den 25 Karten bei einem Durchgang („run") eine Wahrscheinlichkeit von 1:5, also fünf Treffer bei 25 Aussagen), daß die Treffer durch Zufall zustandegekommen sind. Liegt die Trefferzahl bei einer großen Anzahl von Durchgängen signifikant über dem wahrscheinlichen Wert 5, so muß bei den betreffenden Versuchspersonen das Auftreten außersinnlicher Wahrnehmung angenommen werden. Je nach der Art der Versuchsdurchführung läßt sich auf Telepathie, (räumliches) Hellsehen oder Präkognition bei den betreffenden Versuchspersonen schließen. Prof. RHINE hat eine extrem hohe Zahl von Kartenexperimenten durchgeführt, und es ist ihm, nach Meinung der überwiegenden Zahl der Wissenschaftler, die sich mit seinen Experimenten eingehend beschäftigt haben, gelungen, die Existenz parapsychischer Phänomene zweifelsfrei nachzuweisen.

Einwände, es könne sowohl beim Mischen der Karten (wozu später Kartenmaschinen verwendet wurden) als auch beim Protokollieren der jeweils zu erkennenden Kartensymbole sowie der Aussagen der Versuchspersonen manipuliert werden, haben zur Entwicklung elektronischer Testgeräte geführt, bei denen die Karten durch Zufallszahlen ersetzt werden, die ein Zufallsgenerator auswirft. Die Protokollierung der zu erratenden und der von einer Versuchsperson angesagten Symbole kann gegebenenfalls automatisch durch eine Rechenmaschine erfolgen, die jeweils auch gleich die statistische Auswertung des Versuches im Hinblick auf die Signifikanz des Ergebnisses durchführt. Abb. 13[32] zeigt den am Institut des Verfassers, von Herrn Dipl.-Ing. Walter GRUBER entwickelten Testapparat, der aus drei Einzelgeräten, nämlich zwei Pulten und einem Zentralgerät, besteht, die durch entsprechend lange Kabel miteinander verbunden sind. Versuchspersonen und Versuchsleiter können auf diese Weise räumlich getrennt werden, sodaß eine Kommunikation auf normalem Weg mit Sicherheit unterbunden ist

Das linke Pult im Bild 13 wird lediglich bei Telepathieversuchen für die als „Sender" („Agent") arbeitende Versuchsperson benötigt. Ein Knopfdruck des Versuchsleiters am Zentralgerät, dem großen Gerät in der Mitte von Bild 13, bewirkt das Auswerfen einer Zufallszahl durch den Zufallsgenerator; am Pult des Agenten leuchtet ein Schaubild mit dem ausgeworfenen RHINEschen Symbol, z.B. einem Kreis, auf. Der Agent konzentriert sich jetzt auf das angezeigte Symbol und protokolliert es gegebenenfalls zur Kontrolle der automatischen Aufzeichnung bzw. der Aufzeichnung des Versuchsleiters. Am Pult der als „Empfänger" („Perzipient") arbeitenden Versuchsperson (das Pult rechts im Bild 13) leuchtet aufgrund der Einleitung des Versuches durch den Versuchsleiter zunächst das Schild „Start" auf, ferner sind fünf Schaubilder mit den RHINEschen Symbolen beleuchtet. Der Perzipient versucht nun zu erfassen, auf welches Symbol sich der Agent konzentriert und drückt auf den Knopf unterhalb des Schaubildes jenes Symbols, das er gewählt hat. Dadurch wird am Zentralgerät die Beleuchtung sowohl des Schaubildes

des vom Zufallsgenerator ausgeworfenen Symbols („card"), auf das sich der Agent konzentriert hat, als auch jene des vom Perzipienten gewählten Symbols („call") ausgelöst. Am Zentralgerät zeigen die Schaubilder zwecks einfacherer Protokollierarbeit nicht direkt die RHINEschen Symbole, sondern Ziffern an, die den Symbolen zugeordnet sind. Beide Angaben können vom Versuchsleiter zur Kontrolle der automatischen Aufzeichnung protokolliert werden, gegebenenfalls notiert auch der Perzipient sein ausgewähltes Symbol. Der Versuchsleiter kann nun wieder eine Zufallszahl auswerfen lassen und damit den nächsten Versuch einleiten.

Bei Versuchen zum Nachweis (räumlichen) Hellsehens werden nur das Zentralgerät und das Gerät des Perzipienten benötigt. Der Versuchsleiter spricht eine Zufallszahl an, die jedoch vorläufig nirgends angezeigt wird. Beim Perzipienten leuchtet das Schild „Start" auf. Die zunächst nur im Zentralgerät gespeicherte Zufallszahl bzw. das ihr zugeordnete Symbol versucht nun der Perzipient durch Hellsehen zu erfassen, und durch Drücken des entsprechenden Knopfes an seinem Pult wird die Anzeige sowohl des ausgeworfenen als auch des von ihm gewählten Symbols am Zentralgerät ausgelöst.

Bei Einstellung der Anlage auf die Versuchsart „Präkognition" wird durch den Knopfdruck des Perzipienten an seinem Pult, also durch seine bereits vollzogene Wahl eines Symbols, der Zufallsgenerator zum Auswerfen eines Symbols veranlaßt, das somit erst kurze Zeit nach der getroffenen Wahl des Perzipienten vom Gerät festgelegt und ebenso wie das vom Perzipienten gewählte Symbol am Zentralgerät angezeigt wird.

Die Testanlage verfügt über eine Reihe von Einrichtungen, auf die hier nicht in ausführlicher Form eingegangen werden kann, wie automatische Trefferzählung, automatische Sperren bei unrichtigem Versuchsablauf und bei auftretenden Fehlern in der Anlage, Wahl der Symbolanzahl zwischen zwei und zehn u. a. m. Derzeit ist die Anlage nur bei Protokollierung von Hand benützbar, die Anschlußeinrichtung an den Prozeßrechner des Elektrotechnischen Institutes muß erst fertiggestellt werden.

*Elektronik im Dienste der Parapsychologie, in: Informationen der Technischen Hochschule in Wien, Jg. 2/1971, Nr. 2*

## II
## Parapsychologie – ein neues Wissensgebiet

Die Parapsychologie trägt ihren Namen als ein an die Psychologie grenzendes Fach insoferne zu Recht, als die von ihr untersuchten Phänomene mit der menschlichen Psyche zusammenhängen, das heißt, von ihr provoziert und gesteuert werden. Allerdings handelt es sich um ein Gebiet (noch) nicht einordenbarer Phänomene, die nach den bisher bekannten Prinzipien der Naturwissenschaft und der Psychologie nicht zu erklären sind (Anton Neuhäusler).

Den in letzter Zeit an Zahl immer geringer werdenden Gegnern dieses Faches sei gleich zu Beginn des Berichtes entgegengehalten, daß die Parapsychologie – soweit sie wissenschaftlich betrieben wird, wie etwa an Hochschulinstituten und in anerkannten wissenschaftlichen Gesellschaften – positivistisch und induktiv arbeitet. Sie findet Typen und Formen des Weltgeschehens, wie jede andere Wissenschaft; ihre Arbeit ist durchaus „rational", wenn anders man das Auffinden solcher Typen rationales Arbeiten nennt. Parapsychologie steht somit im Dienst echter Aufklärung, denn rational arbeiten heißt „aufklärend" arbeiten (Hans Driesch).

Die parapsychologischen Phänomene (heute vielfach auch PSI-Phänomene genannt) lassen sich etwa wie folgt in ein Schema gliedern, wobei eine einwandfreie Abgrenzung vielfach nicht möglich ist und überdies betont werden muß, daß keineswegs die Existenz aller angeführten Phänomentypen als wissenschaftlich gesichert gelten kann. Man unterscheidet parapsychische und paraphysikalische Phänomene. Zu den parapsychischen, für die auch der Begriff „Außersinnliche Wahrnehmung" (ASW) oder englisch „Extra Sensory Perception" (ESP) geprägt wurde, zählt man die Telepathie, das räumliche Hellsehen sowie das zeitliche Hellsehen in die Vergangenheit und in die Zukunft; das letzte der genannten Phänomene heißt auch Präkognition. Unter Telepathie versteht man die Übertragung seelischer Inhalte ohne Zuhilfenahme bekannter Kommunikationsmittel (der bekannten Sinne); beim räumlichen Hellsehen handelt es sich um das Erfassen eines objektiven Sachverhaltes, der keinem Menschen bekannt ist, ebenfalls natürlich wieder ohne Zuhilfenahme bekannter Hilfsmittel (der bekannten Sinne). Beim zeitlichen Hellsehen werden die Schranken der Zeit überwunden, wobei die Präkognition – vorausgesetzt, dieses Phänomen läßt sich als existent nachweisen – wohl die größten Anforderungen an unser Verständnis stellt.

Für die paraphysikalischen Phänomene, die man als direkte Beeinflussung eines materiellen Systems durch die menschliche Psyche ohne Verwendung bekannter Hilfsmittel charakterisieren kann, sind die Ausdrücke „Telekinese" (Fernbewegung) oder „Psychokinese" (Bewegung durch die Psyche) gebräuchlich, da es sich bei den ursprünglich beobachteten Tatbeständen dieser Art um unerklärliche Bewegungen von Gegenständen gehandelt hat. Im Prinzip kann aber auch jede beliebige Veränderung eines materiellen Systems auf die Bewegung von Körpern, gegebenenfalls von Elementarteilchen (Atomen, Elektronen, Photonen etc.) reduziert werden.

Die erste Erklärung der paranormalen Erscheinungen war ihr Zurückführen auf das Einwirken von Seelen Verstorbener (Spiritismus), wobei seit der Mitte des vorigen Jahrhunderts besonders häufig in privaten Zirkeln der Kontakt mit Verstorbenen über „Medien" (Mittler) gesucht wird, die in einem mehr oder weniger tiefen autohypnotischen Zustand (Trance) durch automatisches Sprechen oder Schreiben Botschaften Jenseitiger zu übermitteln glauben, ja sogar „Zwiegespräche" zwischen den „aus ihnen sprechenden" Verstorbenen und ihren lebenden Freunden und Verwandten arrangieren. Sehr bald erkennt man jedoch, daß derartige mediale Kundgebungen durchaus auch mit Hilfe der normalen seelischen Eigenschaften, insbesondere des Unterbewußten[33] erklärt werden können, oder aber durch paranormale Leistungen wie Telepathie und Hellsehen, die ja auch unter Laboratoriumsbedingungen ohne jede spiritistisch-mystische Atmosphäre auftreten. Fast alle Wissenschaftler sehen heute in den paranormalen Erscheinungen Leistungen der menschlichen Seele (Lebender); man nennt diese Theorie Animismus (im Gegensatz zum Spiritismus).

Bei Telepathieversuchen unter Laboratoriumsbedingungen werden Bilder oder, allgemeiner ausgedrückt, Gedanken übertragen, auf die sich der „Sender" (der Agent) konzentriert und die der „Empfänger" (der Perzipient) zu erfassen versucht. Derartige sehr erfolgreiche Experimente hat z. B. der bekannte Schriftsteller Upton SINCLAIR mit seiner Frau Craig durchgeführt, und die Unanfechtbarkeit seiner Versuchsanordnung hat sogar Albert EIN-

STEIN überzeugt und ihn dazu bewogen, ein positives Vorwort zu dem in Buchform niedergelegten Bericht SINCLAIRS [1] zu schreiben. Auch vom Verfasser wurden in den letzten Jahren ähnliche Telepathieversuche durchgeführt, die aufgrund des großen übertragenen Informationsinhaltes die Möglichkeit von Zufallstreffern mit Sicherheit ausschließen. Das größte Verdienst in dem Bemühen, der Parapsychologie zur Anerkennung als Wissenschaft zu verhelfen, gebührt dem Professor an der Duke-Universität in Durham, USA, J. B. RHINE. Er führte statistisch auswertbare Versuche mit Karten mit funf deutlich voneinander verschiedenen Symbolen (Kreuz, Wellenlinie, Kreis, Quadrat, Stern)[34] durch und konnte im Verlauf einer 40jährigen Arbeit aufgrund von Hunderttausenden von Versuchen die Existenz der parapsychischen Phänomene einwandfrei nachweisen [2]. Heute benützt man anstelle von Karten elektronische Geräte mit eingebauten Zufallsgeneratoren[35], die sicherstellen, daß einerseits die Symbole absolut zufällig ausgewählt werden und andererseits durch automatische Aufzeichnung und Auswertung mittels Computer jeder Betrug, aber auch Selbsttäuschung ausgeschlossen ist. Die Abbildung[36] zeigt das am Institut des Verfassers gebaute Gerät, das die Versuchsanordnungen Telepathie, (räumliches) Hellsehen und Präkognition zuläßt [3]. Durch Distanzversuche über große Entfernungen und durch Benützung FARADAYscher Käfige, in denen sich die Versuchspersonen befinden (erstmals von Prof. L. L. WASSILIEW, Leningrad[37], durchgeführt [4]), konnte hinreichend sicher nachgewiesen werden, daß sich Telepathie nicht auf elektromagnetische Wellenausbreitung (hervorgerufen etwa durch die Gehirnströme) zurückführen läßt. Zur Kontrolle der Übertragung telepathischer Botschaften wird neuerdings auch der Elektroenzephalograph eingesetzt [5], sodaß sich die zeitliche Koinzidenz von „Sendung" und „Empfang" objektiv nachweisen läßt.

Ist die Behauptung, daß sich seelische Inhalte zwischen Menschen auf telepathischem Wege übertragen lassen, noch relativ leicht zu akzeptieren, da man hiefür immer einen noch unbekannten energetischen Vorgang verantwortlich machen kann, so stellt das Empfangen einer Information über einen keiner Person bekannten objektiven Sachverhalt, also das räumliche Hellsehen, eine wesentlich unvorstellbarere Leistung dar. Zunächst ist es außerordentlich schwierig, in einem konkreten Fall nachzuweisen, daß wirklich niemand von dem Sachverhalt Kenntnis gehabt hat und daher Telepathie für die Übertragung nicht verantwortlich gemacht werden kann; die Laboratoriumsmethoden mit Karten oder mit Zufallsgeneratoren gestatten es allerdings leicht, Telepathie auszuschließen, und es darf (räumliches) Hellsehen heute ebenso als erwiesen gelten wie Telepathie. Der holländische Sensitive CROISET, der durch Jahrzehnte hindurch vom Vorstand des Parapsychologischen Institutes der Universität Utrecht, Prof. Dr. W. H. C. TENHAEFF, untersucht wurde, ist durch seine hellseherischen Erfolge beim Auffinden ertrunkener Kinder und durch andere, auch präkognitive Leistungen (Versuche an der Universität München [6]) besonders bekannt geworden. Seine zuletzt genannten Fähigkeiten sowie andere Erscheinungen – etwa die in Westfalen häufig auftretende Gabe des „Zweiten Gesichts" – sprechen, zusammen mit signifikanten Laborexperimenten (RHINE), stark für die Existenz von Präkognition.

Besonderes Interesse haben schon immer paraphysikalische Phänomene erweckt, werden sie doch in gleichbleibender Art seit Jahrtausenden im Zusammenhang mit Spukerscheinungen berichtet. Gegenstände bewegen sich ohne erkennbaren Grund, Klopfgeräusche und andere akustische Erscheinungen treten auf, und zwar entweder in der Umgebung einer Person (personengebundener Spuk) oder aber an einem bestimmten Ort (ortsgebundener Spuk). Die beiden aus Braunau am Inn stammenden Brüder SCHNEIDER traten nach dem ersten Weltkrieg durch telekinetische Bewegung von Gegenständen hervor, und eine Reihe von Universitätsprofessoren, unter ihnen Prof. Dr. Hans THIRRING, führten eingehende Untersuchungen im Physikalischen Institut der Wiener Universität durch und gründeten damals (1927) die Österreichische Gesellschaft für Parapsychologie (zunächst als „Gesellschaft für Psychische Forschung"). Sie gehört dem Verband der wissenschaftlichen Gesellschaften Österreichs an und wird derzeit[38] vom Verfasser geleitet. Blieben aufgrund der damaligen Untersuchungen noch Zweifel an der Existenz der Telekinese, so darf diese heute aufgrund gut dokumentierter Fälle als ebenso gesichert gelten wie etwa die Telepathie. So konnten vor wenigen Jahren Prof. Dr. H. BENDER (Universität Freiburg im Breisgau) und Dr. M. KARGER (Max Planck-Institut München-Garching) Spukerscheinungen, die (unterbewußt) von einer jungen Büroangestellten in der Kanzlei eines Rechtsanwaltes in Rosenheim provoziert wurden, unmittelbar beobachten [7]; in Rußland laufen seit Jahren Untersuchungen, u. a. an der Universität Leningrad[39], mit der Versuchsperson Nina KULAGINA, die unter kontrollierten Bedingungen Gegenstände, auch nichtmetallische, ohne Berührung in Bewegung setzt [5], und schließlich sei auf Ted SERIOS verwiesen, der von Prof. Dr. J. EISENBUD[40] an der Universität Denver (USA) untersucht wird und der in der Lage ist, aufgrund seiner Vorstellungen Bilder auf den Film einer Polaroidkamera zu „projizieren" [8]. Die am Institut des Verfassers vorhandenen Filme über die telekinetischen Leistungen von Nina KULAGINA und Ted SERIOS zeigen diese in beeindruckender Weise, und es spricht schließlich die Tatsache, daß sie sich unter Laborbedingungen an Universitäten prüfen lassen, für ihre Echtheit.

Abschließend noch einige Worte zu dem spektakulären Auftreten des Israeli Uri GELLER, der Telepathie und Telekinese, häufig in Form von Fernsehshows, „demonstriert". Der Verfasser war unmittelbarer Beteiligter der Veranstaltung des ORF am 23. Jänner 1974, bei der sich allerdings in der Fernsehsendung selbst kaum etwas Paranormales ereignete. Im Anschluß an die Sendung jedoch demonstrierte Herr GELLER seine Fähigkeiten, indem er einen vom Schlüsselbund des Rundfunkangestellten Herrn Reinhard MILDNER ausgewählten Zylinderschlüssel (Garagenschlüssel), dessen Nummer festgehalten wurde und der sich im Besitze des Verfassers befindet, in der Hand des Grazer Ordinarius für Psychologie, Prof. Dr. MITTENECKER, durch leichtes Streichen mit dem Finger zum Biegen brachte. Der Schlüssel wurde dann, zur Beobachtung seiner Krümmung, auf einen Tisch gelegt, und zum großen Erstaunen aller Anwesenden, auch des Verfassers und seines Assistenten, Dipl.-Ing. PFÜTZNER, verbog er sich dort etwa fünf Minuten später, ohne von irgendeiner Person berührt worden zu sein, von selbst deutlich sichtbar um einen Winkel von etwa zehn Grad weiter. Diese Nachwirkung, aber auch die Tatsache, daß sich Herr GELLER fast immer Gegenstände aus Kupferlegierungen aussucht, lassen den Verdacht auf eine Einwirkung spezifischer chemischer Substanzen aufkommen. Allerdings ergab die Untersuchung des Schlüssels am Institut für Chemische Technologie anorganischer Stoffe der Technischen Hochschule Wien durch Dr. WRUSZ mit Hilfe des Elektronenrastermikroskops und mit Hilfe der Mikrosonde keinen Anhalt für die Benützung von Chemikalien. Ein am selben Abend von Prof. Dr. MITTENEKKER unter seinen Bedingungen mit Herrn GELLER angestellter Telepathieversuch, bei dem drei Paragraphenzeichen übertragen wurden, verlief überraschend positiv, so daß man vermuten kann, daß Herr GELLER über gewisse paranormale Fähigkeiten verfügt, sie aber begreiflicherweise nicht ständig und unter beliebigen Bedingungen einzusetzen vermag. Die Nachuntersuchung einer Auswahl aus den vielen im Zusammenhang mit der genannten Fernsehsendung von Zusehern gemeldeten Telekinesefälle ergab, daß sie sich in den überwiegenden Fällen auf normale Weise erklären lassen (insbesondere dürften die plötzlich funktionierenden alten Uhren meist beim Hantieren durch Erschütterung wieder in Gang gekommen sein), doch bleibt auch hier ein Rest von Fällen, bei denen man in Erwägung ziehen darf, daß durch die Faszination der Sendung und den dadurch hervorgerufenen Erregungszustand, in dem sich viele Zuseher befanden, bei einigen von ihnen telekinetische Fähigkeiten mobilisiert wurden.

*Literatur:*

[1] Upton Sinclair: Radar der Psyche. Scherz, Bern–München–Wien 1973.

[2] J. B. Rhine: Die Reichweite des menschlichen Geistes. Deutsche Verlagsanstalt, Stuttgart 1950.

[3] Hellmut Hofmann: Elektronik im Dienste der Parapsychologie. Informationen der Technischen Hochschule in Wien, Jg. 2/1971, Nr. 2[41].

[4] Leonid L. Wassiliew: Experimentelle Untersuchungen zur Mentalsuggestion. Francke, Bern–München 1962.

[5] Sheila Ostrander und Lynn Schröder: PSI. Scherz, Bern–München–Wien 1971.

[6] Anton Neuhäusler: Telepathie, Hellsehen, Präkognition. Dalp Taschenbücher 327.

[7] Hans Bender: Verborgene Wirklichkeit. Walter, Olten–Freiburg/Breisgau 1973.

[8] Jules Eisenbud: The World of Ted Serios. W. Morrow, New York 1967.

*Parapsychologie, ein neues Wissensgebiet, in: Österreichische Hochschulzeitung, Jg. 26/1974, Nr. 4*

### III
### EIN PSYCHOKINETISCHES BIEGE- UND BEWEGUNGSPHÄNOMEN

(Der Beitrag gehörte thematisch zum Kontext des „GELLER-Effektes", mit dem sich verschiedene Beiträge der Nummer 4 von Jahrgang 17, 1975, dieser Zeitschrift[42] befaßten).

Am 23. Januar 1974 veranstaltete der Österreichische Rundfunk (ORF) eine Fernseh-live Sendung mit dem möglicherweise paranormal begabten Israeli Uri GELLER, in der dieser jedoch keine überzeugenden Beweise für seine behaupteten Fähigkeiten erbringen konnte. Im Anschluß an die Sendung war Herr GELLER bemüht, seine Begabung doch noch zu demonstrieren. Er versuchte in der Garderobe des Studios einen vom Schlüsselbund des ORF-Mitarbeiters MILDNER abgenommenen Zylinderschlüssel, den der Grazer Ordinarius für Psychologie, Prof. Dr. MITTENECKER, mit Daumen und Zeigefinger halten mußte, durch leichtes Streichen mit seinem Zeigefinger zu verbiegen. Die Nummer 854201 des Schlüssels wurde vor Beginn des Experimentes auf Tonband gesprochen, so wie überhaupt der gesamte Verlauf der sich vor allem im Anschluß an den Biegeversuch abspielenden Ereignisse auf Magnetband aufgenommen wurde. Eine deutliche Verbiegung des Schlüssels trat jedoch zunächst durch die Behandlung Uri GELLERS nicht auf. Möglicherweise hatte sich der Schlüssel minimal verbogen, da er sich beim Auflegen auf einen Tisch als nicht mehr absolut eben erwies. In der Folge gruppierten sich die Beobachter um diesen Tisch, in dessen Mitte der Schlüssel liegen blieb. Etwas seitlich davon versuchte Prof. MITTENECKER mit Herrn GELLER eine telepathische Übertragung (Zielobjekt drei Paragraphenzeichen), die offenbar erfolgreich verlief, wodurch die Stimmung außerordentlich angeheizt wurde. In diesem Augenblick stärkster Emotion bemerkte der schon erwähnte ORF-Mitarbeiter MILDNER, daß sich der am Tisch liegende Schlüssel von selbst zu verbiegen begann. Auf seinen Ruf „Schaut her, der verbiegt sich ja [...]!" blickten die Anwesenden auf den Schlüssel und verfolgten das langsame Aufsteigen der Schlüsselspitze bis zu einer Verbiegung von etwa 25°. Anhand der auf dem Tonband aufgezeichneten Ausrufe läßt sich feststellen, daß der Biegevorgang etwa zehn Sekunden gedauert haben muß.

Der Autor legte hierauf mit der Bemerkung „Legen wir den daneben, vielleicht verbiegt er sich mit ...!" einen zweiten, von ihm mitgebrachten Zylinderschlüssel (Institutsschlüssel Nr. 6-084 MHS) neben den anderen auf den Tisch, worauf sich dieser zweite Schlüssel mit seiner Spitze von selbst um etwa einen Zentimeter auf den ersten, verbogenen Schlüssel zu bewegte. Sowohl die selbständige Verbiegung des ersten als auch die Bewegung des zweiten Schlüssels wurden einwandfrei vom Verfasser, den Assistenten Dipl.-Ing. BREITENBACH und Dipl.-Ing. PFÜTZNER, dem ORF-Mitarbeiter MILDNER und einigen weiteren, dem Verfasser nicht bekannten Personen beobachtet. Prof. MITTENECKER befand sich, wie schon erwähnt, mit Herrn GELLER etwas abseits, konnte aber natürlich die inzwischen eingetretene starke Verbiegung des Schlüssels Nr. 854201 ebenfalls sofort feststellen.

Eine erste Überprüfung ergab, daß beide Schlüssel aus Alpaka und völlig unmagnetisch sind, sodaß es zunächst schon für die Bewegung des zweiten Schlüssels auf dem absolut ebenen Tisch kaum eine normale Erklärung gibt. Der Verfasser veranlaßte schließlich eine eingehende chemische Untersuchung des ersten, verbogenen Schlüssels an den Instituten für chemische Technologie anorganischer Stoffe und für analytische Chemie und Mikrochemie (Untersuchung mit Stereomikroskop, Mikrosonde, Röntgenfluoreszenz, Elektronenrastermikroskop). Diese ergab eindeutig, daß eine Einwirkung von Chemikalien nicht vorlag, sodaß eine solche als Begründung für den selbstständigen Biegevorgang ausscheidet. Aufgrund der gegebenen Situation sind auch Beeinflussungen bekannter physikalischer Art wie etwa Laser oder Ultraschall auszuschließen. Da der Vorgang selbst relativ lange andauerte und von mehreren, zum Teil wissenschaftlich ausgebildeten Beobachtern zweifelsfrei registriert wurde, eine gleichartige, illusionistische Täuschung von etwa acht Personen also ebenfalls nicht angenommen werden kann, bleibt als Erklärung offensichtlich nur der paranormale Vorgang der Psychokinese. Im Hinblick darauf, daß sich Herr GELLER zum Zeitpunkt der Verbiegung weiter abseits im Gespräch mit Prof. MITTENECKER befand, ist im übrigen zu vermuten, daß gar nicht er, sondern einer oder auch mehrere der in höchster psychischer Spannung befindlichen Umstehenden für die Auslösung der Psychokinese verantwortlich zu machen sind, was nicht zuletzt auch durch die zahlreichen analogen Psychokinesephänomene beim Fernsehpublikum nahegelegt wird.

Einen Bericht mit Einzelheiten über die Ereignisse während und nach der Fernsehsendung mit Uri GELLER, über Psychokineseerscheinungen beim Fernsehpublikum in Österreich und insbesondere über die mit einer Versuchsperson erfolgreich durchgeführten und gefilmten Psychokineseversuche (Verschiebung von Gegenständen aus Holz ohne Berührung) hat der Verfasser unter dem Titel „Telepathie und Psychokinese im Zusammenhang mit Uri GELLER" in der Zeitschrift „Grenzgebiete der Wissenschaft" 23 (1974): 305–330[43] veröffentlicht.

*Zeitschrift für Parapsychologie und Grenzgebiete der Psychologie, Jg. 18/1976, Heft 1, S. 91–92, Rubrik Informationen*

## IV
### DIE ÖSTERREICHISCHE GESELLSCHAFT FÜR PARAPSYCHOLOGIE

Die Österreichische Gesellschaft für Parapsychologie wurde im Jahr 1927 – dem damaligen Sprachgebrauch gemäß[44] unter dem Namen „Österreichische Gesellschaft für Psychische Forschung" – von einer Reihe von Universitätsprofessoren, Ärzten und anderen Interessenten gegründet. Die beiden letzten Gründungsmitglieder, der Gründungspräsident Prof. Dr. Hans THIRRING, Vorstand des Institutes für theoretische Physik an der Universität Wien, und Gräfin Zoë WASSILKO, die von 1927 bis zu ihrem Ausscheiden im Jahre 1965 das Generalsekretariat innehatte, verstarben erst 1976 bzw. 1978. Der Autor trat 1949 in die Gesellschaft ein und leitet sie als Präsident seit dem Jahr 1961[45]; sie hat ihren Sitz an seinem Institut für Grundlagen und Theorie der Elektrotechnik an der Technischen Universität in Wien.

Der Anlaß zur Gründung der Gesellschaft waren die seinerzeit großes Aufsehen erregenden physikalischen Phänomene der Brüder Rudi und Willi SCHNEIDER, die unter anderem im Institut Prof. THIRRINGS untersucht wurden, vor allem aber auch die Spukerscheinungen im Zusammenhang mit dem rumänischen Mädchen Eleonore ZUGUN [1], das Gräfin WASSILKO nach Wien brachte[46].

Die 20er und 30er Jahre dieses Jahrhunderts waren ganz allgemein fruchtbare Jahre für die parapsychologische Forschung, und dies galt auch für die Tätigkeit der österreichischen Gesellschaft. Es gab noch weit mehr begabte Medien als heute, und es seien die telepathischen Distanzversuche Wien–Athen (1928) sowie die erfolgreichen Experimente mit dem Spukmedium Frieda WEISSL (1930/31) [2] in diesem Zusammenhang besonders erwähnt. Zu den namhaften Gelehrten, die in den Jahren vor dem Zweiten Weltkrieg Vorträge hielten, zählten unter anderen die Professoren Dr. Hans DRIESCH und Dr. Eugen BLEULER.

Bald nach dem Anschluß Österreichs an das Deutsche Reich mußte die Tätigkeit der Gesellschaft eingestellt werden, und erst zwei Jahre nach Kriegsende, also 1947, gelang es, sie wieder zu reaktivieren; inzwischen wurde ein Mitgliederstand von über 400 Personen erreicht. 1977 konnte im Auditorium Maximum der Technischen Universität Wien die Feier des 50jährigen Bestandes der Gesellschaft begangen werden. Den Festvortrag hielt vor etwa 800 Personen, darunter zahlreiche Kollegen der Wiener Universitäten, Univ.-Prof. DDr. Hans BENDER (Freiburg/Breisgau).

In der ersten Zeit *nach dem Zweiten Weltkrieg* lag der Schwerpunkt der Tätigkeit der Gesellschaft auf Vorträgen, wobei seither praktisch alle bekannten Parapsychologen aus dem deutschsprachigen Raum, aber auch aus anderen Ländern wie Holland (Prof. Dr. TENHAEFF), Tschechoslowakei bzw. USA (Dr. RÝZL) und anderen zu Gast in Wien waren. *Experimentell* wurde vornehmlich auf dem Gebiet der *Telepathie* gearbeitet, wo erfolgreiche Übertragungen signifikanter Details von Schriftstücken, Bildern und Zielpersonen gelangen [3]. Ein elektronisches Testgerät für ASW wurde gebaut und zur Automatisierung der Versuchsdurchführung und zur Aufzeichnung der Ergebnisse mit einem Anschluß an einen Prozeßrechner versehen, sodaß jede denkbare Möglichkeit von Schwindel oder Selbstbetrug ausgeschaltet ist [4], [5], [6]. Dies gilt auch für eine trickhafte Manipulation mit kleinen Sende- und Empfangsanlagen, da sich bei Telepathieversuchen stets eine der beiden beteiligten Personen, meist der Agent (der „Sender"), in einem FARADAY-Käfig modernster Bauart befindet. In einer Versuchsreihe eines Mitarbeiters des Autors wurden signifikante Ergebnisse mit einer Wahrscheinlichkeit für Zufall von 1 : 6000 erzielt [3].

Eine besondere Aktivität auf experimentellem Gebiet wurde auch in Österreich durch das Auftreten Uri GELLERS eingeleitet. Unmittelbar nach einer Sendung in Österreichischen Fernsehen, zu der der Autor als Experte beigezogen worden war, ereignete sich in den Räumen des Studios ein Psychokinesefall [7]: Ein auf einem Tisch in dessen Mitte liegender Schlüssel bog sich, ohne Berührung durch eine Person, in rund zehn Sekunden bis zu einem Winkel von etwa 15° auf. Der Vorfall (das Festhalten der Schlüsselnummer, die Ausrufe der Beobachter etc.) wurde auf Tonband aufgezeichnet, und die Untersuchung des Schlüssels an den Instituten für chemische Technologie anorganischer Stoffe (Prof. Dr. KIEFER) und für analytische Chemie und Mikrochemie (Prof. Dr. MALISSA) der Technischen Universität Wien ergab einwandfrei, daß keine chemischen Mittel angewendet worden waren. In der Folge meldeten sich – wie auch in anderen Ländern – zahlreiche Leute (und zwar über 300), die angaben, bei und nach der Sendung mit Uri GELLER ähnliche überraschende physikalische Phänomene erlebt zu haben. Die besten Fälle wurden weiter verfolgt und führten bei einer Versuchsperson zur *Möglichkeit, psychokinetische Bewegungsphänomene zu filmen* [7]. Derzeit wird vor allem das *Phänomen der Tonbandeinspielungen* untersucht, wobei von einer Arbeitsgruppe der Gesellschaft zahlreiche, sehr deutliche und die Fragestellungen der Experimentatoren spezifisch beantwortende Einspielungen erhalten wurden.

Abschließend noch einige Worte zur Stellung der Parapsychologie in Österreich ganz allgemein und der Österreichischen Gesellschaft für Parapsychologie im speziellen: Nach dem Zweiten Weltkrieg vereinigten sich die wissenschaftlichen Gesellschaften Österreichs – vor allem im Hinblick auf ihre damalige (und auch heute noch nicht überwundene) schlechte finanzielle Situation – in einem Dachverband, dem „Notring der wissenschaftlichen Gesellschaften Österreichs", der sich später in „Verband der wissenschaftlichen Gesellschaften Österreichs" umbenannte. Voraussetzung für die Aufnahme in diesen Verband ist die Garantie zweier anerkannter Gelehrter, daß Lehre und Forschung im Rahmen der betreffenden Gesellschaft nach wissenschaftlichen Prinzipien erfolgen. *Mit der Aufnahme der Österreichischen Gesellschaft für Parapsychologie in diesen Dachverband wurde somit die Wissenschaftlichkeit der Gesellschaft öffentlich voll anerkannt.* Für die Stellung der Gesellschaft, die über den Dachverband unter anderem auch aus Mitteln des Bundesministeriums für Wissenschaft und Forschung subventioniert wird, und ihre Tätigkeit hat sich die enge Verbindung mit dem Universitätsinstitut des Autors als besonders günstig erwiesen. Die Vorträge können in den Hörsälen der Technischen Universität Wien stattfinden, für die Forschung stehen die Kapazitäten des Institutes der Gesellschaft zur Verfügung. *Als Diplomarbeiten* wurden von Elektrotechnikstudenten der bereits erwähnte *Zufallsgenerator* [5] sowie das *Anschlußgerät für den Prozeßrechner* [6] entwickelt und *gebaut,* es konnte die bisher erschienene Literatur über experimentelle Untersuchungen des Wünschelruteneffektes zusammengestellt und bearbeitet werden [8] u. a. m. Der Problemkreis *Radiästhesie* grenzt im übrigen unmittelbar an eines der Arbeitsgebiete des Institutes, nämlich die *Untersuchung elektromagnetisch-biologischer Wechselwirkungen*. Dieser Beginn einer Integration der parapsychologischen Forschung in der Universitätsbereich ist insofern anerkannt worden, als bei auftretenden psychologischen Problemen der Autor bzw. sein Institut oder die Gesellschaft von öffentlichen Stellen als zuständige Gesprächspartner kontaktiert werden. So legen u. a. *16 Sendungen über Probleme der Parapsychologie* im Österreichischen *Rundfunk und Fernsehen* unter Beteiligung des Autors[47], zahlreiche einschlägige Anfragen und Mitteilungen des Wissenschaftsministeriums an die Gesellschaft, Vorträge über Parapsychologie an anderen Universitäten, die *Aufnahme der Gesellschaft in den vom Wissenschaftsministerium herausgegebenen Forschungsstättenkatalog Österreichs,* der Abdruck von Artikeln über Probleme der Parapsychologie in Universitätspublikationen [4, 9], sowie die *Approbation von Dissertationen* [10] *und Diplomarbeiten* [5, 6, 8] *über parapsychologische Themen* Zeugnis von der Anerkennung der gesetzten Aktivitäten auf dem Gebiet der Parapsychologie in der österreichischen Öffentlichkeit ab.

*Literatur:*
[1] Zoë Wassilko[48]: Der Spuk von Talpa; O. W. Barth, München 1926.
[2] 27. Orientierungsblatt der Schweizerischen Vereinigung für Parapsychologie (SVPP).
[3] H. Hofmann: Beiträge zur Telepathieforschung; Grenzgebiete der Wissenschaft 27 (1978), S. 433–455.
[4] H. Hofmann: Elektronik im Dienste der Parapsychologie, Informationen, Techn. Hochschule Wien, 2 (1971), H. 2.
[5] W. Gruber: Bau eines Testgerätes mit Zufallsgenerator; Diplomarbeit; Institut für Grundlagen und Theorie der Elektrotechnik, Techn. Universität Wien, 1971.
[6] G. Nöhrer: Interface für den Anschluß eines Zufallsgenerators an einen Prozeßrechner; Diplomarbeit; Institut für Grundlagen und Theorie der Elektrotechnik, Techn. Universität Wien, 1977.

[7] H. Hofmann: Telepathie und Psychokinese im Zusammenhang mit Uri Geller; Grenzgebiete der Wissenschaft 23 (1974), S. 305–330.

[8] Chr. Werbik: Elektromagnetische und andere physikalische Zustände an sogenannten Reaktionszonen; Diplomarbeit; Institut für Grundlagen und Theorie der Elektrotechnik, Techn. Universität Wien, 1978.

[9] H. Hofmann: Parapsychologie – ein neues Wissensgebiet; Österreichische Hochschulzeitung, 15. 2. 1974.

[10] P. Urban: Schopenhauer und der gegenwärtige Stand der Parapsychologie; Dissertation, Universität Wien, 1965.

*Die Österreichische Gesellschaft für Parapsychologie, in: Schweizerisches Bulletin für Parapsychologie, Jg. 14/1979, 2. Nummer, S. 6–9*

## V
### RADIÄSTHETISCHE PHÄNOMENE[49]

1 EINLEITUNG

Unter „Radiästhesie" – wörtlich übersetzt „Strahlenfühligkeit" – versteht man die Empfindlichkeit des Menschen oder doch zumindest gewisser, sensitiver (feinfühliger) Menschen gegenüber Beeinflussungen vom Erdboden her. Die physikalische Natur der beeinflussenden Größen ist derzeit allerdings noch weitgehend ungeklärt, und man verwendet für diese Einflußgrößen die Benennung „Erdstrahlen", was immer das auch sein mag. Es muß sich also nicht nur oder nicht unbedingt um Strahlen im physikalischen Sinn handeln wie z. B. elektromagnetische oder Korpuskularstrahlen, es können auch stationäre elektrische, magnetische oder gravitative Felder oder irgendwelche andere physikalische Parameter sein. Eine Beeinflussung der belebten Natur durch physikalische Größen der Umwelt ist, soweit diese Größen durch Gegebenheiten oberhalb des Erdbodens bestimmt sind, unbestritten und seit geraumer Zeit Gegenstand wissenschaftlicher Untersuchungen. Man denke in diesem Zusammenhang etwa an die Wetterfühligkeit des Menschen. Mit der Beeinflussung der Lebewesen vom Erdboden her hat sich die „offizielle" Wissenschaft bislang nur wenig beschäftigt, obwohl eine derartige Wirkung ebenso naheliegend ist wie eine solche vom Weltraum oder von der Atmosphäre her.

Es gibt nun Menschen (sogenannte „Sensitive"), die scheinbar in einer solchen Weise empfindlich sind, daß sie stärkere Abweichungen der durch den Erdboden bedingten physikalischen Umweltparameter vom Normalzustand beim langsamen Gehen im Gelände erfühlen können; allerdings meist, ohne daß ihnen die Anomalie bewußt wird, das heißt, ohne daß sie bewußte Empfindungen hervorruft. Die Sensitiven können aber die unbewußt erfahrene Information „hier an dieser Stelle liegt etwas Abnormales vor" durch einen eingelernten Automatismus mit Hilfe einer als Anzeigegerät dienenden „Wünschelrute" (oder eines Pendels) bewußt machen. Die Rute (eine Astgabelung, eine Stahlrute oder ähnliches) wird dabei vom „Rutengeher" beim Abschreiten des

Geländes so in einem vorgespannten Zustand in einer labilen Stellung gehalten, daß sie beim Auftreten der erwähnten Anomalie durch einen über das Nervensystem gesteuerten motorischen Impuls der Muskel leicht aus ihrer Lage verdreht werden kann; die Rute schlägt aus. In ähnlicher Weise wird ein Pendel, also ein an einem Faden befestigter schwerer Körper, durch unwillkürliche, dem Sensitiven nicht bewußte Handbewegungen in Schwingungen versetzt. Ruten- und Pendelbewegungen zählen also zur Gruppe der „psychischen Automatismen", für die Dr. R. TISCHNER den sehr treffenden Ausdruck „Steigrohre des Unterbewußten" geprägt hat, weil durch sie unterbewußte[50] seelische Inhalte (z.B. Informationen) ins Bewußtsein gehoben werden können.

Anomalien physikalischer Parameter an der Erdoberfläche deuten, soweit sie vom Erdboden her bestimmt sind, auf Inhomogenitäten des Untergrundes hin. Es ist also naheliegend, die Sensitivität der Rutengeher zum Aufspüren von Wasserführungen, Hohlräumen, Erz- und Kohleflözen und anderen Bodeninhomogenitäten einzusetzen.

## 2 HISTORISCHES

Die Empfindlichkeit sensibler Menschen gegenüber den sogenannten Erdstrahlen und die Erfolge der Rutengeher, vor allem bei der Wassersuche, sind seit Jahrtausenden bekannt. Das älteste Bild eines Rutengängers dürfte ein Bild des chinesischen Kaisers YÜ aus der HIA-Dynastie (2205–1766 v. Chr.) sein, das ihn mit einer Wünschelrute in der Hand zeigt. Darstellungen von Rutengehern finden sich auch in anderen Kulturkreisen des Altertums, so etwa in einem Mosaik der altjüdischen Synagoge HEFZI-BAH[51]. MOSES hat der Legende nach mit Hilfe eines Stabes Wasser aus einem Felsen geschlagen, offensichtlich ist damit ein Wünschelruteneinsatz gemeint. Zahlreiche Illustrationen aus dem Mittelalter zeigen Rutengänger bei der Suche nach Wasser und als Helfer beim Bergbau. Schließlich werden Rutengeher auch noch in der heutigen Zeit von öffentlichen Stellen in gleicher Weise wie von Privaten, etwa von Brunnenbauern, zur genauen Lokalisation der Bohrstellen für Brunnen herangezogen, wie erst kürzlich in der Fernseh-Sendung „Wir" des ORF gezeigt wurde.

Einer der berühmtesten österreichischen Rutengeher war der k. u. k. Oberst Carl BEICHL, der mit Erfolg für die Armee in allen Teilen der Monarchie, vor allem auch im Karst, Wasserstellen aufgespürt und der unter anderem lange vor ihrer Entdeckung die Lage der Therme in Wien-Oberlaa richtig angegeben hat.

Beim Ruteneffekt handelt es sich offensichtlich um altes Erfahrungsgut der Menschheit – eine Tatsache, die geeignet ist, eine Untersuchung der Problematik mit wissenschaftlichen Methoden herauszufordern.

## 3  EINIGES ÜBER DIE ARBEITSWEISE UND DIE FESTSTELLUNGEN DER RUTENGEHER

Ein Rutengeher benützt meist mehrere Ruten aus verschiedenem Material und auch von unterschiedlicher Form (Analoges gilt für das Pendel), um unter anderem – wie angegeben wird – die einzelnen Gegebenheiten des Untergrundes (Wasser, Erze, Öl usw.) besser auseinanderhalten zu können. Es gibt jedoch keine einheitliche Arbeitsweise (etwa Holzrute für Wasser, Stahlrute für Erz usw.), sondern jeder Rutengeher wendet sein eigenes System an. Eine physikalische Erklärung für diese rein subjektiven Methoden gibt es naturgemäß nicht, und die vielfältigen, oft mysteriösen Theorien der Radiästheten sind im allgemeinen einer wissenschaftlichen Betrachtungsweise unzugänglich. Aus der Art des Rutenausschlages – schwacher, starker Ausschlag, Rotieren der Rute und anderes – wird ebenso wie aus der Form und Größe des Gebietes an der Erdoberfläche, in dem der Rutenausschlag auftritt, auf die Menge, die Ausdehnung und die Tiefe des gesuchten („gemuteten") Materials geschlossen. Die Form dieser Gebiete ist meist streifenartig („Reizstreifen"), und es soll neben stark wirkenden Hauptstreifen, etwa über einer Wasserführung, noch Systeme schwächerer, zueinander paralleler Streifen geben, die Gittersysteme genannt werden und nach den Himmelsrichtungen ausgerichtet sein sollen (Globalgitternetz oder HARTMANN-Netz in Nord-Süd bzw. Ost-West-Richtung, Diagonalgitternetz oder CURRY-Netz, etwa 45° geneigt zum HARTMANN-Netz). Dabei sollen die Reizstreifen gute („aufbauende") oder auch schlechte, störende („abbauende") Einflüsse ausüben können; im ersteren Fall wird ihnen eine „rechtsdrehende", im letzteren Fall eine „linksdrehende" Wirkung zugeschrieben. Hier werden offensichtlich, wie überhaupt sehr häufig in den Theorien der Radiästheten, Begriffe der Physik (etwa die Rechts- bzw. Linksdrehung der Polarisationsebene des Lichtes) in einem übertragenen, nichtphysikalischen Sinn benützt.

## 4  PHYSIKALISCHE MESSUNGEN AN REIZSTREIFEN

Die eingangs erwähnte, plausible Annahme, daß Rutengeher durch Anomalien physikalischer Parameter beeinflußt werden, die vom Erdboden her verursacht sind, ähnlich etwa den bekannten Einwirkungen atmosphärischer Störungen, die sich als Wetterfühligkeit bemerkbar machen, wird durch eine Reihe von Untersuchungen erhärtet. So treten Extremwerte (Maxima, Minima) oder starke Änderungen (Gradienten) der verschie-

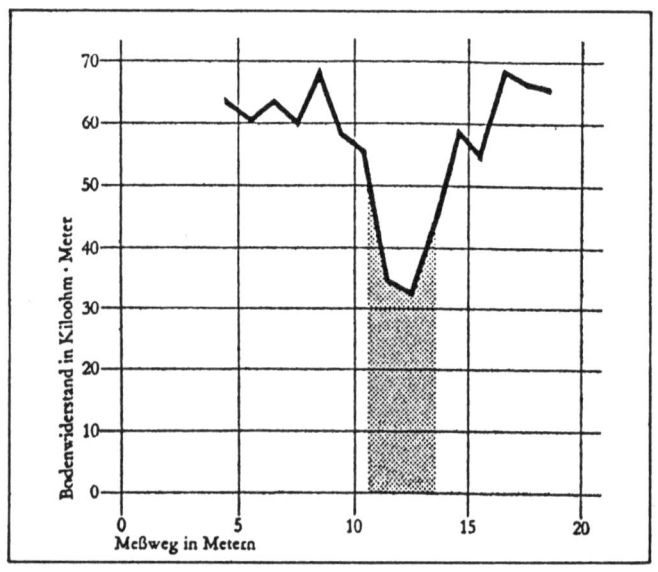

Bild 1. Widerstandsminimum über einem Reizstreifen (nach *Petschke*).
▓▓▓▓▓ bedeutet bei den Abbildungen 1, 2, 3, die durch Sensible ermittelte Lage von Reizstreifen auf der Skala des Meßweges.

densten physikalischen Größen an jenen Stellen der Erdoberfläche auf, an denen Sensitive Rutenausschläge erhalten, also Reizstreifen lokalisieren. Bild 1 zeigt ein Minimum des spezifischen elektrischen Bodenwiderstandes an, der in der Darstellung durch ein punktiertes Band gekennzeichneten, vom Rutengeher als Reizstreifen angegebenen Stelle, Bild 2 ein Maximum dieser Größe und Bild 3 eine starke Änderung des spezifischen elektrischen Widerstandes an der Reizstelle (die Bilder 1 bis 3 sind [1] entnommen). Daß nicht nur Extremwerte von Reizen, sondern auch starke Reizänderungen wirksam sind, also Empfindungen hervorrufen, ist eine bekannte Tatsache der Biologie („WEBER-FECHNERsches Gesetz"). Natürlich kann der Rutengeher nicht unmittelbar durch den spezifischen elektrischen Bodenwiderstand beeinflußt werden. Diese Größe ist aber maßgebend für die Verteilung der natürlichen Erdströme, die ihrerseits das Magnetfeld an der Erdoberfläche beeinflussen, und dies wird möglicherweise von Rutengehern empfunden.

Biologische Wirkungen des Magnetfeldes sind aus der Tierwelt zahlreich bekannt (Vogelflug usw.), es ist daher naheliegend, daß auch der Mensch eine gewisse Empfindlichkeit gegenüber

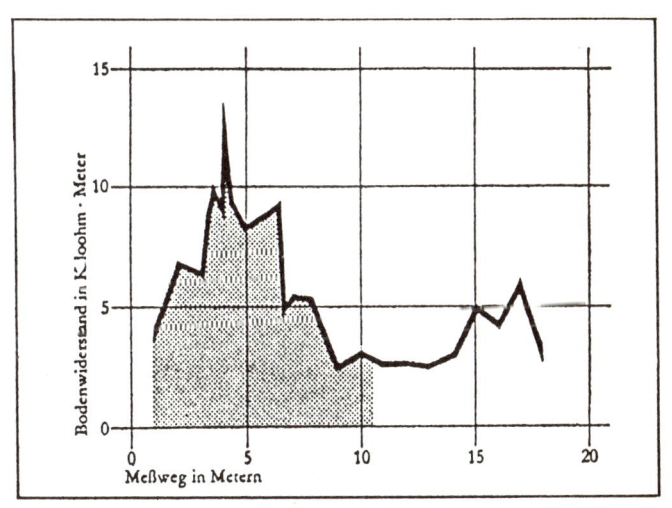

Bild 2. Widerstandsmaximum über einem breiten Reizstreifen (nach *Tromp*).

Magnetfeldern besitzt. Sie ist Gegenstand intensiver biophysikalischer Untersuchungen (siehe etwa [2]), kürzlich wurde auch eine Vermutung über die Existenz eines (rudimentären) „magnetischen Organs" beim Menschen hinter der Nasenwurzel publiziert [3]. Bild 4 (aus [4]) zeigt ein an der Reizstelle auftretendes Minimum des erdmagnetischen Feldes mit etwa ⅕ des Normalwertes der Umgebung, was tatsächlich auf eine Beeinflussung des Rutengehers durch ein Magnetfeld schließen läßt. Leider muß gesagt werden, daß unter Laborbedingungen ein Ansprechen von Rutengängern auf ein zeitlich unverändertes Magnetfeld bislang nicht nachzuweisen war, worauf noch zurückzukommen sein wird. Weitere Anomalien physikalischer Parameter an von Rutengehern lokalisierten Reizstreifen zeigen die folgenden Bilder: Bild 5 (aus [5]) ein Maximum des elektrischen Luftpotentials, Bild 6 (aus [1] ein γ-Strahlenmaximum; Bild 7 (aus [9]) ein Maximum radioaktiver Teilchenstrahlung, Bild 8 (aus [6]) eine Schwächung der infraroten Wärmestrahlung über einer gemuteten Wasserführung. Bild 9 (aus [1]) zeigt regelmäßige örtliche Schwankungen der UKW-Feldstärke, die auf stehende Wellen (bei 100 MHz ist die Wellenlänge drei Meter) hinweisen und die

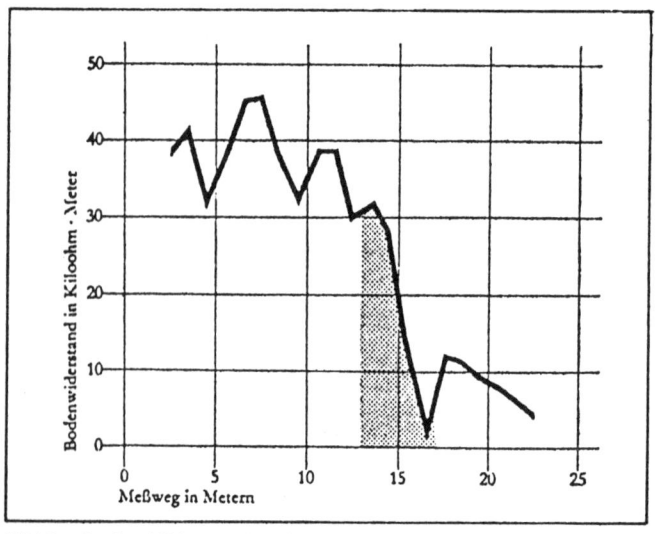

Bild 3. Starke Widerstandsänderung über einem Reizstreifen (nach *Petschke*).

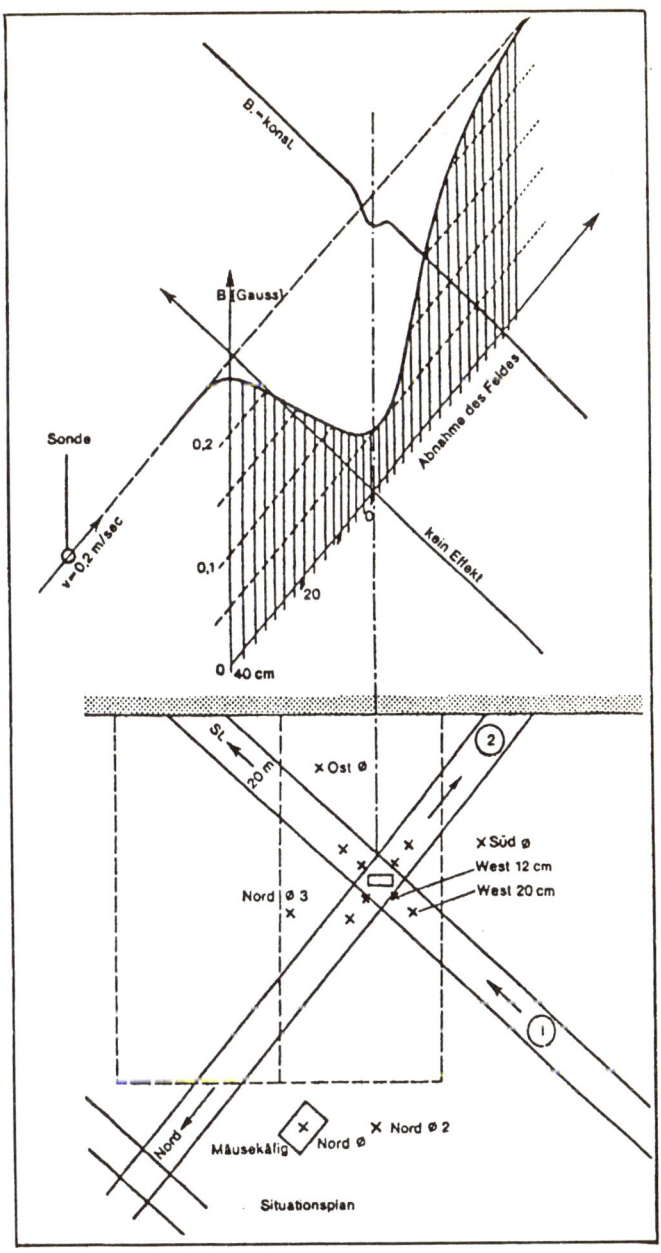

Bild 4. Messung der magnetischen Feldstärke des Erdmagnetfeldes an einem „Krebspunkt". In der Nord-Süd-Ebene (2) sinkt die Feldstärke von 0,025 mTesla (0,25 Gauß) auf etwa 0,005 mTesla (0,05 Gauß) bei einer Hallsondenbewegung von etwa 0,5 m/sec. In Ost-West-Richtung (1) tritt ein solcher Effekt praktisch nicht auf (nach *Hartmann* beziehungsweise *Varga*).

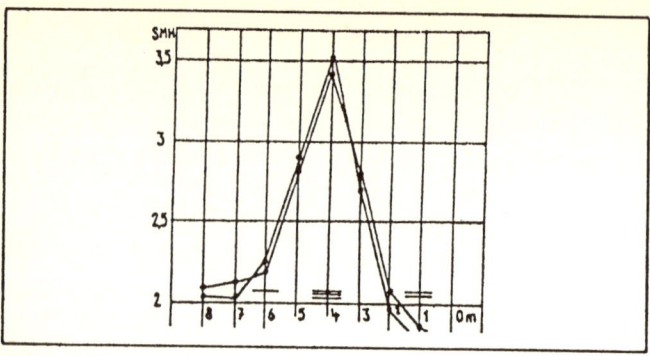

Bild 5. Luftpotentialmessung über einer unterirdischen Wasserführung nach *Reiter*.

≡ *Hauptreizstreifen,*
= *und* − *Ankündigungsstreifen* } *Rutenangaben*

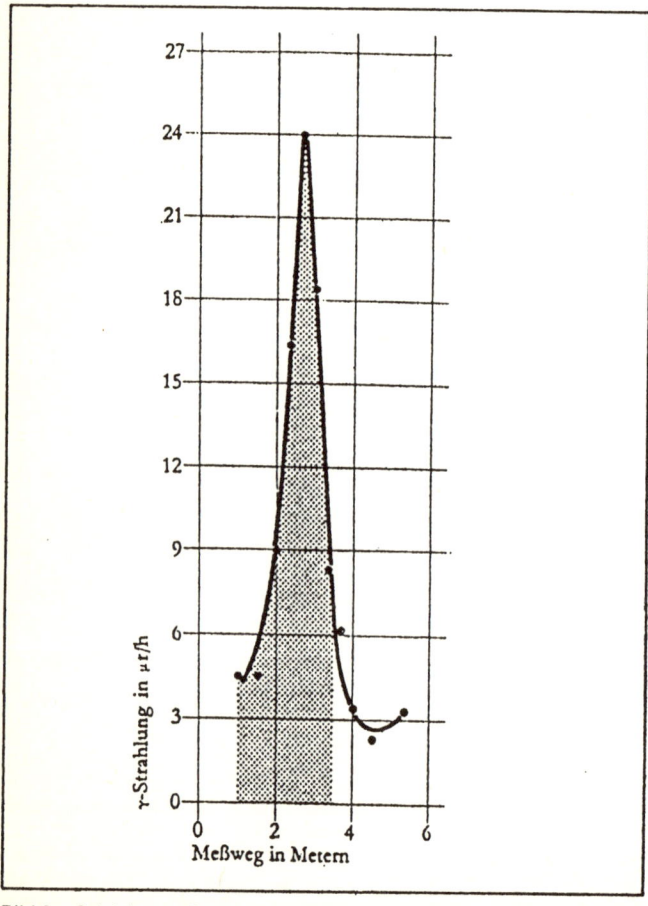

Bild 6. Selektives $\gamma$-Strahl-Maximum vor einer Klinik in Berchtesgaden (nach *Wüst* und *Petschke*).

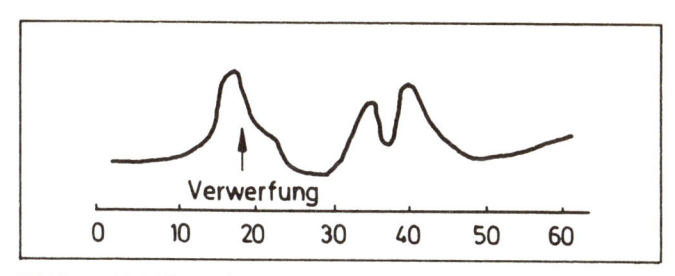

Bild 7. α-Aktivitätsmaximum an einer vom Rutengeher lokalisierten Reizstelle (nach *Ambronn*).

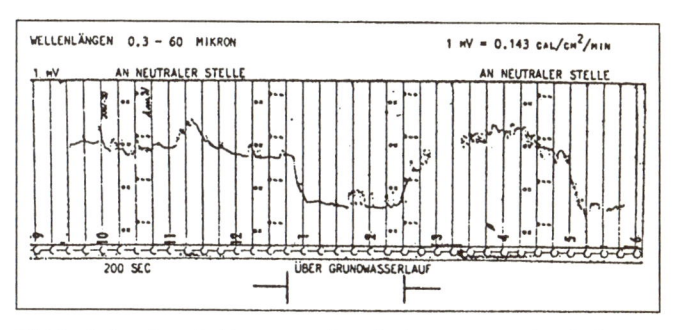

Bild 8. Infrarotausstrahlung aus dem Boden an neutraler Stelle und vermindert über Grundwasserlauf (nach *Endrös*).

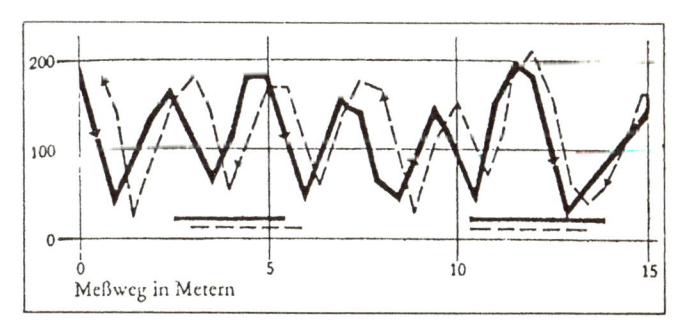

Bild 9. UKW-Feldstärkenverlauf über der Lichtenfelser Verwerfung am Hohlen Stein bei Kainach am 25. Juni 1958 (96,2 MHz). Messung bei Hin- und Rückweg (nach *Wüst*).

möglicherweise mit den erwähnten Streifengittern (HARTMANN-, CURRY-Gitter) in Zusammenhang stehen könnten.

Neuerdings ist die biologische Wirkung von Mikrowellen (mm- und dm-Wellen) Gegenstand besonderen wissenschaftlichen Interesses. Auch in Publikationen von Radiästheten wird die Mikrowellenstrahlung der Erde als mögliche Ursache des Rutenausschlages angeführt. Allerdings scheint die in [6] dargelegte Theorie, die Mikrowellenstrahlung der Erde beeinflusse die endokrinen Drüsen der Menschen und verursache über die (relativ langsam wirkende!) innere Sekretion die (an Reizstellen sehr rasch auftretende) Reaktion des Rutengehers, nämlich die plötzliche Drehung der Rute, nicht sehr plausibel. Trotzdem sollte die exakte Forschung einer möglichen Mikrowellenbeeinflussung des Rutengehers, etwa seines Nervensystems, durchaus erhöhtes Augenmerk schenken.

Die Möglichkeiten der Beeinflussung des Menschen durch physikalische Parameter sind sehr zahlreich, und sie werden heute intensiv, vor allem von Biophysikern, Elektrobiologen und Psychologen, aber auch von Forschern anderer Fachgebiete wie der Medizin usw. untersucht, sodaß man erwarten darf, einer wissenschaftlichen Erklärung des Ruteneffektes in absehbarer Zeit näherzukommen. Dabei weisen die bisherigen Untersuchungsergebnisse darauf hin, daß hinter dem Problem „Erdstrahlen" nicht ein einziger, bestimmter physikalischer Parameter zu suchen ist. Vielmehr hat es den Anschein, daß ein rutenfühliger Mensch beim Schreiten im Gelände dann seine Reaktion in Form des Rutenausschlages zeigt, wenn im gewohnten physikalischen Umweltklima eine oder mehrere beliebige Komponenten gestört sind. Um welche bedeutsamen physikalischen Parameter es sich dabei handeln könnte, ist derzeit weitgehend unklar, im Hinblick auf die angeführten Messungen an Reizstreifen kann man bestenfalls Vermutungen über einige mögliche davon anstellen. In der Tabelle 1, die einer am Institut des Autors durchgeführten Literaturarbeit entnommen ist [7], sind Anomalien solcher möglicher Parameter (sowie Änderungen physiologischer Kenngrößen von Rutengehern) an Reizstreifen zusammengestellt, die von sieben wegen ihrer relativ exakten Messungen ausgewählten Autoren angegeben wurden (k ... der Parameter ist an der Reizstelle kleiner, g ... der Parameter ist an der Reizstelle größer als in der Umgebung).

*Tabelle 1. Veränderung physikalischer und physiologischer Parameter an Reizstreifen (nach* WERBIK*).*

| | | | | | | |
|---|---|---|---|---|---|---|
| Bodenleitfähigkeit | g, k | g | k | | g | |
| (Durchdringende) Umgebungsstrahlung | | | | g | g | |
| Luftleitfähigkeit | | | | g | | |
| Erdmagnetische Horizontalfeldstärke | | k | | | | k |
| UKW-Feldstärke | g, k | | | | | |
| Infrarotstrahlung des Bodens | | | k | | | |
| Infrarotstrahlung des Menschen | | | | | | k |
| Hautleitfähigkeit | | | | | | k |
| EKG-Befunde: Extrasystolenrate | | | | g | | |
| Pulsfrequenz | | . | | g | | |
| Fingerplethysmogramm: Pulsfrequenz | | | | | g | |
| Handvibration: Gleichrichtwert | | | | | g | |
| Reaktionszeit | | | | | | g |

## 5 PSYCHOLOGISCHE PROBLEMATIK DES RUTENAUSSCHLAGES

Der Rutengeher ist – im Gegensatz zum objektiven, technisch-physikalischen Meßapparat – ein (sehr) subjektives „Meßgerät". Der Rutenausschlag als automatische Reaktion auf die unterbewußte Information „an dieser Stelle liegt eine Besonderheit vor" ist sicher nicht immer ausschließlich auf eine direkte physikalische Beeinflussung des Rutengängers, etwa seines Nervensystems, zurückzuführen. Zweifellos sind hier auch psychologische Beeinflussungsmöglichkeiten mit in Betracht zu ziehen wie etwa:

a) Informationsaufnahme mit Hilfe der normalen (bekannten) Sinne, vor allem optische und akustische Wahrnehmungen.

Rutengeher mit Erfahrung besitzen meist ausgezeichnete Geländekenntnisse und sie können – durchaus ohne daß ihnen dies bewußt wird – aus der Geländeformation, dem Pflanzenwuchs und anderem Rückschlüsse auf den Bodenuntergrund ziehen und (auch) deshalb an der richtigen Stelle den Rutenausschlag produzieren. Eine unbemerkte Informationsaufnahme mit Hilfe der normalen Sinne kann auch bei Vorliegen eines stark erhöhten Empfindungsvermögens (visuelle oder auditive Hyperästhesie) der Versuchsperson auftreten und schließlich bei schwach wirkenden Reizintensitäten, so daß die empfangene Information eben nicht über die Bewußtseinsschwelle tritt, trotzdem aber unterbewußt verwertet wird.

Als Beispiel sollen die in [4] beschriebenen Versuche zur Erkennung magnetischer Wechselfelder (6 bis 200 Hz), die scheinbar erfolgreich verlaufen sind und die die Beeinflussung eines Rutengängers durch solche Magnetfelder zu beweisen scheinen, kritisch beleuchtet werden: Eine oder auch mehrere Spulen wurden, für den Rutengänger s i c h t b a r, aufgehängt, und dieser war tatsächlich in der Lage, hochsignifikant überdurchschnittlich festzustellen, ob die Spule oder jeweils welche von mehreren Spulen eingeschaltet, also von Wechselstrom durchflossen war und somit ein magnetisches Feld erzeugte. Nun verursachen aber die magnetischen Wechselfelder Kräfte auf die stromdurchflossenen Windungen einer Spule. Die Windungen schwingen mit der doppelten Frequenz des Wechselstromes, was unter Umständen visuell bemerkt werden kann, und sie erzeugen ein Brummgeräusch, das man akustisch wahrnehmen kann, auch wenn diese Empfindungen so schwach sind, daß sie nicht unmittelbar bewußt werden.

Versuche am Institut des Autors mit Spulen, die von Rutengehern weder gesehen, noch deren Brummgeräusche gehört werden können, fielen bislang trotz einer größeren Zahl von eingesetzten Versuchspersonen negativ aus; sie alle konnten eine stromdurchflossene Spule mit Magnetfeld von einer stromlosen ohne Magnetfeld nicht unterscheiden.

b) suggestive Beeinflussung (Autosuggestion), die dazu führt, daß Rutenausschläge an Stellen erhalten werden, an denen lediglich aufgrund einer Erwartungshaltung, also einer Einbildung, eine Störstelle vermutet wird, tatsächlich aber keine vorhanden ist und daher auch keine unmittelbare physikalische Beeinflussung des Rutengehers stattfindet.

Besonders dieser zweite Fall macht den Rutenausschlag zu einer sehr unsicheren Aussage. Relevante Ergebnisse könnten grundsätzlich nur dann erzielt werden, wenn der Rutengeher im Blindversuch arbeitet. Die Situation eines Blindversuches ist aber in der Praxis der Radiästheten nie gegeben, und daher ist es normalerweise unmöglich, objektive und subjektive Beeinflussung des Rutengehers auseinanderzuhalten.

Als Beispiel für die Auswirkungen solcher autosuggestiver Beeinflussungsmöglichkeiten seien die Untersuchungen von Reizzonen in fertigen und womöglich eingerichteten Gebäuden erwähnt. In einer Arbeit [8] werden z. B. die von Rutengehern bestimmten Reaktionszonen in sakralen Bauten behandelt. Es ist eine bekannte Tatsache, daß Kirchen und andere Kultbauten häufig an ausgezeichneten Punkten im Gelände, vielfach nach Himmelsrichtungen orientiert, errichtet werden. Dies hat zur Vermutung geführt, daß Lage und Orientierung solcher Bauten einerseits und Reizzonen andererseits gewisse Gemeinsamkeiten aufweisen. Nun ist es praktisch unmöglich, wenn einmal diese Vorstellung geprägt ist, in einer (vorhandenen) Kirche mit der Rute nicht genau jenes Resultat zu erhalten, das erwartet wird. Die (ja nicht im Blindversuch erzielten) Angaben über die Lage von Reizstreifen ergeben stets eine Übereinstimmung mit Symmetrieachsen der Bauwerke, die lokalisierten Reizstreifen schneiden sich in Zentren, die mit besonders ausgezeichneten Plätzen, etwa der Stelle des Altars oder der Begräbnisstätte eines Heiligen in der Krypta zusammenfallen usw. Bild 10 (aus [8]) zeigt die von einem Rutengeher festgestellten Reizstreifen in der berühmten Kathedrale zu Chartres, deren Lage (in der Skizze schraffiert eingetragen) und exakt gerader Verlauf wohl „zu schön sind, um wahr zu sein". Mit diesen Bemerkungen soll aber das Verdienst der im übrigen hervorragend konzipierten Arbeit, die das Rutengängerproblem aufgrund des Studiums umfangreicher Literatur in erschöpfender Weise darstellt, nicht geschmälert werden. Es ist selbstverständlich, daß ein Blindversuch in einem vorhandenen Bauwerk außerordentlich schwer durchzuführen ist, auch akustisch (z. B. durch das von den Wänden reflektierte Echo bei Gehgeräuschen) werden Informationen über den Standort erhalten, selbst wenn optische Wahrnehmungen durch Augenbinden verhindert werden. In diesem Sinn ist es auch einleuchtend, daß bei radiästhetischen

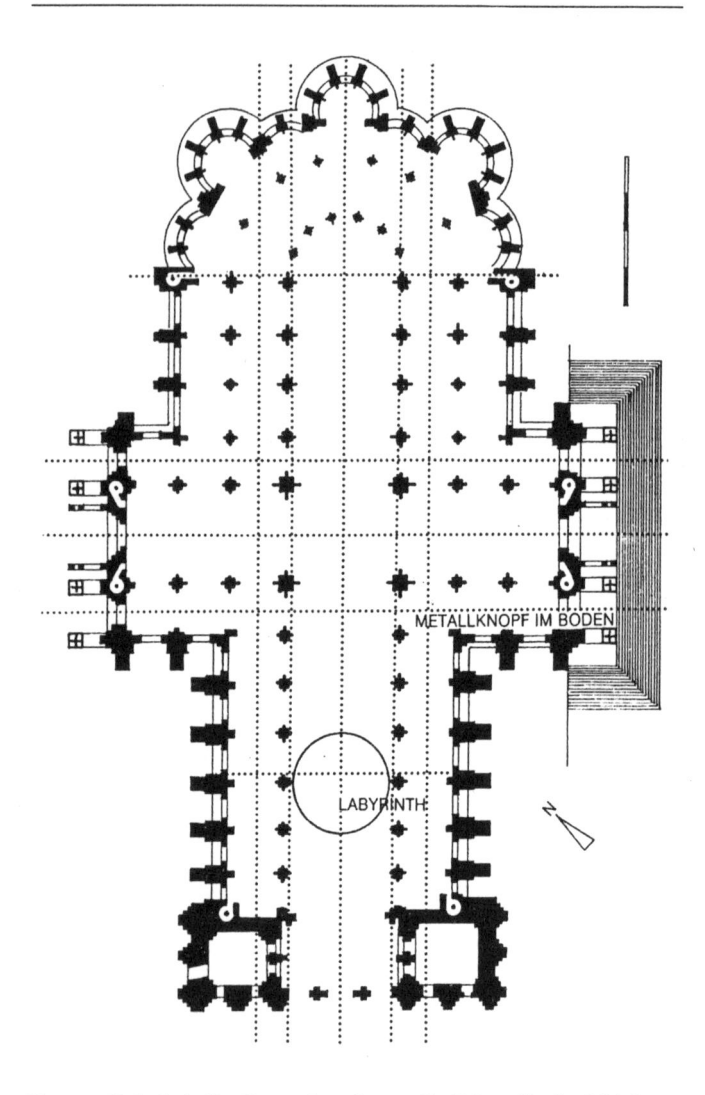

*Chartres, Kathedrale. Von Rutengehern festgestellte Reizstreifen (im Bild als Punktlinie eingetragen) (nach Purner)*

Untersuchungen von Schlaf- und Arbeitsplätzen (Abschnitt 6) nie die eine Erwartungsreaktion ausschließende Situation eines Blindversuches vorliegt und auch kaum herzustellen ist.

## 6 GEOPATHOGENE WIRKUNGEN

Wie schon im Abschnitt 1 erwähnt wurde, ist die Wirkung physikalischer Umweltparameter auf biologische Systeme bekannt und nachgewiesen, und dies gilt nicht nur für jene Parameter, die vom Weltraum oder von der Atmosphäre her beeinflußt werden, sondern auch – wie die im Abschnitt vier angeführten Messungen erweisen – für jene, die mit Eigenschaften des Bodenuntergrundes zusammenhängen. Auf letztere sprechen offenbar rutenfühlige Menschen stärker, in geringerem Maße aber wahrscheinlich alle Menschen und auch andere Lebewesen an. So liefern auch Messungen physiologischer Parameter des Menschen unterschiedliche Ergebnisse, je nachdem, ob die Messung auf einem Reizstreifen oder auf einer unbeeinflußten, „neutralen" Stelle erfolgt, wie z.B. Bild 11 (aus [1]) für Blutsenkungswerte und Tabelle 1 für andere biologische Kennwerte zeigen.

Denkt man nun an gewisse unangenehme Folgen atmosphärischer Störungen, die sich als sogenannte Wetterfühligkeit äußern, so liegt die Frage nahe, ob auch jene vom Erdboden herrührenden Störungen des gewohnten „physikalischen Umweltklimas" auf Dauer krankheitserregend („geopathogen") wirken können. Für eine solche Möglichkeit werden in der einschlägigen Literatur vor allem Mißbildungen bei Pflanzen, die auf Reizstreifen wach-

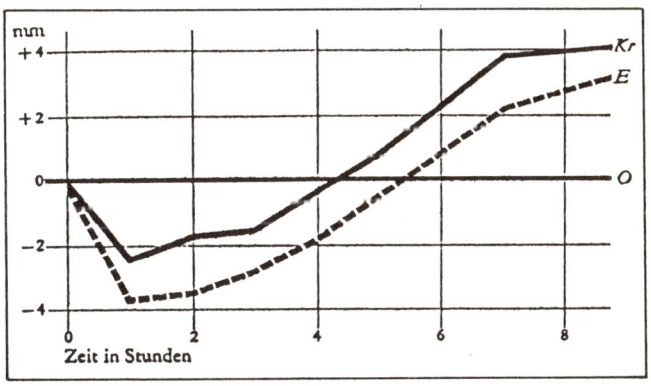

Bild 11. Vergleich von Blutsenkungen über einfachem Reizstreifen ($E$) und über Reizstreifenkreuzung ($Kr$), bezogen auf $0$ (= Normalsenkung) (nach *Petschke*).

sen, ins Treffen geführt. Am bekanntesten sind solche bei Bäumen (Schiefwuchs in Richtung einer Störzone, krebsartige Mißbildungen usw.). Es scheinen aber an sich alle Pflanzen von Reizstreifen beeinflußt zu werden, wie aus einer neueren diesbezüglichen Untersuchung von I. RÜDENAUER [10] hervorgeht. Einige aus der Literatur bekanntgewordene Tierversuche mit Mäusen im Hinblick auf Fortpflanzung und auf Tumorwachstum, wenn sich Mäuse längere Zeit auf Störstellen aufhalten [4], scheinen ebenfalls auf einen negativen, möglicherweise geopathogenen Effekt hinzuweisen. Besonders gravierend wäre natürlich ein krebserzeugender („karzinogener") oder zumindest krebsfördernder Effekt der Erdstrahlen. Auch in dieser Hinsicht werden in der radiästhetischen Literatur Behauptungen aufgestellt und durch Mitteilungen über eine angeblich erhöhte Krebssterblichkeit von Menschen zu belegen versucht, die sich relativ lange auf Reizstreifen aufhalten (weil sich etwa ihre Schlaf- oder Arbeitsplätze auf solchen befinden). Dabei sollen sich Kreuzungspunkte von Reizstreifen als besonders gefährlich erweisen („Krebspunkte", siehe Bild 4). Speziell mit diesem Problem haben sich V. POHL [11], E. HARTMANN [5] und andere befaßt. Schließlich soll sich die geopathogene Wirkung auch auf die menschliche Psyche auswirken; Depressionen, Schlafstörungen, ja sogar Lernversagen in der Schule (K. BACHLER [12]), werden unter Umständen auf den Aufenthalt auf Reizstreifen zurückgeführt. Gegen eine ernstliche geopathogene Wirkung von Störstellen sprechen folgende Gründe: Alle an solchen Stellen gemessenen erhöhten Werte physikalischer Parameter, die für eine negative biologische Wirkung in Frage kommen, wie vor allem der Radioaktivität, der γ-Strahlenintensität sowie der elektrischen und magnetischen Feldstärke, liegen weit (und zwar um Größenordnungen!) unter jenen, die nach den heutigen wissenschaftlichen Erkenntnissen möglicherweise eine gesundheitliche Gefährdung hervorrufen könnten. Zu den eingangs erwähnten, scheinbar für eine geopathogene Wirkung sprechenden Abnormitäten des Pflanzenwuchses ist zunächst im Sinn der in Abschnitt 5 besprochenen psychologischen Problematik der Rutenanzeige die Frage zu stellen und durch Blindversuche zu klären: Tritt eine Mißbildung auf, weil die betreffende Pflanze auf einem Reizstreifen wächst oder erhält der Rutengeher den Ausschlag, weil er die mißgebildete Pflanze sieht?

Zu den statistisch angelegten Tierversuchen und Untersuchungen der Krebshäufigkeit an Reizstellen muß bemerkt werden, daß sie meist zeitlich weit zurückliegen und vielfach den heute von Statistikern (mit Recht) gestellten Anforderungen nicht entsprechen. Vor allem betrifft dies die notwendige Replikation der Versuche. Ein Versuch allein – selbst wenn er für sich statistisch signifikant ist – kann nicht als beweisend gelten. Das Feststellen von Krebsfällen in Wohnhäusern, die auf Reizstreifen stehen, genügt natürlich ebenso nicht, und es ist aus den Publikationen meist kaum etwas zu entnehmen, welche und wie große Bezugspersonengruppen für den statistischen Vergleich herangezogen wurden usw. Bei der bedauerlichen Höhe der Krebssterblichkeit – etwa jeder fünfte Mensch[52] stirbt an Krebs – sind sicherlich sehr umfangreiche statistische Untersuchungen dieses Problems nötig. Nach Meinung des Autors kann derzeit gesagt werden, daß die angebliche Gefahr der Erdstrahlen kaum existiert und eine „hysterische" Angst vor ihnen nicht am Platz ist. Trotzdem sollte das Problem einer möglichen Beeinflussung des Menschen vom Boden her in Zusammenarbeit von Physikern, Biologen und Medizinern und natürlich Radiästheten untersucht werden.

In der Bundesrepublik Deutschland hat zu diesem Zweck vor kurzem Dr. med. Veronica CARSTENS (die Gattin des inzwischen aus dem Amt geschiedenen deutschen Bundespräsidenten) etwa 30 Professoren deutscher und österreichischer Universitäten zu einem im Rahmen der Stiftung zur Förderung der Erfahrungsheilkunde im Stifterverband der deutschen Wissenschaft veranstalteten Symposium über das Thema „Existenz und mögliche Wirkungen ortsabhängiger Strahlungsfelder" eingeladen. Die wissenschaftliche Erforschung dieses Problems hat also inzwischen, wie man sieht, Eingang in den universitären Bereich gefunden.

## 7  ABSCHIRMUNG GEGEN ERDSTRAHLEN

Die Möglichkeit einer negativen Beeinflussung des Menschen durch solche physikalischen Umweltparameter, die von der Beschaffenheit des Erduntergrundes abhängen – also durch eine „geopathogene Wirkung der Erdstrahlen" –, ruft Erfinder von Schutzgeräten (sogenannten Erdstrahlenabschirm-, Entstrahlungs- und Entstörgeräten) auf den Plan. Nun ist es weder wissenschaftlich nachgewiesen, daß es solche negativen Wirkungen überhaupt gibt, noch weiß man, welche physikalische Natur den „Erdstrahlen" zuzumessen ist. Wie kann man aber ein Gerät konstruieren, das gegen etwas schützen soll, das man gar nicht kennt? Viele der angebotenen Entstörungsgeräte sind auch tatsächlich vom wissenschaftlichen Standpunkt aus gesehen sowohl physikalisch als auch biologisch völlig unsinnig.* Es ist geradezu unglaublich, was hier alles als Schutz- und vielfach auch als Heilgerät zur Behandlung aller nur denkbaren Krankheiten verkauft wird und welche Versprechungen an die Verwendung dieser völlig unsinnigen Geräte geknüpft werden. Unter klingenden Namen wurden und werden unter anderem Geräte von folgender Bauart bzw. mit folgendem Inhalt angeboten (siehe auch [1]):

Eine Rolle mit etwa 20 Kilogramm Kupferdraht, sorgsam verpackt. Eine sinnlose Bastelarbeit aus elektrischen Bauelementen mit einem Schalter, der aber nichts einschaltet. Permanente Stab- oder Hufeisenmagnete. Ein Hohlzylinder aus Gips, abgeschlossen mit zwei Isoliertellern und zusammengespannt durch vier Fahrradspeichen. Eine Anordnung von dünnen runden Stahlplatten und Spiralfedern, die einer mechanischen (Auto-)Kupplung nachempfunden ist und sich – gegen Wasser abgedichtet – in einem Plastikgehäuse befindet, das die Gestalt einer „fliegenden Untertasse" besitzt (laut Anleitung zwecks neuerlicher „Auflading" öfters in Wasser zu stellen). Ein rundes verschlossenes Kunststofftäschchen mit einem Stückchen verbogenem Draht, zwei offensichtlich von Hand mit einer Schere unrund zugeschnittenen, flachen Gummiringen, einem Stück Kunststoffolie mit aufgeklebten kleinen Glasperlen und Steinchen sowie einem kleinen Säckchen mit Meersalz; zur Erhöhung der Wirkung kann man mehrere solcher Täschchen „in Serie schalten", und die Firma bietet Therapieeinrichtungen für ärztliche Ordinationen an, die Einrichtungen für Kurzwellenbestrahlung ähnlich sehen, nur daß sich eben in den auf die erkrankten Körperstellen gerichteten „Elektroden"

---

* Der Verlag weist darauf hin, daß mit dieser Qualifikation jedenfalls einzelne Geräte vor 1984 gemeint sind. Über die Wirksamkeit heutiger Geräte möge sich der Leser sein eigenes Urteil bilden.

dieser Einrichtung der eben erwähnte Inhalt befindet, der „strahlt" und gegen fast jede Krankheit wirksam sein soll.

Man könnte mit Beschreibungen solcher, dem Wissenschaftler als völlig unsinnig erscheinender „Entstör- und Heilgeräte", die nicht nur negative Wirkungen der Erdstrahlen verhindern sollen, sondern darüber hinaus märchenhafte Leistungen bei der Heilung von Krankheiten physischer und psychischer Natur bis hin zur Beseitigung des Bettnässens versprechen, ein Buch zu füllen. Es erübrigt sich dabei fast zu erwähnen, daß Blindversuche mit zwei sehr bekannten und erfolgreichen Rutengehern, die der Autor vor einigen Jahren zur Überprüfung der Wirkungsweise eines solchen Gerätes (mit einem Konglomerat aus Kupferfolie, Draht mit angelötetem elektrischen Widerstand, Asbest, Quarz, Glasgewebe, Kalkperlen usw. als Inhalt, alles verpackt in Teerpappe) durchgeführt hat, völlig negativ verlaufen sind.

Verblüffend ist allerdings die Tatsache, daß fast alle Entstörgerätehersteller auf zahlreiche, sicherlich echte Dankschreiben hinweisen können, in denen ein Erfolg ihrer Apparate von Benützern bestätigt wird. Schlafstörungen und andere Beschwerden wären verschwunden, seit das betreffende Gerät etwa unter dem Bett steht. Die Erklärung hiefür ist relativ einfach, es handelt sich um den sogenannten „Placebo-Effekt". Die Placebo-Wirkung ist in der Medizin seit langem bekannt, und sie wird als Möglichkeit angewendet, psychisch induzierte Krankheitssymptome mit Medikamenten zu behandeln, die dem Patienten als besonders wirksam beschrieben werden, in Wirklichkeit aber keinerlei echte chemotherapeutische Wirkung besitzen. Der Glaube des Patienten an die Wirksamkeit des Präparates bzw. in unserem Fall des „Entstörgerätes", bewirkt autosuggestiv das Verschwinden der Symptome. Wie gefährlich allerdings die Anwendung des Placebo-Effektes durch Laien sein kann, wird offenbar, wenn man bedenkt, daß durch ihn bei einer (allenfalls fortschreitenden) organischen Erkrankung Symptome autosuggestiv vorübergehend zum Verschwinden gebracht werden. Man verabsäumt dann unter Umständen, den Arzt aufzusuchen, und wenn die Erkrankung erneut und mit voller Wucht in Erscheinung tritt, ist wertvolle Zeit für eine medizinische Behandlung verlorengegangen, und der Zustand des Patienten ist möglicherweise irreparabel geworden.

Die Gerätebeschreibungen und Anwendungsanleitungen vieler Entstörgeräte lassen vermuten, daß sich die betreffenden Hersteller bewußt sind, welche Art von Wirkung mit ihren Geräten erzielt wird. Es wird nämlich fast immer ausdrücklich verboten, die Geräte zu öffnen, da sonst ihre „Wirkung" verlorengehe. Dies ist in der Tat richtig, denn wenn der Käufer den auch für Laien meist als völlig unsinnig erkennbaren Inhalt sieht, ist der Glaube an die Wirkung, also der Placebo-Effekt, zerstört.

Entstrahlungsgerätehersteller können naturgemäß eine plausible Wirkungsweise ihrer Geräte meist nicht geben. Auf die Frage, wie sie denn auf die Idee einer so unverständlichen „Konstruktion" gekommen sind, wird vielfach geantwortet, sie beruhe auf einer intuitiven Eingebung; ein Hersteller erklärte, er hätte den Rat durch eine „Stimme von drüben" (also aus dem Jenseits) erhalten (siehe [1]).

Neuerdings werden auch Geräte vertrieben, die niederfrequente magnetische Wechselfelder erzeugen, doch ist es hier wissenschaftlich gesehen ebensowenig plausibel, welche Wirkungsweise sie besitzen sollen. Die „Erdstrahlenwirkung" hängt ja (wenn überhaupt) sicher nicht allein mit magnetischen Feldern zusammen, warum sollte sie durch solche beseitigt werden können? (siehe Abschnitt 4)

## 8  EINIGE ERGÄNZENDE BEMERKUNGEN ÜBER DAS „MENTALE MUTEN"

Eine große Zahl von Radiästheten, wenn nicht sogar die Mehrheit, ist der Meinung, ihre Fähigkeit, Wasser, Erze, Öl oder anderes aufzuspüren („muten") zu können, beruhe nicht auf einer physikalischen Beeinflussung vom Boden her. Vielmehr gehe sie auf die Möglichkeit zurück, über eine geistige, immaterielle Ebene Kontakt mit den materiellen Gegebenheiten im Bodenuntergrund und damit eine entsprechende Information hierüber zu erhalten. Man spricht dann von „mentalem Muten". Hier wird gewissermaßen ein Phänomen angesprochen, das zum Bereich der Parapsychologie zählt und „Außersinnliche Wahrnehmung (ASW)" genannt wird. Unter ASW versteht man die Übertragung einer Information, unter Umständen über größere Entfernung, zu einer menschlichen Psyche, ohne daß die physikalische Wirkungsweise der Informationsübertragung (derzeit) physikalisch erklärbar ist. Geht die Information von der Psyche einer anderen Person aus, so spricht man von Telepathie, geht sie von einem nichtlebenden, materiellen System aus (sodaß also Telepathie ausscheidet), so spricht man von „Räumlichem Hellsehen" oder „Hellsehen in die Gegenwart". Mentales Muten wäre demnach ASW, und zwar eben räumliches Hellsehen. Die wissenschaftliche Forschung auf dem Gebiet der Parapsychologie hat nach Meinung des Autors, der selbst erfolgreiche Telepathieversuche in Laborsituation durchgeführt hat, die Existenz von ASW hinreichend nachweisen können. Das größte Verdienst gebührt hier sicherlich Prof. J. B. RHINE [13], der die statistische Methode konsequent anwendete und bei seinen jahrzehntelangen Experimenten zu höchsten Signifikanzen gelangte.

Die Erforschung der parapsychologischen Phänomene hat zweifelsfrei ergeben, daß es sich bei ihnen um ganz seltene Ereignisse handelt, die meist nur spontan auftreten und sich willentlich äußerst schwer produzieren lassen. Die Erfahrung der Parapsychologie geht deshalb dahin, daß Menschen, die behaupten, ASW-Phänomene jederzeit willkürlich produzieren zu können, bedenkenlos als Phantasten oder aber als Schwindler anzusehen sind. Aus diesen Gründen ist der Autor absolut überzeugt, daß der Ruteneffekt (vielleicht von ganz seltenen Fällen abgesehen) nicht auf ASW, sondern eben auf eine Informationsübertragung normaler, physikalischer Natur zurückgeht. Dies legt schließlich auch die Arbeitsweise der Rutengeher nahe, die einerseits durch oftmaliges Hin- und Zurückgehen und durch Feststellen des Reizbeginnes von beiden Seiten her sowie andererseits durch Art und Stärke des Rutenausschlages die Lage und Größe des Reizstreifens und auch die Tiefe und Menge des aufgespürten Materials zu bestimmen versuchen.

## 9 LITERATUR

[1] E. Brüche: Zur Problematik der Wünschelrute. Reihe Mensch und Umwelt 5. Geigy, Basel 1952.

[2] M. F. Barntohy: Biological Effects of Magnetic Fields Plenum Press, New York 1964.

[3] Bild der Wissenschaft, 1984, Heft 1.

[4] H. L. König: Unsichtbare Umwelt. Eigenverlag, München 1983$^4$.

[5] E. Hartmann: Vorstoß in biologisches Neuland. Haug-Verlag, Ulm 1964.

[6] R. Endrös: Die Strahlung der Erde und ihre Wirkung auf das Leben. Paffrath, Remscheid 1978.

[7] Ch. Werbik: Elektromagnetische und andere physikalische Zustände an sogenannten Reaktionszonen, Dipl.-Arbeit, TU Wien (Institut für Grundlagen und Theorie der Elektrotechnik), 1978.

[8] J. Purner: Radiästhetische Untersuchungen an Kirchen und Kultstätten, Dipl.-Arbeit, Univ. Innsbruck 1981.

[9] R. Ambronn: Objektives von der Wünschelrute, Umschau, Jg. 1920, S. 247–251.

[10] I. Rüdenauer: Die Bedeutung der Radiästhesie für die Pflanzen, Dipl.-Arbeit, Gesamthochschule Kassel 1981.

[11] G. v. Pohl: Erdstrahlen als Krankheitserreger. Hubert, Dießen bei München 1932 (Neuauflage Fortschritt für alle-Verlag, Feucht bei Nürnberg, o. J.).

[12] K. Bachler: Erfahrungen einer Rutengängerin, Veritas, Wien-Linz-Passau 1977.

[13] J. B. Rhine: Die Reichweite des menschlichen Geistes. Deutsche Verlagsanstalt, Stuttgart 1950.

*Radiästhetische Phänomene, in: Zement und Beton, Jg. 29/1984, Heft 4, S.155–163*

# DIE PARAPSYCHOLOGIE DER GEGENWART

*von Peter Mulacz*

## Fortschritte der Forschung sowie moderne Tendenzen

1992 hat der Doyen der europäischen Parapsychologie, John Beloff, in einem Vortrag in Durham, der später auch im Druck[53] erschienen ist, zwei Lager im Rahmen der Parapsychologie unterschieden, die er als „Maximalisten" bzw. als „Minimalisten" bezeichnet. Die Attribute, die er dabei mit den Maximalisten assoziiert, sind das Interesse an „starken" Phänomenen, der Zugang „von oben nach unten" („top-down"), die Feldforschung sowie die idiographische (= einzelbeschreibende) und beweisorientierte Vorgangsweise, während den Minimalisten dementsprechend das Interesse an schwachen Phänomenen, der Zugang „von unten nach oben" („bottom-up"), die Laboratoriumsforschung sowie die nomothetische (= Gesetz-aufstellende) und prozeßorientierte Vorgangsweise entsprechen würde. Beloff, der sich selbst dem Lager der Maximalisten zurechnet, assoziiert weiters mit dem Lager der Minimalisten Professionalität, woraus sich folgerichtig für die Maximalisten eine Art Amateurstatus ergibt. Das ist so zu verstehen, daß die „schwachen" Phänomene jene sind, für deren Feststellung oder Bewertung ein eigenes Instrumentarium (wie z.B. die verschiedenen Methoden der Statistik im Rahmen der Rhineschen Karten- oder Würfelexperimente) notwendig ist, dessen Beherrschung eben ein gewisses Ausmaß an Professionalität voraussetzt, während die „starken" Phänomene gleichsam makroskopisch von jedermann ohne weiteres erfaßt werden können.

In Fortführung dieses Gedankens von Beloff will mir scheinen, daß in der Parapsychologie der Gegenwart diese beiden Lager immer weiter auseinanderzudriften drohen, daß die „professionelle" Parapsychologie, die in der Konstruktion ihrer Modelle immer „abstrakter" wird, gleichsam – wenn ich mir diese Formulierung aus der Sprache der Politik ausborgen darf – den Kontakt mit der Basis verliert, während eben diese Basis für die Bedeutung der nicht mehr anschaulichen Forschungsanliegen des professionellen Flügels kein Verständnis[54] aufbringt. Es genügt nicht, diese Entwicklung als bedauerlich zu kennzeichnen; wichtig ist vielmehr, bei den Vertretern beider Seiten Verständnis für die Legitimität der Anliegen der jeweils anderen Seite zu wecken und dadurch die umfassenden, gemeinsamen Problemstellungen einer „Parapsychologie des großen Horizonts" anzusprechen.

Der im vorliegenden Band abgedruckte Vortragszyklus von Prof. HOFMANN ist als Einführung gedacht und stellt somit weitgehend das zeitlos Gültige und Bleibende der Parapsychologie dar. Gleichzeitig ist er, um BELOFFS Terminologie zu benutzen, vor allem „maximalistisch" ausgerichtet[55]. Seit der Zyklus konzipiert worden ist, haben sich jedoch Fortschritte und neue Entwicklungen in der Parapsychologie ergeben, die zur Aktualisierung sowie zur Abrundung des Bildes im folgenden kurz dargestellt werden sollen; diese Aspekte gehören weitgehend zum „minimalistischen" Flügel.

1 QUANTITATIVE FORSCHUNG
1.1 METHODOLOGIE
1.1.1 GANZFELD

Das von dem frühverstorbenen Charles „Chuck" HONORTON entwickelte „Ganzfeld"[56] hat sich mittlerweile als eine Standardmethodik innerhalb der Parapsychologie etablieren können, insbesondere in seiner automatisierten Form („Autoganzfeld"). In diesem Setting werden dem Probanden, der bequem, halbliegend in einem Fauteuil mit abgesenkter Rückenlehne und angehobenem Fußteil, gelagert ist, halbierte Tischtennisbälle, die freilich gut mit Watte gepolstert sind, auf die Augen gelegt; in dem sonst abgedunkelten Versuchsraum wird er mit mildem Rotlicht angestrahlt. Über Kopfhörer wird „weißes Rauschen" eingespielt. Im wesentlichen ist dies also eine Situation milder sensorischer Deprivation (= Abschirmung von Sinnesreizen), wobei beim Ausbleiben äußerer Reize vielfach Material aus dem Unbewußten[57] frei ins Bewußtsein steigt[58], welches gegebenenfalls auch paranormale Information beinhaltet – traumartige Bilder, nicht unähnlich den hypnagogen Halluzinationen (den Bildern vor dem Einschlafen, in dem Zwischenzustand zwischen Wachen und Schlafen). Festzuhalten ist, daß es sich dabei nicht um eine völlige Deprivation von Außenreizen handelt, sondern, daß durch die Rotlichtbeleuchtung und das weiße Rauschen ein gewisses Maß an jedoch ganz unspezifischen Reizen geboten wird, welches einen bestimmten Erregungszustand („arousal") des Hirns zur Folge hat. Der Proband „sieht" unter den halbierten Ping-Pong-Bällen nichts Konkretes, er schaut vielmehr in ein einheitlich-diffuses „ganzes Feld" (ähnlich, wie wenn man mit geschlossenen Augenlidern gegen eine Lichtquelle schaut, jedoch kann der Proband die Augen unter den kleinen Zelluloidkuppeln offen haben), was dazu führt, daß die Anteile des nervösen Apparats, die mit der Verarbeitung optischer Eindrücke zu tun haben, aktiviert sind; das gleiche gilt für den akustischen Aspekt. Es wird also künstlich ein bestimmter „Veränderter Bewußtseinszustand" (bzw. „Veränderter Wachbewußtseinszustand") herbeigeführt, der auch im EEG (Elektro-Enzephalogramm, Hirnstromkurve) erkennbar ist, wobei die Ganzfeld-Stimulation einen Zustand erzeugt, der reich an Bildern, Gefühlen und freien Assoziationen ist[59].

In diesem Setting wird nun z.B. ein Hellsehversuch so durchgeführt, daß der Computer aus einem Pool von beispielsweise 200 Objekten (das können stehende Bilder, z.B. aus einer Diaserie, ebenso sein wie Videoclips) zunächst vier auswählt, die der Perzipient natürlich nicht zu Gesicht erhält[60], und in weiterer Folge aus diesen vier Objekten das eigentliche Zielobjekt. Der Perzipient hat die Aufgabe, dieses Objekt auf außersinnlichem Wege zu erfassen, d.h. praktisch genau alles zu schildern, was ihm in den Sinn kommt. Nach der Aufzeichnung alles dessen werden ihm die vier Objekte gezeigt und er soll das Zielobjekt identifizieren (gelingt ihm dies, spricht man von „direct hit" – direkter Treffer) bzw. angeben, bei welchem Objekt er die größte Übereinstimmung mit seinen Eindrücken während des Experiments empfindet, bei welchem die zweitgrößte, usw. Anschließend werden die Angaben des Probanden – freie Schilderungen der Bildeindrücke – von eigens geschulten Beurteilern den einzelnen Objekten nach dem Grad der Übereinstimmung zugeordnet, woraus sich für diese eine Rangfolge ergibt und somit in weiterer Folge eine statistische Auswertung.

Das Ganzfeld-Setting erlaubt auch ein Experiment in der Variante Präkognition: Hier legt das Computerprogramm das Zielobjekt erst dann fest, wenn die Aufzeichnung der Aussagen des Perzipienten abgeschlossen ist.

Seit Einführung des Ganzfeld-Protokolls in den Siebzigerjahren sind mittlerweile viele Tausende solcher Experimente durchgeführt worden.

Aufgrund der freien Schilderung spricht man bei dieser und vergleichbaren Techniken von „free response", im Gegensatz zu „forced choice" bei Versuchen in der Art der RHINEschen Schule, bei denen der Proband nur die Wahl zwischen einer Anzahl (z.B. fünf) von fix vorgegebenen Objekten (z.B. den Symbolen der Zener-Karten)[61] hat. Während die parapsychologischen Experimente bis in die Dreißigerjahre[62] zum Typus „free response" gehört hatten, haben erst die „forced choice"-Experimente von RHINE einen Durchbruch[63] gebracht. Mit dem Ganzfeldexperiment (und dem gleich anschließend zu besprechenden Remote Viewing) ist gleichsam ein Pendelschlag zurück[64] erfolgt, und „forced choice"-Experimente sind in der Gegenwart stark in den Hintergrund gedrängt.

### 1.1.2 FERNWAHRNEHMUNG (REMOTE VIEWING[65], RV)

Während „Telepathie"-Experimente in der Frühzeit der Parapsychologie, seit der Gründung der Society of Psychical Research (SPR), bis hinein in die Zwanzigerjahre vielfach so angelegt waren, daß der „Agent" eine Zeichnung anfertigte bzw. betrachtete, deren Inhalt vom Perzipienten auf außersinnlichem Wege erfaßt werden sollte, gingen gegen Ende der Siebzigerjahre die beiden Physiker Harold PUTHOFF und Russell TARG am SRI[66] einen anderen Weg: Der Agent („beacon") begibt sich an einen bestimmten Ort, welcher nach einem Zufallsverfahren festgelegt worden ist, und verweilt dort für eine bestimmte, festgelegte Zeit, z.B. eine Viertelstunde. Der Perzipient hat die Aufgabe, die Wahrnehmungen des Agenten „mitzuempfinden", gleichsam diesen Ort durch die Augen des Perzipienten („viewer") zu sehen[67]; der Experimentator bzw. Interviewer fragt seine Eindrücke systematisch ab („debriefing"), z.B.: „Befindest du dich im Freien oder in einem Gebäude?" Falls im Freien: „Befindet sich Wasser in der Nähe?", „Sind Bäume in der Umgebung?" und dergleichen mehr. Der Zweck dieser immer weiter ausgefeilten Abfragetechnik ist es, nur unmittelbare Eindrücke zu erhalten und irgendwelche (in die Irre führenden) Schlußfolgerungen oder Phantasieprodukte („mentales Rauschen") des Perzipienten zu vermeiden. In dieser Technik wurden sogar transkontinentale Experimente[68] durchgeführt, mit Elmar GRUBER (der seinerzeit, während seiner Tätigkeit an Hans BENDERS Institut für Grenzgebiete der Psychologie und Psychohygiene (IGPP) in Freiburg i. Br. öfters Vorträge in der Österreichischen Gesellschaft für Parapsychologie gehalten hat) in Rom und Marilyn SCHLITZ als Perzipientin in Detroit, USA – ein Pendant zu dem bekannten transkontinentalen Platzexperiment[69] mit Gerard CROISET; dies ruft das bekannte Wort C. G. JUNGS von der Raum- und Zeitlosigkeit der menschlichen Psyche in Erinnerung. Das GRUBER-SCHLITZ-Experiment hat detailreiche Ergebnisse, darunter mehrfach „direkte Treffer" geliefert; die statistischen Analysen ergaben ein hochsignifikantes Resultat.

Im Lauf der Zeit stellte sich heraus, daß der „beacon" für RV-Experimente gar nicht benötigt wird, es genügt, wenn sich der „viewer" sozusagen mental auf Reisen[70] begibt – womit die (Misch-)Telepathiesituation von der Hellsehsituation abgelöst ist. Bei derartigen Versuchen genügt im Extremfall bloß die Angabe der geographischen Koordinaten des Zielorts.

Der Gedanke liegt nahe, wenn Remote Viewing (im Sinne des Hellsehens) funktioniert, dies auch praktisch zum Informationsgewinn einzusetzen, z. B. für nachrichtendienstliche Zwecke oder auch für Industriespionage, überall dort, wo ein „beacon" sich nicht physisch hinbegeben kann. So nimmt es nicht wunder, daß die CIA (Central Information Agency) sowie eine Reihe von Dienststellen des Verteidigungsressorts der USA durch lange Zeit entsprechende Projekte zur Erforschung von AMP (Anomalous Mental Phenomena = Anomale Mentale Phänomene), wie ESP (Extra Sensory Perception, das englischsprachige Äquivalent zu ASW) in diesem Rahmen genannt wurde, finanziert haben.

### 1.1.2.1 ESPionage[71] – DIE VERLORENE UNSCHULD DER PARAPSYCHOLOGIE

1995 ist die Geheimhaltung einer Reihe von US-Dokumenten über dieses Forschungsprogramm aufgehoben worden und die Dokumente[72] können eingesehen werden; seitdem sind eine ganze Reihe von Publikationen über dieses Projekt und ähnliche erschienen, und zwar sowohl Artikel in wissenschaftlichen[73] und in späterer Folge auch in populären Zeitschriften wie auch Bücher, vor allem Selbstdarstellungen von am Projekt Beteiligten[74] – die einander jedoch zum Teil durchaus widersprechen –, aber auch zusammenfassende Darstellungen[75] und schließlich auch eine TV-Dokumentation; hervorzuheben ist auch die ausführliche on-line Publikation[76] von Ingo SWANN. Im Großen läßt sich etwa folgendes Bild gewinnen:

Die einzelnen Projekte hatten unterschiedliche Code-Namen, nämlich Scanate, Sun Streak, Grill Flame, Center Lane und schließlich (am bekanntesten) Star Gate; sie wurden gesponsert bzw. arbeiteten im Bereich der CIA (Central Intelligence Agency), der DIA (Defence Intelligence Agency) und des Kommandos von INSCOM (US Army Intelligence and Security Command) in Arlington, Virginia, während die Armee-Einheit von „remote viewers" in Fort Mead, Maryland, disloziert war. Während die einzelnen Projekte unterschiedliche Laufzeiten hatten, lief das Gesamtprogramm mehr als zwanzig Jahre lang. Die insgesamt aufgewandten Kosten betrugen ca. zwanzig Millionen Dollar. Man darf sich nicht dazu verführen lassen, diesen Betrag an einem Privatkonto zu messen; im Rahmen militärischer Auftragsforschung sind 20 Mio US $ eine Bagatelle[77]. Der Personalstand bewegte sich im Bereich von einem bis zwei Dutzend Personen. Die bekanntesten Sensitiven waren Ingo SWANN, Pat PRICE (inzwischen verstorben), Olt Joe MCMONEAGLE, Mjr David MOREHOUSE und Lyn BUCHANAN; außer den bereits genannten Forschern TARG & PUTHOFF ist vor allem Ed MAY hervorzuheben. Die Forschung wurde zunächst am SRI in Menlo Park durchgeführt (1973–1989) und dann an die Science Application International Corporation (SAIC) mit dem Sitz in San Diego, ebenfalls Kalifornien, einen Vertragspartner des Verteidigungsdepartments, übertragen[78] (1992–1994).

Die herausragendste Persönlichkeit unter den Sensitiven ist zweifellos Ingo SWANN, ein Kunstmaler und Kettenraucher, der sich außerordentlich intensiv mit dem gesamten theoretischen Fragenkomplex rund um das Remote Viewing auseinandergesetzt hat. Seine eigenen Erfahrungen vergleicht er nicht nur mit denen von Vorläufern aus früheren Forschungsperioden: der Romancier Upton SINCLAIR und dessen Frau Mary Craig („Mental Radio"[79], 1930), sowie vor allem auch der französische Forscher René WARCOLLIER („Telepathy"[80], 1938), von dessen Ergebnissen er sich sehr beeindruckt zeigt; vielmehr analysiert er auch sehr genau das Zustandekommen seiner eigenen Eindrücke, wobei es ihm vor allem auf die Stärke des Psi-Signals gegenüber dem „mentalen Rauschen" (eigene Assoziationen aufgrund früherer Erfahrungen der individuellen Lebensgeschichte) ankommt, sowie auf die Identifikation von potentiellen Fehlerursachen, die er vor allem in der „telepathischen Überlagerung", dem „emotionalen Impakt" und der „analytischen Überlagerung" sieht. Hinsichtlich der Rolle von Verkennung, Fragmentation, Wiederholung und Neukombination paranormal erfaßter Elemente greift er auf Gardner MURPHY zurück. Was die paranormale Information anlangt, unterscheidet er „Sinneseindrücke"[81] von „Dimensionseindrücken". Er empfiehlt die Verwendung einer Checkliste und bespricht ausführlich die Rolle des Interviewers beim Debriefing. Diese wenigen Hinweise zeigen, mit welcher Intensität SWANN sich mit dem RV und seinem eigenen Erleben[82] dabei auseinandergesetzt hat.

Was nun die Erfolge dieses Programms, das laufend verbessert[83] worden ist, betrifft, so sind sie auf der einen Seite wissenschaftlich hochinteressant, auf der anderen Seite läßt die praktische Anwendbarkeit Zweifel offen; somit fügen sich die Resultate dieses Programms widerspruchsfrei in das bisherige Bild der paranormalen Phänomene ein.

Zum Beispiel hat man dem Sensitiven McMONEAGLE – der insgesamt 23 Jahre in diesem Bereich tätig war und der seine Gesamt-Trefferrate selbst mit 55 Prozent angibt – zwecks Test der Zuverlässigkeit von RV-Aussagen in Hinblick auf möglicherweise irreführende Randbedingungen die Aufgabe gestellt, zu „sehen", was sich in einem verschlossenen Hangar auf einem

Fliegerhorst befindet (in welchem sich jedoch nicht, wie nach logischen Gesichtspunkten zu vermuten, ein Flugzeug befand, sondern wo man vielmehr für dieses Experiment einen Panzer und zwar eine Vorläuferversion des ABRAMS-Tank, eingestellt hat). Völlig zutreffend beschrieb der Sensitive einen Kampfpanzer. Nun ist das aber kein strenges Hellsehexperiment, da ja die Tatsache, daß sich in dem Hangar statt des zu erwartenden Flugzeugs ein Panzer befindet, im Bewußtsein von Menschen gespeichert war: zumindest in dem des Experimentators, der für den Versuchsplan verantwortlich war, und in dem des Panzerfahrers, der den Panzer in den Hangar gefahren hat. Nun ist es nicht möglich, *mit Sicherheit*[84] anzugeben, ob sich die Aussagen des Sensitiven auf die objektive Gegebenheit im Hangar oder auf die Bewußtseinsinhalte der in den Versuchsablauf involvierten Personen bezogen hat. Die Frage „Spiegeln sich in den Eindrücken von Sensitiven objektive Tatsachen oder fremde Bewußtseinsinhalte?" ist in gleicher Weise etwa bei der „Kriminaltelepathie" relevant, aber auch bei der Frage nach der Sinnhaftigkeit der Konsultation von Medien und Sensitiven. Sie ist somit gleichzeitig eine Gegenstand der Psychohygiene.

Ein spektakulärer Fall von RV im Rahmen des Forschungsprogramms unter finanzieller Bedeckung durch die CIA war, als 1974 der Sensitive Pat PRICE den Auftrag erhielt, mental nach Semipalatinsk in Kasachstan, damals UdSSR, zu „reisen", und dort eine geheime sowjetische Anlage mit dem Codenamen PNUTS auf paranormalem Wege auszuspionieren. Er machte Angaben über Gebäude, einen bestimmten Typ von Kran[85], riesige Stahlzylinder und -kugeln und weitere Details. Diese Angaben entsprachen durchaus den Erwartungen (oder Befürchtungen) der CIA und konnten durch mit konventionellen Mitteln (Spionagesatelliten) erzielte Aufklärung bestätigt werden. Wiederum stellt sich die Frage: Ist der Sensitive mental nach Semipalatinsk gereist, oder bloß ins CIA-Archiv, wo die Resultate konventioneller Aufklärung gelagert waren? War das Zielobjekt in Semipalatinsk die Quelle für die Eindrücke der Versuchsperson, oder lag die Quelle in den bereits vorhandenen CIA-Graphiken?[86] Dieser anscheinend nicht zu überwindende Unsicherheitsfaktor macht jegliche praktische Anwendung von Psi-Information fragwürdig.

Interessant sind jedoch die Angaben eines Sensitiven aus dem September 1979, der – anhand eines psychometrischen Objekts – recht zutreffende Angaben über ein im Bau befindliches sowjetisches U-Boot machte (in der Realsituation waren es zwei Boote).

Als im Jahre 1988 Obstlt William HIGGINS, Angehöriger des US Marine Corps, im Süd-Libanon aufgrund eigenen Verschuldens gekidnapped wurde – ein Fall, der mir bis ins letzte Detail bekannt ist –, versuchte die DIA, seinen Aufenthaltsort auf paranormalem Wege zu ermitteln. Die Angabe eines Sensitiven, daß HIGGINS sich in einem bestimmten Haus einer bestimmten Ortschaft[87] befinde, hat sich weder in irgendwelcher militärischer oder diplomatischer Aktion niedergeschlagen noch konnte sie unabhängig verifiziert werden; die spätere Aussage einer befreiten Geisel, daß sich HIGGINS wahrscheinlich zum fraglichen Zeitpunkt in dem angegebenen Haus befunden habe, ist ihrerseits eine unverifizierte Vermutung geblieben.

Am Schluß des Projekt Star Gate hat die CIA als Hauptgeldgeber ein unabhängiges Institut, AIR (= American Institutes for Research), mit einer Beurteilung der Resultate hinsichtlich deren praktischer Verwendbarkeit bzw. Einsatzreife beauftragt. Die dazu herangezogenen Wissenschaftler, der Psychologe Ray HYMAN und die Statistikerin Jessica UTTS, kamen zu einander widersprechenden Ergebnissen (UTTS: „Paranormale Funktionen sind gut abgesichert"[88]; HYMAN: „Es gibt keine Grundlage für Parapsychologie"[89] – wobei HYMAN seinen Standpunkt allerdings im Lauf der Kontroverse modifiziert und sich UTTS angenähert hat). Der Schlußbericht von AIR räumt das Vorliegen statistisch signifikanter Effekte im Laboratorium ein, betont jedoch deren praktische Unverwendbarkeit in der Situation nachrichtendienstlicher Einsätze, was, wie oben gezeigt, zweifellos korrekt ist; folgerichtig spricht sich dieser Bericht gegen die Fortsetzung der Experimente innerhalb der Nachrichtendienste aus. Ed MAY, eine der bedeutendsten Forscherpersönlichkeiten in diesem Sektor, hat dazu einen kritischen Kommentar[90] verfaßt, der aber nur teilweise überzeugen kann.

Während HYMAN in seinem Gutachten die Abweichung von der (zu erwartenden) Nullinie diversen Ursachen[91] zuschreibt, legt Jessica UTTS in ihrem Gutachten besonderen Nachdruck auf

die beobachtete Effektgröße und auf die Reproduzierbarkeit der Resultate. Zusammengefaßt trifft sie folgende Feststellungen:
- RV bzw. „free response"-Experimente sind erfolgreicher als „forced choice"
- ca. 1 Prozent der gesamten Stichprobe zeigt gleichbleibende außergewöhnliche Leistungen
- einige wenige Individuen (6 von ca. 20) übertreffen die anderen um ein Vielfaches
- weder Übung noch Trainingsmethoden verbessern die Leistung
- es ist einfacher, gute RVer zu finden, als welche zu trainieren
- die Rolle von Feedback ist weitgehend unklar, anscheinend jedoch günstig
- Leistung ist von der Entfernung zwischen VP und Ziel unabhängig
- elektromagnetische Abschirmung stellt kein Hindernis dar
- präkognitives RV ist ebenfalls erfolgreich

Edwin C. MAY hat seine Forschungsarbeit auf dem Sektor des Remote Viewing (wobei neuerdings als Oberbegriff „Anomalous Cognition", AC, figuriert) seit 1985 am Cognitive Sciences Laboratory (CSL) in Palo Alto, Kalifornien, durchgeführt (wo auch James SPOTTISWOODE tätig ist) bzw. im Rahmen der Laboratories for Fundamental Research (LFR); die finanzielle Bedeckung dieser Experimente erfolgt nun nicht mehr durch die CIA, sondern durch die AION-Foundation (Portugal), die auch eine Replikation in Ungarn finanziert. Dort ist seit einigen Jahren eine Gruppe von Experimentatoren rund um den Physiker Zóltan VASSY (Budapest) mit einer exakten Replikation der Experimente am CSL beschäftigt, wobei sie jedoch zusätzlich den Grad der Hypnotisierbarkeit der Probanden erhebt (in Kooperation mit Éva BÁNYAI von der Abteilung für Experimentalpsychologie [deren Schwerpunkt auf Hypnoseforschung liegt] am Psychologischen Institut der Eötvös Loránd-Universität, Budapest).

Im März 1999 wurde die „International Remote Viewing Association" (IRVA) in Palo Alto, CA, als gemeinnützige Organisation gegründet, an der auch Stephan A. SCHWARTZ, der Forschungsdirektor der Mobius-Gesellschaft, beteiligt ist; dort spricht man von „Associate Remote Viewing" (ARV).

SCHWARTZ[92] ist mit einem anderen Aspekt des Remote Viewing – einem zivilen und sympathischen – hervorgetreten: man könnte das als Psycho-Archäologie bezeichnen. So konnten z. B. im Laufe des „Alexandria-Projekts", in das auch die Sensitive Hella HAMMID involviert war, zahlreiche archäologisch wertvolle Ausgrabungen gemacht werden, wobei jedoch festgehalten werden muß, daß die eigentlichen Ziele – die Lokalisation von Überresten der berühmten alexandrinischen Bibliothek sowie der Grabstätte von Alexander dem Großen – verfehlt worden sind. Weiters gibt SCHWARTZ an, auf paranormalem Weg nicht weniger als 23 antike Schiffswracks gefunden zu haben.

## 1.1.3 „PRESENTIMENT" (VORGEFÜHL)

Dean RADIN, Consciousness Research Laboratory (CRL) bzw. Interval Research Corporation, Palo Alto, CA, jetzt Boundary Institute, Los Altos, CA, hat ein sinnreiches Experiment hinsichtlich von Presentiment, dem unbewußten Antizipieren zukünftiger emotionaler Reaktionen, ersonnen und durchgeführt. Es handelt sich um eine Doppelblindstudie mit zunächst 48, dann insgesamt 98 Versuchsteilnehmern, bei denen während des gesamten Experiments kontinuierlich physiologische Parameter (Puls, Blutvolumen in der Fingerspitze, Hautwiderstand) registriert worden sind. Den Probanden wurden in Durchgängen von je 40 (bzw. 30) insgesamt 150 (bzw. 120) Bilder gezeigt, wobei 100 (bzw. 80) Bilder ruhige und 50 (bzw. 40) emotional besetzte Motive – Erotik[93] und Gewaltdarstellungen – zeigten, von welchen jeweils die Stärke der Erregung und die Valenz (ob positiv oder negativ) beurteilt worden waren und die hinsichtlich ihrer Darbietungsreihenfolge randomisiert worden sind. Sobald die Versuchsperson den ersten bzw. einen weiteren Durchgang per Mausklick gestartet hat, geschah einmal für eine Latenzperiode von fünf bzw. sechs Sekunden gar nichts, erst dann hat der Zufallsgenerator[94] ein Bild ausgewählt und für drei Sekunden präsentiert, worauf eine Ruhephase von zehn Sekunden folgte, gefolgt vom nächsten Zyklus: fünf Sekunden Latenz (leerer Bildschirm), dann Bildauswahl/für drei Sekunden Präsentation am Bildschirm, schließlich wieder zehn Sekunden Ruhe (leerer Bildschirm). Für das zweite Experiment war die Bildauswahl modifiziert worden (der Kontrast zwischen den ruhigen und den emotionsbesetzten Motiven noch verstärkt).

Die registrierten physiologischen Daten, insbesondere der Wert der Hautleitfähigkeit, zeigten in der Latenzperiode vor der Darbietung eines Bildes einen signifikanten Unterschied, je nachdem, ob das in der Folge dargebotene Bild zur Gruppe der ruhigen oder der emotionsbesetzten Motive gehörte. Ohne in Details zu gehen, kann das Gesamtresultat mit einer Wahrscheinlichkeit von p = 0,001 beziffert werden. Es handelt sich hier um unbewußte, nur durch die Meßvorgänge erfaßbare Reaktionen auf zukünftige emotionale Reize – wenn auch diese „Zukunft" bloß fünf Sekunden entfernt war: ein starker und robuster[95] Effekt, der je nach theoretischer Position als präkognitiv oder als retrokausal bezeichnet werden kann.

Mittlerweile hat Dick BIERMAN, Universität von Amsterdam und Universität von Utrecht, nicht nur eine Replikation unter Verwendung teilweise anderer Bilder[96] sowie anderer Hard- und Software durchgeführt, sondern auch herausgefunden, daß analoge Effekte in Datensammlungen aus dem Bereich der konventionellen „Schulpsychologie" nachweisbar[97] sind: z. B. Experimente der HAMM-Gruppe, die sich mit der Messung der Geschwindigkeit befaßten, mit welcher die Angst in Patienten, die sich vor Tieren fürchten, hochsteigt, der DAMASIO-Gruppe, die sich mit emotionalem Lernen eines Glücksspiels befaßt hat, und DURIEUX, dessen Studie die emotionalen Eindrücke japanischer Schriftzeichen zum Gegenstand hatte. BIERMAN berechnet eine kombinierte Wahrscheinlichkeit von 300:1 und hält daher den Presentiment-Effekt für ubiquitär, jedoch in der konventionellen Wissenschaft für unterschätzt.

Dean RADIN und Ed MAY, Boundary Institute, testen in vier Doppelblindexperimenten die Hypothese, daß unter bestimmten Bedingungen ein zukünftiges Ereignis ein vergangenes Ereignis beeinflussen kann, und kommen unter Verwendung einer Variante des STROOP[98]-Effekts zu dem Resultat, daß Evidenz für das Bestehen eines unbewußten Zeit-Umkehr-Effekts im menschlichen Nervensystem vorliegt (p = 0,001).

## 1.1.4 DIE MECHANISCHE KASKADE[99] VON PEAR

Robert G. Jahn, (mittlerweile emeritierter) Dekan der ingenieurwissenschaftlichen Fakultät der Universität Princeton, betreibt seit 1979 das PEAR-Forschungsprogramm (PEAR = Princeton Engineering Anomalies Research). Mit seinen Mitarbeitern Roger Nelson und Brenda Dunne[100] hat er als einfachstes Gerät für PK-Forschung eine „mechanische Kaskade" konzipiert, wobei in einem schmalen, vorne mit einer Glasplatte versehenen Kasten zahlreiche Kügelchen herunterrollen, die in ihrem Lauf durch Hindernisse (Plastiknägel) abgelenkt werden – das Ganze erinnert ein wenig an die Spielautomaten vom Typ „Flipper", bloß, daß hier viele Kugeln im Einsatz sind und daß die Beeinflussung der Kugeln nicht auf normalem Wege, sondern eben psychokinetisch erfolgen soll. Unbeeinflußt ordnen sich die Kugeln als Zufallsverteilung in Form der bekannten Glockenkurve an, jede erzielte Abweichung von dieser Verteilung ist unmittelbar abzulesen.

## 1.1.5 DIE SCHMIDT-MASCHINEN

Der Zerfall radioaktiver Elemente ist ein autonom ablaufender Zufallsprozeß. John Beloff war 1961 der erste, der ein PK-Experiment ersonnen hat, welches die Beeinflussung des Zerfalls eines radioaktiven Präparats zum Gegenstand hatte (das Experiment hat übrigens keine signifikanten Resultate[101] geliefert). Der deutsch-amerikanische Physiker Helmut Schmidt hat seit den Siebzigerjahren eine Reihe von Apparaturen gebaut, die alle auf der Basis des Zerfalls radioaktiver Elemente beruhten, sei es für Präkognitionsexperimente (der Proband hatte jenen von vier Knöpfen zu drücken, bei dem das dazugehörige Lämpchen, von dem Zufallsprozeß gesteuert, unmittelbar darauf aufleuchten würde), sei es für PK-Experimente, wo durch den Zufallsprozeß gesteuert ebenfalls Lämpchen aufleuchteten, der Proband jedoch die Aufgabe hatte, die Reihenfolge dieses Aufleuchtens zu beeinflussen, z.B. bei im Kreis angeordneten Lämpchen dieselben dazu zu bringen, im Uhrzeigersinn hintereinander aufzuleuchten, als ob ein Lichtpunkt rundherum laufen würde, oder – bei einer anderen Maschine – bei linear angeordneten Lämpchen die „Säule" aufleuchtender Lämpchen möglichst weit hinaufzutreiben. Dadurch hatte die Versuchsperson ein optisches Feedback über die erzielten Resultate, wozu in einer gewissen Anordnung auch ein akustisches Feedback (Tonhöhe von Piepstönen im Kopfhörer) kam.

### 1.1.5.1 RETRO-PK

Ein „Spezialfall" von Psychokinese ist die (anscheinende oder bloß scheinbare, das ist hier die Frage) Einflußnahme auf bereits Vergangenes, gleichsam die Umkehrung des Zeitpfeils. Man kann ja – von der alltäglichen Lebenswelt des Menschen aus betrachtet – die Zeit so definieren, daß die Zukunft jener Anteil ist, von dem ich nichts (Sicheres) wissen kann, aber in welchem ich beliebig zu handeln vermag, während ich von der Vergangenheit (potentiell) alles wissen kann, aber durch keine Handlung mehr eine Veränderung zu bewirken vermag: das Vergangene ist festgelegt, das Zukünftige ist offen. Nun stellt bereits die Präkognition – das Antizipieren zukünftiger Ereignisse, welche logisch nicht erschließbar sind – diese alltägliche Sicht der Dinge in Frage. Das Konzept retrokausaler Psychokinese (backward causation, PK in the past) ist nur die logische Fortschreibung dessen, vom Informationsgewinn zur Aktion.

Wiederum war es Helmut SCHMIDT[102], der auf diesem Gebiet Pionierarbeit geleistet hat, aber auch der Franzose Pierre JANIN ist hier zu nennen. Auf die theoretischen Probleme, die sich aufgrund dieser Forschung hinsichtlich des Begriffs der Kausalität ergeben, einzugehen, würde den Rahmen dieses kurzen Überblicks sprengen.

### 1.1.6 DAS GEFÜHL, ANGESTARRT ZU WERDEN

Wer kennt nicht das Gefühl, daß einen jemand anschaut, ja anstarrt? Wer hat nicht schon einmal erlebt, daß jemand, den man (mit oder auch ohne besondere Intention) von hinten angeblickt hat, sich plötzlich umgedreht hat, als hätte er oder sie etwas gespürt? Am *Koestler Chair,* dem nach dem Schriftsteller

Arthur KOESTLER benannten Lehrstuhl für Parapsychologie an der Universität Edinburgh, Schottland, ist der Frage experimentell nachgegangen worden, ob diese bekannten Erfahrungen bloßer Zufall sind oder ob „mehr dahintersteckt"; dieses „Mehr" könnte vielleicht Telepathie sein (daß man das Angestarrt-Werden spürt, wahrnimmt), oder auch eine aktive Beeinflussung des „Objekts" des Starrens, also Bio-PK (DMILS, siehe unten). Die Versuchsanordnung war einfach: Über eine Fernsehkamera und einen Monitor ist eine Versuchsperson zeitweise von einer anderen angestarrt worden, wobei die Perioden des Anstarrens und die Perioden ohne äußeren Einfluß zufallsgesteuert waren, um kein „Pattern" (Muster) entstehen zu lassen. Es konnte bei dieser Versuchsanordnung kein Unterschied zwischen den aktiven Phasen und den Ruhephasen festgestellt werden.

### 1.1.7 DMILS

DMILS steht für „Direct Mental Interactions with Living Systems", direkte mentale Interaktionen mit lebenden Systemen, d. h., direkte mentale Interaktionen mit anderen Organismen, seien diese nun andere Menschen, oder Tiere, Pflanzen, Bakterienkolonien etc. Gemeint ist damit die non-locale (nicht-lokale) Einflußnahme eines Agenten auf die genannten Zielobjekte, wobei es um die physiologischen Reaktionen geht. DMILS-Studien werden so durchgeführt, daß sich das Zielobjekt in einem abgeschirmten Raum („FARADAY-Käfig") befindet, um jeden physischen Kontakt mit dem Agenten auszuschließen.

Die meisten DMILS Studien sind von William BRAUD und seinen Mitarbeitern durchgeführt worden, mit unterschiedlichen Zielobjekten: die elektrischen Hautwerte und der Blutdruck von Menschen, die Orientierung von Fischen, die Bewegung von Säugetieren, die Hämolyse von roten Blutkörperchen u. a. Später sind auch Replikationen in anderen Laboratorien vorgenommen worden, z. B. durch Deborah DELANOY[103] am Koestler Chair.

Eine Meta-Analyse (siehe S. 169)[104] von 37 Experimenten (von 13 verschiedenen Experimentatoren und insgesamt 655 Einzelversuchen) ergab ein höchstsignifikantes Gesamtresultat ($p = 2,58 \times 10^{-14}$).

Auffällig ist, daß bei der Beeinflussung der physiologischen Daten von Menschen die elektrischen Hautwerte einen signifikanten Unterschied zwischen aktiven und neutralen Phasen zeigen, während die subjektiven Angaben der Zielpersonen hinsichtlich der aktiven vs. neutralen Phasen eine bloße Zufallsverteilung aufweisen.

Ähnlich wie bei den Presentiment-Experimenten zeigt sich, daß Psi-Interaktionen unterschwellig ablaufen können, d. h., ohne den Versuchspersonen bewußt zu werden, während ihr Auftreten jedoch aufgrund der physiologischen Daten eindeutig nachweisbar ist.

### 1.1.7.1 GEISTHEILUNG

Wenn es also derartige unterschwellig ablaufende, durch physiologische Reaktionen belegbare non-locale (nichtlokale) Beeinflussungen von Organismen gibt, scheint ein Erklärungsrahmen gefunden, sich auch mit dem Problemkreis sogenannter „geistiger Heilung" oder „Geistheilung" neuerlich auseinanderzusetzen. Ich sage deshalb „neuerlich", weil ich aufgrund vieler früherer Ergebnisse, deren Resultate bloß im Zufallsbereich waren, diesem Thema bisher sehr reserviert gegenüber gestanden bin.

Nun haben jedoch Fred SICHER, Elisabeth TARG[105] u. a. eine hochinteressante Studie[106] vorgelegt, gemäß der positive Resultate erzielt worden sind:

Es handelt sich um eine Doppelblindstudie an zunächst (im Rahmen einer vorgestaffelten Pilotstudie) 20, sodann 40 Patienten mit fortgeschrittener AIDS-Erkrankung, wobei die Patienten so ausgewählt und auf die Versuchs- und die Kontrollgruppe so aufgeteilt worden sind, daß sich genaue Entsprechungen nach dem Alter, aber auch nach medizinischen Parametern wie der Anzahl der T-Zellen und der Folgeerkrankungen auf der Basis des Grundleidens AIDS ergaben.

Durch zehn Wochen hindurch erfolgte, zusätzlich zur konventionellen Therapie, die Behandlung (oder eher Beeinflussung durch „non-locale [nichtlokale] Heilung" oder „Distanzheilung") der Versuchsgruppe durch die Heiler, die eine sehr inhomogen strukturierte Gruppe darstellten (Gebetsheiler, schamanistische Heiler etc., mit den unterschiedlichsten Vorstellungen und Heilverfahren) und auch – über die vereinbarte tägliche Mindestbehandlungsdauer hinaus – ganz unterschiedlich viel Zeit für ihre Einwirkung auf die Patienten investierten.

Bei der Nachkontrolle nach sechs Monaten ergaben sich signifikante Unterschiede zwischen den beiden Patientengruppen, und zwar sowohl in den objektiven Daten wie Anzahl und Schwere der inzwischen durchgemachten Erkrankungen, der notwendigen Arztbesuche und der stationären Aufnahmen, wobei das Gesamtergebnis dieser Parameter hochsignifikant war, als auch in den Angaben der Patienten hinsichtlich ihres subjektiven Wohlbefindens.

In diesem Zusammenhang mag auch noch auf eine andere Studie zum Problemkreis Geistheilung hingewiesen werden, die aber nicht, wie die obige SICHER-TARG-Studie, parapsychologisch-medizinisch ausgerichtet war, sondern soziologisch, und die sich auf Geistheiler, aber auch deren Klienten in Österreich bezieht, von Andreas OBRECHT als Projektleiter unter Mitarbeit von Ärzten, Medizinhistorikern, Soziologen und Ethnologen erstellt worden ist und deren Resultate sich in mehreren Monographien[107] niedergeschlagen haben.

Brandneu ist eine Studie[108] über „Handauflegen" bei Labormäusen, bei denen künstlich ein Adenokarzinom der Brustdrüse hervorgerufen worden war, was normalerweise eine 100%ige Mortalitätsrate binnen 14 bis 27 Tagen nach der Injektion bedingt. Während die Mäuse der Kontrollgruppe auch innerhalb dieses Zeitraums zugrunde gingen, erlebten die Mäuse der Versuchsgruppe, die während eines Monats täglich eine Stunde lang „behandelt" wurden, ihre normale Lebensspanne, wobei anschließende histologische Untersuchungen Remissionen der Krebszellen in allen möglichen Stadien zeigten. Drei Replikationen der ursprünglichen Studie ergaben bei 33 Labormäusen eine gesamte Heilungsrate von 87,9 %. Eine nochmalige Transplantation von Krebszellen auf die behandelten Mäuse zeigte keinen Effekt, was nahelegt, daß die Behandlung eine immunologische Reaktion stimuliert hat. Weitere Untersuchungen stehen noch aus und es wird abzuwarten sein, ob sich diese vielversprechenden Ergebnisse unabhängig reproduzieren lassen und als stabiler Effekt erweisen. Es versteht sich von selbst, daß jeglicher direkter Schluß von Labortieren auf den Menschen voreilig ist, weil die Verhältnisse beim Menschen doch deutlich anders liegen und weitaus komplizierter sind. Bei der genannten Studie handelt es sich – wie ja fast immer im Rahmen der Parapsychologie – um Grundlagenforschung; aufgrund der Resultate dieser einen Studie sich konkrete Hoffnung auf eine neue Therapie für Krebspatienten zu machen, hieße wohl, sich Illusionen hinzugeben.

### 1.1.8 MMI-KONSORTIUM

„MMI" steht für Mind-Machine-Interaction, also rein mentale Beeinflussung von Zufallsgeneratoren, welche binäre Zufallsfolgen produzieren (Mikro-PK). Es wird dabei untersucht, ob der Output von REGs[109] mit einer festgelegten Anzahl von Versuchsdurchgängen in Abhängigkeit von der Intention der Probanden so beeinflußt werden kann, daß gerichtete signifikante Abweichungen von der zu erwartenden Zufallsverteilung auftreten. Diesem seit 1996 tätigen Konsortium gehören an: die PEAR-Gruppe (innerhalb des Konsortiums verantwortlich für die technische Unterstützung und die Entwicklung neuer Experimente), GARP (das Gießen Anomalies Research Project an der Justus LIEBIG-Universität, mit dem Schwerpunkt auf den psychophysiologischen Parametern) und schließlich FAMMI (Freiburg Anomalous Mind Machine Interaction, mit dem Schwerpunkt auf den psychologischen Parametern).

Während zunächst die Phase I eine bloße Wiederholung (direkte Replikation) der Originalexperimente von PEAR mit dem PortREG[110] darstellte, wurden in der Phase II eine Reihe von Veränderungen im Versuchsplan (konzeptuelle Replikation) eingeführt, wobei vor allem die Art des Feedbacks, aber auch die Aufgabenstellung variiert wurden. Diese Phase II hat u. a. untersucht, ob eine Korrelation zwischen gewissen Persönlichkeitsmerkmalen sowie der aktuelle Befindlichkeit der Probanden einerseits und den systematischen Abweichungen sowie verschiedenen Patterns in den willentlich beeinflußten Zufallsdaten andererseits besteht. Die PEAR- und die GARP-Resultate zeigen untereinander eine gute Übereinstimmung, während FAMMI die erwarteten Ergebnisse nicht erzielen[111] konnte, indem sich die Ergebnisse im Lauf der Zeit immer mehr der Nullinie annäherten.

## 1.2 VARIABLEN

Zahlreiche Variablen, sowohl externe wie auch interne, sind im Rahmen der Experimente der letzten Jahre untersucht bzw. berücksichtigt worden; hier folgt bloß eine kleine Auswahl:

### 1.2.1 EXTERNE VARIABLEN
#### 1.2.1.1 GEOMAGNETISMUS

Seit das Bestehen von Korrelationen von geomagnetischen Maxima bzw. Minima mit dem Auftreten paranormaler Phänomene bzw. deren Stärke wahrscheinlich gemacht worden sind[112], werden insbesondere bei Untersuchungen mit besonders begabten Versuchspersonen und bei Spukfällen diese Parameter mitberücksichtigt, z. B. bei der Untersuchung des südamerikanischen Mediums Amyr AMIDEN durch Stanley KRIPPNER u.a.[113], wo signifikante Korrelationen (teilweise auch mit physiologischen Meßdaten) festgestellt werden konnten; daß sich Amyr AMIDEN nicht mehr für Experimente zur Verfügung stellt, ist umso bedauerlicher, als die bei ihm beobachteten Apporte (Apport = „Bringung", plötzliches Auftreten eines Gegenstandes in einem geschlossenen Raum, vgl. S. 16) von sonderbaren Schmuckstücken unter guten Bedingungen einen Fortschritt in der Erforschung dieser umstrittenen Phänomenik versprochen hatten. (Vgl. auch den Abschnitt 2.1 RSPK, S. 170)

#### 1.2.1.2 LST (LOCAL SIDEREAL TIME, LOKALE STERNZEIT, ORTSSTERNZEIT)

Der vermutlich größte Durchbruch der letzten Jahre war die Entdeckung von James SPOTTISWOODE, Consciousness Research Laboratory (CRL)[114] im Datenmaterial von Ganzfeld-Studien, daß es anscheinend ein zeitmäßiges Fenster gibt, währenddessen die Ergebnisse rund vier mal so stark sind als sonst. Dieses Zeitfenster öffnet sich für ca. eine bis eineinhalb Stunden jeweils um 13.30 Uhr Lokaler Sternzeit, wobei die Lokale Sternzeit (oder Ortssternzeit) eine astronomische Größe[115] ist (12.00 Uhr LST entspricht dem scheinbaren Übergang des Zentrums unserer Galaxie über den Beobachter), die gegenüber dem (am Lauf der Sonne gemessenen[116]) Tag jeweils um ca. vier Minuten[117] zurückbleibt; somit bewegt sich dieses Zeitfenster rückläufig. Die Intensität von Radioemission aus den Tiefen unserer Galaxie schwankt, wie schon länger bekannt, im Tagesgang dieses Sterntages, sodaß man auch hier von einem Zeitfenster sprechen kann.

Was diese Entdeckung für unser theoretisches Verständnis der Psi-Vorgänge[118] bedeutet und wie weit sie sich auch auf andere Aspekte von Psi, jenseits der Ganzfeldstudien, z.B. auf PK, anwenden läßt[119], ist noch völlig offen.

### 1.2.2 INTERNE VARIABLEN

Seit den bahnbrechenden Forschungen von Gertrude SCHMEIDLER („Schafe" vs. „Böcke", Sheep-Goat-Effect [SGE] vgl. S. 68) ist bekannt, daß unterschiedliche Einstellungen bzw. „Beliefsysteme" der Probanden parapsychologischer Experimente in das Resultat eingehen, zumindest, was die Richtung des erzielten Effekts anlangt („psi-hitting" vs. „psi-missing"). Mittlerweile sind zu diesen Einstellungen noch weitere Persönlichkeitscharakteristika dazugekommen, welche jene Versuchspersonen kennzeichnen, die in ASW-Tests gute Resultat liefern. Das wichtigste Kriterium ist hier wohl der Defense Mechanism Test (DMT), ein Test, der Aussagen darüber macht, wie sehr der Proband zu einer Abwehrhaltung neigt, d.h., wie weit er sich über eine Streßsituation bewußt ist und wie er in kritischen Situationen die Realität wahrnimmt.

## 1.2.2.1 DMT

Die Stärke der Abwehr zeigt sich als invers korreliert mit den Ergebnissen von ASW-Tests; nicht unbedingt in jedem einzelnen Experiment signifikant, aber bei einer Metaanalyse (siehe unten) hochsignifikant. Das ist einer der Schwerpunkte in den Forschungsinteressen des isländischen Parapsychologen Erlendur HARALDSSON[120] – über seine anderen hat er in Form von Vorträgen[121] im Rahmen der Österreichischen Gesellschaft für Parapsychologie referiert.

HARALDSSON macht auch darauf aufmerksam, daß eine starke positive Korrelation zwischen der Leistung bei ASW-Test und der Religiosität von Probanden besteht (während diese umgekehrt nur ganz geringfügig mit den Abwehrmechanismen korreliert); eine Korrelation mit Neurotizismus besteht nicht. (Abwehr und Neurotizismus sind Persönlichkeitsvariablen, für deren Erhebung es in der Psychologie standardisierte Testmethoden gibt, zumal sie auch für psychosomatische Erkrankungen relevant sind.)

## 1.3 METAANALYSEN

Die Metaanalyse hat sich als ein mächtiges Werkzeug der Statistik erwiesen, das vielfach Anwendung findet und interessante Einsichten liefert, aber auch hinsichtlich der Legitimität seiner Anwendung im Einzelfall nicht unumstritten ist. Wenn man Statistik als Gesetz der „großen Zahl" betrachtet, so wird einsichtig, daß die Aussagen genauer sind, wenn das Zahlenmaterial größer ist. In diesem Sinne lassen sich oftmals dann, wenn man mehrere Versuchsergebnisse, die einzeln allesamt unter der Signifikanzgrenze liegen, miteinander in einem „Pool" kombiniert betrachtet, durchaus signifikante, oftmals sogar hochsignifikante Aussagen machen. Wie auch sonst, liegt der Teufel im Detail: Wie weit müssen Experimente einander ähnlich sein, damit es legitim ist, sie in einer Metaanalyse zusammenzufassen, oder wie weit dürfen sie voneinander abweichen? Die Redensart, daß man nicht Äpfel mit Birnen vergleichen dürfe, kommt einem dabei in den Sinn – freilich aber auch, von dieser Metapher ausgehend, die Überlegung, wie weit man hinsichtlich der Zusammenfassung heterogener Elemente nicht mit einem Oberbegriff („Obst") arbeiten kann. Was die Metaanalysen von Daten parapsychologischer Experimente anlangt, wird gerade diese Frage nach den Grenzen der Zulässigkeit von den Spezialisten dieser Forschungsrichtung heiß diskutiert. In der Tat kann man in manchen Bereichen moderner Parapsychologie nicht mehr bloß von Professionalisierung (wovon ich am Anfang dieses Kapitels ausgegangen bin) sprechen, sondern man muß dies schon als Spezialisierung bezeichnen.

Wenn man gerne sagt, daß die Geschichte der Parapsychologie eine Geschichte ihrer Kontroversen ist, so stehen im Zuge der Professionalisierung oder gar Spezialisierung der letzten Zeit vor allem zwei berühmt gewordene Kontroversen im Vordergrund, die nachzuzeichnen hier kein Raum ist, die aber deshalb summarisch erwähnt sein mögen, weil in beiden Fällen die Vertreter der Parapsychologie die besseren Argumente hatten: Ray HYMAN gegen Charles HONORTON und (wiederum) Ray HYMAN gegen Jessica UTTS[122]. Von beiden Situationen kann gesagt werden, daß sie ihren Eindruck auf die internationale wissenschaftliche Gemeinschaft nicht verfehlt haben.

2 QUALITATIVE FORSCHUNG
2.1 SPUK UND POLTERGEIST

Das Auftreten von Fällen von personengebundenem Spuk (Poltergeist[123], RSPK = Recurrent Spontaneous Psychokinesis, Wiederholte Spontane Psychokinese) zeigt eine bemerkenswerte Konstanz: Nicht nur, daß derartige Phänomene seit Jahrhunderten berichtet werden, sie treten auch in unserer Gegenwart immer wieder auf. Der im Vortragszyklus ausführlich dargestellte „Spukfall Rosenheim" ist wohl nach wie vor der am besten untersuchte Fall, und so verdient dieser Fall nach wie vor diese breite Darstellung; gleichzeitig muß jedoch dem fälschlichen Eindruck entgegengewirkt werden, daß sich seit 30 Jahren kein derartiger Fall mehr ereignet hätte. Geradezu das Gegenteil ist der Fall: Zum Beispiel sind bei allen Konferenzen der Parapsychological Association, die ich besucht habe, jeweils neue Poltergeist-Fälle besprochen worden, wobei die Dokumentation teilweise Messungen umfaßt hat, die in Rosenheim (noch) nicht angewandt worden sind (Radioaktivität, Geomagnetismus). Ob sich PERSINGERS Feststellung, daß das erste Auftreten von Poltergeist-Phänomenen immer an Tagen lokaler Maximalwerte des geomagnetischen Feldes erfolgt, erhärten lassen wird, ist derzeit noch offen; vielfach ist das erste Auftreten ja ungenügend dokumentiert. Hinzuweisen ist auch auf die bereits vor nunmehr zehn Jahren erschienene großangelegte Studie von HUESMANN und SCHRIEVER, welche eine Clusteranalyse der Phänomene von mehr als 50 Spukfällen umfaßt, die in den Jahren 1947 bis 1986 vom Freiburger Institut untersucht worden sind[124].

Besonders herausgreifen möchte ich einen einzigen Fall, den Andrew NICHOLS und William G. ROLL, der Doyen der Spukforschung, untersucht haben: der „Wasserspuk" von Jacksonville, Florida. Während es sich bei den für RSPK so charakteristischen Ortsveränderungen von Gegenständen zumeist um solide Objekte handelt, tritt bei einem „Wasserspuk" Flüssigkeit, zumeist eben Wasser, auf ungeklärte Weise und in oft überraschend großer Menge auf, sodaß die Betroffenen sich vielfach nicht mehr zu helfen wissen, wenn „alles schwimmt"; so hat sich in einem Fall im 10. Bezirk in Wien, den ich vor vielen Jahren untersuchen konnte, der betroffene Familienvater in seiner Verzweiflung an die Feuerwehr gewandt, die ihm aber auch nicht helfen hat können (jedoch war deren Zeugnis für die parapsychologische Dokumentation wertvoll). Derartige Fälle sind gar nicht so selten. Der Jacksonville-Fall ist nun in mehrerer Hinsicht bemerkenswert, wegen der Familienstruktur (vier Generationen unter einem Dach), wegen der Qualität der Dokumentation (Polaroidphotos, Infrarot-Photos, Magnetometer-Messungen, Infrarot-Radiometermessungen und natürlich Tonband- und Videoaufnahmen), vor allem aber wegen der höchstsignifikanten Ergebnisse der Magnetometermessungen, die einen deutlichen Unterschied zwischen dem Spukort (Mittelwert über 11 Messungen: 9,83 Milligauss) und neutralen Kontrollstellen (Mittelwert über 15 Messungen: 2,15 Milligauss) erbrachten ($p = 0{,}003$).

## 2.2 PMB, LÖFFELBIEGEPARTIES, URI GELLER

PMB (Paranormales Metallbiegen), auch PKMB (psychokinetisches Metallbiegen) ist nach wie vor mit uns. Ist es auch eine Zeitlang stiller geworden um dieses Phänomen, so hat es gerade in der letzten Zeit wieder erneutes Interesse hervorgerufen, haben doch eine Reihe von Erfolgstrainern auf dem großen Psychomarkt das PMB als Vehikel zur Steigerung des Selbstvertrauens ihrer Kursteilnehmer entdeckt und eingesetzt (ähnlich dem Feuerlaufen).

Sowohl in den USA als auch in Europa waren eine Zeitlang „Biegeparties" modern, zum Teil sind sie es noch immer. Es scheint, daß die lockere Gruppenatmosphäre das Auftreten dieser Phänomene begünstigt; auch Silvio MEIER hat in der entspannten Atmosphäre seines Stammlokals die besten Resultate geliefert.

Insbesondere der aus Berlin stammende israelische Parapsychologe Heinz BERENDT hat sich bis zu seinem Tod (1996) sehr um die Dokumentation von PMB angenommen, vor allem bei seiner Versuchsperson Rony MARCUS, den zu beobachten ich vielfach Gelegenheit hatte[125]. Dean RADIN hat mir berichtet, daß dieser anscheinend zu Tricks greift, zumindest schien er dies bei einer Untersuchung in RADINS Labor getan zu haben; andererseits produziert er nach wie vor unerklärliche Phänomene (Beeinflussen der Zeiger einer Armbanduhr).

Von den „Gabelbiegern der ersten Stunde" (den Erwachsenen nämlich, nicht den Kindern) ist nur mehr Uri GELLER selbst aktiv; Silvio MEIER[126] und Jean-Pierre GIRARD[127] haben sich zurückgezogen. Zufällig hatte ich Gelegenheit, GELLER nach vielen Jahren anläßlich der Basler Psi-Tage im Dezember 1999 wiederzusehen. Dort hat er vor seinem Bühnenauftritt (der als Show anzusprechen ist, nicht als ernster Versuch) ein Demonstrationsexperiment in kleinem Kreise vorgeführt, wobei sich das benützte Objekt (ein Löffel, den ein Physiker aus der Cafeteria mitgebracht hatte) in GELLERS Fingern nur wenig, nach dem Hinlegen auf den Tisch jedoch deutlich verbogen hat[128] – ein ganz ähnlicher Effekt, wie oben auf S. 84 beschrieben.

## 2.3 SCOLE-GROUP

Der sogenannte „physikalische Mediumismus" mit Phänomenen (oder auch angeblichen Phänomenen) wie Telekinese und Materialisation war eine Angelegenheit, deren Blütezeit schon vor Beginn des Zweiten Weltkriegs vorüber war. Die Gründe dafür sind vielfältig; sie auch nur anzudeuten, würde wieder einmal bedeuten, den Rahmen zu sprengen. Die Diskussion um diese Phänomene – SCHRENCK-NOTZING hat vom „Kampf" gesprochen – ist leiser geworden, aber nie verstummt. Über das total absprechende Urteil, das Pascual JORDAN darüber gefällt hat, all dies sei „ohne Rest" auf Täuschung zurückzuführen, kann man hinweggehen, weil er dies ja bloß wie ein Bekenntnis ausgesagt hat, ohne Argumente beizubringen. Thomas MANN hat sich von dem, was er in SCHRENCKS Labor gesehen hat, sehr beeindruckt gezeigt; das wichtigste Indiz dafür, daß man sich mit dieser gesamten Phänomenik ernsthaft auseinander setzen müßte, sind die Resultate der Experimente von Vater und Sohn OSTY mit dem österreichischen Medium Rudi SCHNEIDER.

Diese Vorbemerkung ist nur gemacht, um zu betonen, daß wir im physikalischen Mediumismus einen hochinteressanten, sehr kontroversiellen, sträflich vernachlässigten und irgendwie „aus der Mode gekommenen" Gegenstand vor uns haben.

Umso interessanter war es nun, daß sich rund um Robin FOY eine Gruppe konstituiert hat, die sich einer Wiederaufnahme des physikalischen Mediumismus verschrieben hat. „Scole" ist ein kleiner Ort in Großbritannien, dort hat FOY sein Haus, und dort hat sich die Gruppe im Souterrain getroffen – daher der Name Scole Group.

Eine sehr euphemistische, typisch journalistische Darstellung aus dem Jahr 1997, als auch ich FOY kennenlernte, klingt so: „Den ehemaligen Piloten und Handelsvertreter, 54, hatten paranormale Phänomene immer schon fasziniert. ‚Die letzten 25 Jahre habe ich vor allem damit zugebracht, auf diesem Gebiet nach objektiven, greifbaren Erscheinungen zu forschen', sagt er. Er fand sie im Bereich des physikalischen Mediumismus: rätselhafter physikalischer Phänomene im Umfeld von medialen Sitzungen." Deshalb hat er auch verschiedene Gruppen gegründet, die „Noah's Ark Society" zur Propagierung des physikalischen

Mediumismus und eben die Scole-Gruppe, von der behauptet wird, daß bei ihren „experimentellen Sitzungen unter wissenschaftlicher Aufsicht und strengen Testbedingungen bis heute eine Fülle von atemberaubenden paranormalen Phänomenen auftritt. Eine Bilanz seiner bisherigen Forschungen zieht FOY in seinem kürzlich erschienenen Buch *In Pursuit of Physical Mediumship*." Die Gruppe arbeitet jedoch anders als in der klassischen Periode des Mediumismus, insbesondere werden die Effekte als eine Gruppenleistung ohne ausgesprochenes Medium, bloß durch Energie erzielt (was immer das heißen soll) interpretiert. Über die „wissenschaftliche Aufsicht" und „strengen Testbedingungen" kann man geteilter Meinung sein. Mittlerweile ist der Bericht[129] von drei Untersuchern der SPR (Society for Psychical Research, London)[130] erschienen, gemäß dem man sich ein detailliertes Bild machen kann. Die grundlegendsten Maximen sind verletzt worden, vor allem dadurch, daß die Experimentatoren (die eigentlich diese Bezeichnung gar nicht verdienen) sich völlig in die Hand der angeblichen Geister begeben haben, indem sie sich die Versuchsbedingungen von den „lieben jenseitigen Freunden" haben diktieren lassen. Die heutigen technischen Möglichkeiten, mittels Lichtverstärkergeräten zu beobachten oder gar Videoaufnahmen anzufertigen, sind unter Rücksichtnahme auf das Diktat der „Geister" nicht genützt worden, darüber hinaus waren die Kontrollbedingungen schlechter als bei SCHRENCK im Jahre 1926. Hier ist eine große Chance vertan worden, was angesichts der interessanten Thematik sehr schade ist. Wie sagte einst TISCHNER über MIRABELLI? Es ist das Papier nicht wert, darüber zu schreiben …

## 3  THEORIEBILDUNG

Man kann nicht schlechterdings von *der* Theorie der Parapsychologie sprechen, sondern man hat es – wie mutatis mutandis in anderen Bereichen der Wissenschaft auch – mit einem ganzen Bündel von solchen zu tun, je nach der Problemstellung. So ist im Zusammenhang von Psi und Psychologie auf die Rolle von Persönlichkeitsvariablen wie Beliefsysteme und Abwehr bereits hingewiesen worden, dazu kommen aber noch weitere Parameter wie Extra-/Introversion, die eine Voraussage der Performance bei Psi-Tests erlauben; im Bereich von Psi und Neurowissenschaften bzw. Gehirnforschung geht es einerseits um Korrelationen mit bestimmten Wellenmustern des EEG, andererseits mit bestimmten Hirnarealen, z.B. den Temporallappen. Jener Bereich von Theorien, der sich in den letzten Jahr als besonders bedeutend in den Vordergrund geschoben hat, gehört in das Kapitel Psi und Physik. 1974 hat die Parapsychology Foundation einen Kongreß zu diesem Thema in Genf abgehalten, der – wie manche es sehen – eine neue Ära der Parapsychologie eingeleitet, gewiß aber zumindest einen wichtigen neuen Zweig der Forschung begründet hat. Ich erinnere mich noch, wie Hans BENDER Ende der Siebziger-, anfangs der Achtzigerjahre gesagt hat, wenn er nicht schon so alt wäre (geb. 1907), dann würde er noch Physik studieren. Und Walter von LUCADOU drückt es so aus, daß aus der Parapsychologie erst dann etwas geworden ist, als sie sich mit der Physik verbündet hat. Mögen derartige Statements auch von einer gewissen Euphorie[131] getragen sein – die Zukunft wird zeigen, was von den theoretischen Ansätzen aus diesem Bereich von Bestand sein wird; im Moment spiegelt diese Diskussion eher das KUHNsche Bild des präparadigmatischen Stadiums[132] einer Wissenschaft (Zerfallenheit in verschiedene Schulen) wider. Dennoch herrscht ein gewisser Konsens darin, daß man sich heutzutage weitgehend von jenen klassischen Anschauungen abgewandt hat, die unter ASE/ASW eine „Informations*übertragung*" nach dem Sender-Empfänger-Modell bzw. unter PK eine energetische „Beeinflussung" von Objekten (RHINE: "mind over matter", Schlagwort „die Herrschaft des Geistes über die Materie") sehen.

## 3.1 ELEKTROMAGNETISCHE THEORIEN

Die einfache Vorstellung, Telepathie würde etwa wie ein Rundfunksignal elektromagnetisch übertragen werden, ist nicht haltbar. Rudolf TISCHNER (1879–1961) hat schon in den Zwanzigerjahren eine Reihe von Gründen angeführt, weshalb ein derartiges Energiestrahlungsmodell den phänomenologischen Erfahrungen, insbesondere denen von Spontanphänomenen,

nicht gerecht wird, und die Untersuchungen von Leonid L. WAS-
SILIEW[133] (1891–1966) haben solche Modelle experimentell fal-
sifiziert.

Jedoch wird eine modifizierte elektromagnetische Theorie
vor allem von Michael PERSINGER[134] vertreten, nach dem das
erdmagnetische Feld den telepathischen Agenten und Perzipienten gleichsam synchronisieren sollte. Zur Erklärung komplexe-
rer Fälle von Telepathie muß PERSINGER dabei zu einer Reihe
von Zusatzhypothesen greifen, wobei das ganze Konstrukt trotz
interessanter hirnphysiologischer Daten keineswegs überzeugen
kann.

## 3.2 TELEOLOGISCHES MODELL (TM)

Von der Erfahrung ausgehend, daß Psi zielorientiert ist, hat der
deutsch-amerikanische Physiker Helmut SCHMIDT ein geradezu
teleologisches Modell von ziel*suchendem* Psi entwickelt, das die
Realität, den Erwartungen des Agenten entsprechend, verändert,
indem es die Wahrscheinlichkeiten für unterschiedliche Ereig-
nisgeschichten modifiziert. Dieses Modell orientiert sich stark
an der Lebenswelt des Agenten, liefert aber keine Erklärung
dafür, *wie* Psi wirklich wirkt.

## 3.3 ENTROPIEMODELLE

Dem Modell der Thermischen Fluktuation, das Richard MAT-
TUCK vorgeschlagen hat, liegt die Idee zugrunde, daß geistige
Prozesse die thermische Energie der Moleküle benützen, um das
Resultat von Ereignissen zu verändern. Bekanntlich zeigen sämt-
liche Meßwerte andauernde Schwankungen rund um einen Mittelwert; diese Fluktuationen sind teilweise auf die Anregung des
gemessenen Systems durch zufällige thermische Energien von
Partikeln in dem System zurückzuführen. MATTUCK setzt nun
den PK-Effekt in Beziehung zur Informationsverarbeitung und
führt eine detaillierte Analyse[135] der „Informationsänderungsrate"
durch, welche mit einem theoretischen PK-Effekt auf verschiedene Komponenten eines Zielsystem verbunden sein soll.

## 3.4 PMIR

PMIR steht für „Psi Mediated Instrumental Response", durch Psi vermittelte instrumentelle Reaktion, ein im wesentlichen auf Rex STANDFORD[136] zurückgehendes kybernetisches Modell, in dem Organismen neben der sensorischen Kommunikation auch Psi verwenden, um ihre Umwelt auf notwendige Information hin aktiv abzusuchen, was bewußt und auch unbewußt geschehen kann; PK ist dann die instrumentelle Reaktion auf diesen Scan-Prozeß. Später hat der Autor sein Modell insofern umgestaltet, als er auf die Annahme eines aktiven Scannens verzichtet hat, zugunsten einer bloßen Reaktion von Organismen auf psivermittelte Umweltreize; er spricht demnach aufgrund der Abhängigkeit von situationsbedingten und psychologischen Faktoren nunmehr von einem „Modell konformen Verhaltens".

## 3.5 QUANTENPHYSIKALISCHE MODELLE BZW. „OBSERVATIONAL THEORIES" (OTs)

Die Grundannahme beruht auf der Tatsache, daß das Resultat eines Experiments nicht vom Experimentator unabhängig gedacht werden kann. Die einfachste Formulierung ist die bekannte rhetorische Frage, ob ein Baum, der mitten im Wald – wo ihn niemand hört – stürzt, Lärm verursacht. Anders formuliert ist es die Frage, ob das Bewußtsein eines Beobachters das beobachtete System irgendwie beeinflußt, indem es die quantenphysikalische Wellenfunktion in einen spezifischen Zustand[137] kollabieren läßt, nämlich eben jenen, den man beobachten kann.

### 3.5.1 EVAN HARRIS WALKER

WALKER[138] begründet sein Modell darauf, daß auch das Hirn selbst ein physikalisches System ist und somit ebenfalls eine Reihe von einander überlagerten (superponierten) Wahrscheinlichkeitszuständen darstellt. Somit ist der Kollaps der Quantenfunktion nicht mit dem physischen Vorgang der Beobachtung als solcher verbunden, sondern mit einem Bewußtseinsakt, wobei das Bewußtsein die Rolle einer „verborgenen Variable" der Wellenfunktion annimmt, welche das Gesamtsystem beschreibt. Wenn es um die Implikationen des (notwendigen) Feedbacks für den Beobachter geht, wird das Modell außerordentlich komplex. – Allerdings ist festzuhalten, daß der Rückgriff auf „verborgene Variablen" von den Physikern zumeist als ein Rückschritt hinter die Kopenhagener Definition abgelehnt wird.

### 3.5.2 WALTER VON LUCADOU[139] UND SEIN MODELL DER PRAGMATISCHEN INFORMATION (MPI)[140]

Auch das MPI geht von der Verschränkung („entanglement") zwischen Beobachtetem und Beobachter, aber auch von der zwischen Versuchsperson und Zielobjekt („organisational closure") aus. Der Terminus „pragmatische Information" bezieht sich auf die praktische Brauchbarkeit von Information, welche durch die Relation zwischen Neuem und bereits Bekanntem determiniert wird (Standardbeispiel: die gestrige Zeitung bietet *nur* Bekanntes, nichts Neues, und ist somit unbrauchbar; aber ebenso unbrauchbar ist für mich auch die heutige Zeitung in chinesischer oder japanischer Sprache, weil sie *nur* Neues, nämlich auch mir neue Schriftzeichen, bietet). In einem Psi-Experiment bezieht sich diese „organisational closure" auf die Interaktion zwischen Versuchsperson und Zielsystem und wird als die *interne* pragmatische Information des Systems beschrieben. Der Experimentator, der sich außerhalb dieses Systems bezieht, möchte *externe* pragmatische Information in Form der experimentellen Resultate erhalten. Somit ist ein Psi-Effekt als eine sinnvolle Korrelation zwischen Versuchsperson und Zielsystem definiert, wobei diese Korrelation eine *non-locale (nichtlokale)* ist, d. h., eine solche, bei der die Eigenschaften des einen Systems von der des anderen, entfernten Systems abhängig sind, *ohne* daß eine *kausale* Verbindung zwischen den beiden Systemen besteht. Zu den wichtigen Resultaten dieses Ansatzes gehört die Feststellung, daß Psi nicht zur Signalübertragung verwendet werden kann, sowie die Tatsache, daß die empirisch vielfach konstatierte „Flüchtigkeit" von Psi sich aus dem Modell ergibt. Neuere experimentelle Resultate zeigen jedoch sehr robuste Effekte, was mit der zuletzt getroffenen Feststellung in Konflikt steht und daher das MPI in Frage stellt.

### 3.6 DAT (DECISION AUGMENTATION THEORY)

Edwin C. MAY hat mit seinen Mitarbeitern[141] seine früher vertretene Theorie intuitiver Datensortierung weiter ausgebaut und spricht jetzt von einer „Theorie des Zuwachses von Entscheidung". Damit ist gemeint, daß Menschen die Fähigkeit haben mögen, ihre Entscheidungen auf der Basis von präkognitiv erfaßter Information zu treffen, d.h., sie *verursachen* in einem Psi-Experiment *nicht* das gewünschte Resultat, sondern sie machen sich die zufallsbedingten Schwankungen im Zielsystem zunutze, indem sie jene Momente und Situationen auswählen, die ein der Zielvorstellung möglichst nahes Resultat produzieren. Es wird nach dieser Theorie also nicht etwa der Zufallsgenerator *beeinflußt*, um ein bestimmtes Symbol auszuwerfen, sondern es wird unbewußt der richtige Moment ausgewählt, den Knopf zu drükken, wenn der Zufallsprozeß gerade das gewünschte Ziel hervorruft. Dabei spielt es in diesem Modell keine Rolle, ob der Zufallsprozeß ein echter ist, wie z.B. durch radioaktiven Zerfall generiert, oder eine Folge von Pseudozufallszahlen. Ob es sich um die „tatsächliche Zukunft" handelt, die hier präkognitiv antizipiert wird, oder bloß um eine Art probabilistischer Zukunft, die vom Versuchsziel abhängig ist, bleibt bei diesem Modell noch offen. Weiters ist diese Theorie, welche letztlich die Psychokinese durch die der Präkognition zugeschriebene Rolle eliminiert, völlig auf bestimmte Experimentalsituationen (REGs) fokussiert; wie weit sie sich auch für die Interpretation von Spontanfällen eignet, scheint mir mehr als fraglich.

## 4 INTERPRETATIVE PROBLEME

Einige „klassische" Probleme sind teilweise historisch mit der Parapsychologie verbunden oder werden gerne, zu recht oder zu unrecht, mit ihr in Beziehung gebracht, wie z.B. die Frage nach dem Jenseits, nach „Geistern" oder nach mehrfachen Erdenleben (Reinkarnation). Das sind Fragen, auf welche die Wissenschaft grundsätzlich[142] keine endgültigen Antworten geben kann – deshalb sind diese Fragen in der Parapsychologie der Gegenwart auch eher randständig.

Andererseits handelt es sich um legitime Fragestellungen, bei denen es auch dann, wenn man sie eher als philosophisch oder weltanschaulich ansieht, durchaus angezeigt erscheint, zunächst die empirische Basis zu befragen, und da ist die Parapsychologie gefordert.

## 4.1 TODESNÄHE-FORSCHUNG

Durch die Publikationen von Elisabeth KÜBLER-ROSS, Raymond MOODY, Kenneth RING, Michael SABOM, Melvin MORSE, Bruce GREYSON, aber auch OSIS & HARALDSSON[143] und anderen seit den Siebzigerjahren ist die Todesnähe-Forschung populär geworden und hat sich als „Thanatologie" als ein eigenständiger interdisziplinärer Bereich etabliert. Es hat sich eine internationale Gesellschaft, IANDS (International Association for Near-Death Studies, Inc.) konstituiert, die in mehreren Ländern nationale Ableger besitzt, und auch andere Studiengruppen und Publikationsorgane haben sich herausgebildet. Im deutschen Sprachraum sind vor allem Stefan von JANKOVICH, der selbst einmal ein derartiges Erlebnis[144] hatte und seitdem missionarisch die Saga vom schönen Sterben verkündet, sowie der Arzt Michael JANKOVICH bekannt geworden. Mittlerweile gibt es auch einen kritischen Forschungsansatz[145], der vielleicht am besten in der Person von Susan BLACKMORE verkörpert wird, sich aber in der Rezeption durch die Öffentlichkeit nur mühsam gegenüber dem süßlich-verkitschten Bild durchsetzen kann. Mit zwei neueren Werken hat Hubert KNOBLAUCH sowohl Erlebnisberichte aus dem deutschsprachigen Raum vorgelegt und das Phänomen im Kulturvergleich studiert[146] als auch in einem interdisziplinären Zugang[147] dargestellt.

Selbstverständlich bieten Phänomene, die sich – wenn man es poetisch ausdrücken möchte – an der Schwelle des Jenseits[148] abspielen, nicht notwendigerweise einen Ausblick in ein solches Jenseits.

Für die Parapsychologie ist all dies nur in einer Hinsicht von Relevanz: in Hinblick auf das Phänomen der Außerkörperlichen Erfahrung (AKE; Out of the Body Experience, OBE, OOBE)[149], das von Personen in Todesnähe ganz ähnlich beschrieben wird, wie es sich auch im Erfahrungshorizont der Parapsychologie (im Experiment mit Sensitiven) darstellt.

## 4.2 SURVIVAL

Was Emil MATTIESEN als „das persönliche Überleben des Todes" bezeichnet hat, läuft heute vielfach unter „Survival", und aus der hundertjährigen Animismus-Spritismus-Kontroverse ist eine solche zwischen „Super-Psi" und Survival geworden, aber an den Grundpositionen hat sich nicht allzuviel geändert. Es ist ohne weiteres klar, daß Survival nur auf der Basis eines dualistischen Ansatzes, also einer Autonomie des Psychischen gegenüber dem physischen Substrat – was den im einzelnen auszuführen hier der Raum fehlt – gedacht werden kann, wie er in der Gegenwart außer von POPPER/ECCLES[150] z. B. von John BELOFF mit seinem Interaktionismus vertreten wird; wie weit ein solches dualistisches Bild von einer Majorität innerhalb der parapsychologischen Gemeinschaft akzeptiert wird, scheint mir fraglich zu sein.

### 4.2.1 THOULESS CIPHER CODE

Robert H. THOULESS – vor mehr als einem halben Jahrhundert gemeinsam mit B. WIESNER Schöpfer des „Psi"-Modells und der damit verbundenen Terminologie – hat den interessanten Vorschlag gemacht, einen „Jenseits-" bzw. „Überlebensbeweis" in der Art zu führen, daß der sich z. B. „durch" ein Medium manifestierende Verstorbene einen bestimmten Buchstaben- oder Zifferncode[151] bzw. ein Codewort „durchgibt", anhand dessen dann eine zu Lebzeiten hinterlassene verschlüsselte Botschaft entschlüsselt werden kann[152]. Es versteht sich, daß der Verstorbene zu seinen Lebzeiten diesen Code nicht hat aufzeichnen dürfen, sodaß kein materielles Substrat dafür vorhanden ist und der Code wirklich nur im Gedächtnis des Verstorbenen existiert hat.

## 4.2.2 NUMMERNSCHLOSS

Eine von manchen Forschern favorisierte Modifikation des oben beschriebenen Ansatzes besteht darin, daß statt des verschlüsselten Textes, den es zu entschlüsseln gilt, ein Nummernschloß Verwendung findet, das mittels der „aus dem Jenseits zu übermittelnden" Ziffernkombination aufzusperren ist. Obwohl in beiden Varianten das Codewort nur im Gedächtnis des Verstorbenen – sofern eben dieses den Tod überdauert[153] – gespeichert ist, so besteht doch im Falle des Nummernschlosses ein materielles Substrat, in welchem die Ziffernkombination enthalten ist. Da somit zumindest theoretisch der Zugriff durch Hellsehen möglich ist, kann ein „Jenseitsbeweis" auf diesem Wege ganz gewiß nicht geliefert werden und diese Versuchsanordnung bedeutet demnach einen klaren Rückschritt[154].

## 4.2.3 PSYCHOMANTEUM

Raymond MOODY hat eine Methodik entwickelt, bei der Hinterbliebene die Erfahrung machen können, ihren Verstorbenen zu begegnen[155]. Das Setting in diesem nach antiken Vorbildern so genannten Psychomanteum läuft im wesentlichen auf eine milde sensorische Deprivation hinaus. Das Ausbleiben der von MOODY beschriebenen Erfolge bei einer Replikationsserie in Basel ist bei gleichem Setting wohl darauf zurückzuführen, daß MOODY seine Klienten während zwei bis drei Tagen durch bestimmte Maßnahmen (z.B. keine Uhren im Haus) in ein Gefühl der „Zeitlosigkeit" versetzt und sie weiters anregt, sich mittels Photos oder Souvenirs des gewünschten Verstorbenen besonders intensiv zu erinnern, während bei den Klienten in Basel eine derartige Vorbereitung unterblieben ist. Das macht überdeutlich, daß jene „Begegnungen mit Verstorbenen", welche MOODYS Klienten erleben und die ihrer Natur nach den hypnagogen Bildern recht ähnlich sind, nichts anderes darstellen, als die Aktivierung von Erinnerungsbildern, keinesfalls jedoch eine tatsächliche Begegnung mit Gestalten aus einem wie immer gearteten Jenseits. Übrigens macht MOODY selbst darüber keine Aussage, sondern läßt dies offen. Bei einer so klaren Lage der Dinge dürfte man mit der Annahme nicht fehlgehen, daß er es mit Absicht und aus naheliegenden Gründen zu vermeiden sucht, seinen Lesern reinen Wein darüber einzuschenken, daß sie in seinem Psychomanteum alles andere erleben können, bloß nicht das, was Trauernde vermutlich suchen: eine reale Begegnung mit den „Jenseitigen".

4.2.4 „SURVIVALNET" UND ANDERE GRUPPIERUNGEN

Charles TART, Pionier auf dem Gebiet Veränderter Bewußtseinszustände sowie der Richtungen der transpersonalen und der humanistischen Psychologie, hat sich seit seiner Emeritierung auf das Gebiet der Survival-Forschung geworfen und dazu eine internationale, relativ exklusive Diskussionsgruppe unter dem Namen „SurvivalNet" ins Leben gerufen. Trotz berühmtester Namen ist die Diskussion eher flau und vor allem sehr redundant, indem Standpunkte wiederholt werden, die bereits seit Jahrzehnten bekannt sind. Sofern man das SurvivalNet als einen Spiegel der Survival-Forschung betrachtet, kann man nicht umhin, auf diesem Gebiet derzeit eine gewisse Stagnation festzustellen.

Auch die von dem rührigen Arthur S. BERGER geleitete „Survival Research Foundation" kann dieses Bild nicht ändern.

Im Human Energy Systems Laboratory (University of Arizona, Tucson) verfolgen seit Herbst 1998 Gary E. SCHWARTZ und Linda G. RUSSEK einen neuen Zugang, indem zwei oder mehrere Medien Informationen über (die) reale, verstorbene Person(en) sowie weitere, aber bloß fiktive, zu gewinnen versuchen, um Realinformation von Phantasieprodukten unterscheiden zu lernen. Die Ergebnisse werden als signifikant berichtet, schließen jedoch Telepathie keineswegs aus. Sowohl von den Medien wie auch den Sitzungsteilnehmern wurden EKGs und EEGs aufgezeichnet, die jedoch keinerlei Synchronismen zeigten.

Weiters mag das ADC-Project (ADC = After-Death Communication, nachtodliche Kommunikation) erwähnt werden, eine Sammlung von spontanen ADCs, die zwar einerseits mit 3300 Berichten sehr umfangreich ist[156], anderseits aber Zweifel hinsichtlich der angewandten sozialwissenschaftlichen Methodik offenläßt.

Die „Noah's Ark Society" schließlich, die sich die Förderung und Entwicklung des physikalischen Mediumismus zur Aufgabe gemacht hat, gleichzeitig aber auch im rein mentalen Mediumismus exzellente Beweise für die Tatsächlichkeit von „Survival" erblickt, ist, wie erwähnt, eine Gründung von Robin FOY, der uns bereits im Zusammenhang mit der Scole-Gruppe[157] begegnet ist; alle Vorbehalte gegenüber jener gelten auch hier.

## 4.3 REINKARNATIONSFORSCHUNG

Im Vordergrund stehen nicht bloß Kinder, die sich an „frühere Leben" erinnern, sondern insbesondere jene Fälle, in denen angeborene Oberflächendefekte der Haut (Muttermale, Blutschwamm etc.) mit jenen Verletzungen koinzidieren, die zum Tod in der (angeblichen) Vorexistenz geführt haben. Die profiliertesten Forscher auf diesem Gebiet sind Ian STEVENSON, Erlendur HARALDSSON[158], Jürgen KEIL[159] und Antonia MILLS. STEVENSON, Verfasser mehrerer einschlägiger Werke[160], ist nunmehr in seinem hohen Alter mit einem zweibändigen Magnum opus[161] hervorgetreten, von dem freilich nur die verkürzte einbändige Ausgabe eine Übersetzung ins Deutsche[162] gefunden hat.

## 5. VERSCHIEDENES (TREND ZUR ANOMALISTIK, INTERDISZIPLINÄRE VERNETZUNG)
## 5.1 WELTBEWUSSTSEINSPROJEKT – GLOBAL CONSCIOUSNESS PROJECT, GCP

Roger NELSON von PEAR ist die treibende Kraft hinter diesem Projekt, das eine Reihe von Teilnehmern in aller Welt umfaßt, welche an Computer angeschlossene Rauschgeneratoren betreiben. Von diesen derzeit insgesamt 35 „Eiern", die zusammen den gesamten „Korb" ausmachen, befinden sich die meisten in Europa – darunter zwei in Wien (außer meinem noch eines im Technikum Wien), zwei in Deutschland und eines in der Schweiz und weitere in anderen Ländern Mittel- und Nordeuropas – sowie in den USA, und einige wenige auch in „exotischeren"

Ländern, z. B. zwei in Indien, je eines in Brasilien, Indonesien, Fidschi, eines in Südafrika usw. Trotz dieser ungleichmäßigen Verteilung kann man von einem weltumspannenden Netz sprechen. Der Zweck ist, „Kohärenz und Resonanz in der Welt zu messen", festzustellen, ob „Weltereignisse", welche viele Millionen emotional ansprechen, sich im Verhalten von Zufallsgeneratoren wiederspiegeln, d. h., ein bestimmtes Muster, z. B. eine Abweichung von der Nullinie, in den über DFÜ nach Princeton gesendeten und dort zentral ausgewerteten Daten erkennen lassen. Zu den Ereignissen, anläßlich derer Korrelationen gesucht werden, gehören beispielsweise die folgenden: ein Erdbeben in der Türkei, das NATO-Bombardement von Jugoslawien, die Sonnenfinsternis vom 11. August 1999, der Jahresübergang 1999/2000 etc. Aus europäischer Perspektive scheint vielfach die Idee von globalen Ereignissen überzogen, wenn es sich um Dinge handelt, die außerhalb der USA zwar registriert werden, aber keine großen Emotionen auslösen, wie z. B. der KENNEDY-Flugzeugabsturz oder Details der CLINTON-Affäre.

## 5.2 EHEN

Rhea WHITE betreibt das „Exceptional Human Experiences Network", das sich, wie der Name sagt, mit Außergewöhnlichen Erfahrungen von Menschen befaßt. Die überwiegende Menge dieser Außergewöhnlichen Erfahrungen kann als parapsychologische Spontanphänomene bezeichnet werden. Der Ansatz von WHITE geht jedoch in eine andere Richtung: Wie verändern derartige Erlebnisse die Menschen, denen sie widerfahren, führen sie zu einer Transformation oder Spiritualisierung? WHITE hat ein ausgefeiltes System geschaffen, sowohl derartige Außergewöhnliche Erfahrungen wie auch deren Impakt auf die Menschen zu klassifizieren.

## 5.3 TASTE

Charles TART hat mit dem Projekt TASTE (= The Archives of Scientists' Transcendent Experiences) ein Archiv geschaffen, in welchem „transzendente", d. h. außergewöhnliche, oftmals paranormale Erlebnisse von Wissenschaftlern (die auf Wunsch anonym bleiben können[163]) anderen Wissenschaftlern sowie der Öffentlichkeit für Studienzwecke zugänglich gemacht werden. Seit Mitte 1999 sind 67 Berichte eingelangt, davon ein Viertel von Psychologen; die meisten Berichterstatter sind männlich. TART gibt für die einzelnen Erlebniskategorien folgende Zahlen an: Mystische Einheitserfahrung: 6, Fernwirkung/PK: 6, AASW: 6, Präkognition: 5, Telepathie: 5, Kontakt mit Verstorbenen: 5, Körperenergie/„Kundalini": 4, Außerkörperliche Erfahrung (OOB): 4, Todesnäheerfahrung: 4, Erleuchtungserlebnis: 3, kreative Einsicht: 3, Veränderte Bewußtseinszustände: 2, Geistheilung: 2, kosmisches Bewußtsein: 2.

## 6. INTERNATIONALE ORGANISATION DER PARAPSYCHOLOGIE UND BEDEUTENDE FORSCHUNGSEINRICHTUNGEN

### 6.1 PARAPSYCHOLOGICAL ASSOCIATION (PA)

Die Parapsychological Association, die internationale Berufsorganisation der wissenschaftlich tätigen Parapsychologen, gegründet 1957, veranstaltet jährliche Kongresse, alternierend zwischen den USA und Europa; die Administration erfolgt derzeit durch das RHINE Research Center (RRC).

### 6.2 PARAPSYCHOLOGY FOUNDATION (PF)

Die Parapsychology Foundation, gegründet 1951 in New York von Eileen GARRETT, hat durch viele Jahre hindurch Kongresse veranstaltet, publiziert verschiedene Schriftenreihen und erlebte nach einer längeren Latenzperiode kürzlich ein „Relaunch" mit dem Wiederaufleben des Publikationsorgans „International Journal of Parapsychology" (IJP).

6.3 INSTITUT FÜR GRENZGEBIETE DER PSYCHOLOGIE UND PSYCHOHYGIENE (IGPP)

Das Institut für Grenzgebiete der Psychologie und Psychohygiene wurde 1950 von Hans BENDER (1907-1991) in Freiburg i. Br. gegründet; derzeitiger Leiter ist Prof. Johannes MISCHO, dem ein Direktorium (MISCHO, Inge STRAUCH – Zürich, Dieter VAITL – Gießen) zur Seite steht. Das Institut, das sich nunmehr im Universitätsviertel befindet, gliedert sich in vier Forschungsabteilungen („Kulturwissenschaftliche und wissenschaftshistorische Studien", „Experimentelle Studien", „Psychophysiologisches Labor", „Theorie und Datenanalyse") sowie zwei Servicebereiche („Information und Beratung" sowie „Bibliothek und Archiv") und umfaßt derzeit 40 Mitarbeiter. Der Bereich „Information und Beratung" ist noch weiter unterteilt in „Sachauskünfte", „Information und Beratung für Menschen mit außergewöhnlichen Erfahrungen" und – in Kooperation mit der Klinik – „Therapie für Menschen mit außergewöhnlichen Erfahrungen". Zumindest seit dem ungeheuren Aufschwung der letzten Jahre ist das IGPP die führende Forschungseinrichtung auf dem Sektor der Parapsychologie, die auch eine starke internationale Kooperation betreibt. Das Publikationsorgan ist die noch von BENDER gegründete „Zeitschrift für Parapsychologie und Grenzgebiete der Psychologie". Eine große Anzahl von Forschungsvorhaben ist entweder direkt am IGPP im Laufen oder wurde vom IGPP unterstützt.

6.4 KOESTLER PARAPSYCHOLOGY UNIT (KPU)

Die KPU (Koestler Parapsychology Unit) bzw. der KOESTLER Chair of Parapsychology am Psychologischen Institut der Universität Edinburgh, Schottland, geht – wie schon der Name nahelegt – auf eine Stiftung des verstorbenen Schriftstellers Arthur KOESTLER[164] zurück und wurde vor eineinhalb Jahrzehnten etabliert. Der Lehrstuhlinhaber ist seit der Gründung der Amerikaner Robert MORRIS. Im Vordergrund der Forschung stehen Ganzfeld-Experimente, die außersinnliche Wahrnehmung elektromagnetischer Felder bzw. die allfällige Korrelation dieser spezifischen Sensitivität mit ESP (= ASW) „Anstarr"-Versuche (vgl. 1.1.6 auf S. 163) sowie DMILS (= paranormale Beeinflussung von Organismen); besonderer Wert wird auf die Formulierung von Alternativhypothesen und deren praktische Überprüfung gelegt. So liegt ein Schwerpunkt der Arbeit im Bereich der Aufklärung möglicher Tricks von Versuchspersonen bei Makro-PK-Experimenten bzw. von betrügerischen Medien.

## 6.5 PSYCHONOMIE (UvA)

Die Abteilung Psychonomie (Psychonomics) an der Universität von Amsterdam war eine Zeitlang parapsychologisch sehr aktiv; Dick BIERMAN hält dort weiterhin einen über das Internet verfügbaren Fernkurs über Parapsychologie ab (siehe unten 8.2).

## 6.6 INSTITUT MÉTAPSYCHIQUE INTERNATIONAL (IMI)

Ähnlich der PF hat auch das altehrwürdige IMI (Institut Métapsychique International) in Paris nach einer Generationsablöse soeben einen Neustart hinter sich. Direktor ist jetzt Mario VARVOGLIS; auf neue Aktivitäten ist zu hoffen.

# 7 SKEPTIKER-ORGANISATIONEN

Den parapsychologischen Organisationen seien, um das Bild ausgewogen zu gestalten, kurz die wichtigsten Skeptikerorganisationen zumindest in Form namentlicher Nennung gegenübergestellt:

## 7.1 CSICOP

Committee for the Scientific Investigation of Claims of the Paranormal (CSICOP wird „sai-cop" ausgesprochen, also wie ein Psi-Polizist), Zeitschrift „Skeptical Inquirer".

## 7.2 GWUP

Gesellschaft zur wissenschaftlichen Untersuchung von Parawissenschaften e. V., der deutsche Ableger von CSICOP, Zeitschrift „Skeptiker".

## 7.3 THE SKEPTICS SOCIETY

Diese Skeptikervereinigung betreibt auch eine eigene Jugendsektion, Jr. Skeptic Society, und publiziert die Zeitschrift „Skeptic Magazine" bzw. für die Jugend „Jr Skeptic".

## 7.4 THE JAMES RANDI EDUCATIONAL FOUNDATION (JREF)

James RANDI („The Amazing Randi"), eigentlich ein Varieté-Zauberkünstler, ist als professioneller Entlarver tätig; er pflegt Preise für parapsychologische Leistungen auszuschreiben, wobei die Bedingungen so gehalten sind, daß niemand einen solchen Preis gewinnen kann, woraus RANDI den Schluß zieht und publikumswirksam über die Massenmedien verbreitet, daß es eben keine parapsychologischen Phänomene gäbe. So aggressiv und undifferenziert seine Aktivität auch ist, durch sein Anprangern tatsächlicher Auswüchse im Bereich kommerziell arbeitender, professioneller Hellseher und Medien ist der hochtrabende Titel der von ihm gegründeten Organisation nicht gänzlich unberechtigt.

## 8. PARAPSYCHOLOGIE UND NEUE MEDIEN

Auch Inhalte der Parapsychologie transportieren sich gerne durch die modernen Medien – „Medien" nicht im parapsychologischen, sondern im kommunikationswissenschaftlichen Kontext.

## 8.1 PSI AUF CD-ROM

Es sind mehrere CD-ROMs über Parapsychologie erhältlich, wobei – ohne für bestimmte Produkte Reklame machen zu wollen – zwei davon trotz gewisser Mängel an der Spitze stehen: das „Psi-Lexikon. Geheimes Wissen" (Nice Price! Originals. United Soft Media. ISBN 3-8032-6327-1) von Elmar GRUBER (deutsch) und der „Psi-Explorer" von Mario VARVOGLIS (englisch).

## 8.2 PSI IM INTERNET

Das Internet ist für Fragen der Parapsychologie in mehrfacher Hinsicht relevant (siehe dazu auch <http://www.t0.or.at/~psi/psybersp/index.htm>): nicht nur, wie in anderen Belangen, als Informationsquelle und als Diskussionsforum, sondern vor allem auch als weltweites Labor, und schließlich werden interessante Programme zum Herunterladen angeboten.

Als Informationsquelle kommen zunächst die Homepages der großen parapsychologischen Organisationen und Institute in Betracht, die vielfach auch eine FAQ-Seite (FAQ = Frequently Asked Questions, Häufig gestellte Fragen) beinhalten, aber auch die persönlichen Homepages von Parapsychologen und teilweise auch von Sensitiven. Suchmaschinen (z. B. AltaVista, Google, Yahoo) helfen weiter, ebenso Link-Listen (z. B. <http://www.t0.or.at/~psi/links.htm>). Weiters sind von manchen wissenschaftlichen Zeitschriften Inhaltsverzeichnisse oder gar Abstracts (Zusammenfassungen) im Internet abrufbar, z. B. „Zeitschrift für Parapsychologie und Grenzgebiete der Psychologie", „Journal of the Society for Scientific Exploration" sowie „Journal of Parapsychology". Das nur im Internet, nicht mehr auf Papier publizierte „eJAP" („the electronic Journal for Anomalous Phenomena") ist allerdings in die Inaktivität verfallen, ebenso der Plan einer Neuauflage des Biographical Dictionary of Parapsychology im Internet.

Ein paar Beispiele von Homepages zum Einstieg zeigt die Tabelle auf der übernächsten Seite.

Bei den Diskussionsforen gibt es ein gewisses Spektrum von Mailing Lists und Newsgroups, die man abonnieren kann, über offene, unmoderierte Gruppen, bei denen jedermann mitmachen kann, bis zu exklusiveren Zirkeln, die nur über Einladung zugänglich sind – insofern ist das Internet ein Spiegel des realen Lebens.

Von besonderem Interesse sind die Experimente, die via Internet veranstaltet werden und die eine völlig neue, noch gar nicht absehbare Entwicklung darstellen. Dick BIERMAN (Universitäten Amsterdam und Utrecht bzw. Starlab, Brüssel), der übrigens auch unter <http://www.psy.uva.nl/ResEdu/PN/EDU/PSIcourse/home.html> einen Fernlehrgang anbietet, ist ein Pionier dieser Forschungsrichtung, auch vom KOESTLER Chair sind mehrere Experimente dieser Art (z.B. psi-ping zur Beeinflussung der Route von Datenpaketen) veranstaltet worden, bzw. laufen jetzt andere, und ein bescheidener angelegtes Experiment ist im Rahmen einer Arbeit an der Universität Leipzig durchgeführt worden. Gegenwärtig wird unter <http://bs.cyty.com/stjakobi/archiv/games/telemech/index.htm> „der erste deutsche Internetversuch zur außergewöhnlichen Mensch-Maschine-Interaktion angeboten", für den Versuchspersonen gesucht werden. Die hinter all diesen Experimenten – gleich, ob sie auf Außersinnliche Erfahrung oder auf Psychokinese fokussieren, jede Möglichkeit ist gegeben, „anything goes" – stehende Überlegung ist, daß das Internet das weltweit größte Forum darstellt, in welchem es möglich ist, an Parapsychologie interessierte Menschen anzusprechen. Was seine Stärke ist, ist aber auch seine Schwäche: Aufgrund der globalen Dimension ist es nicht möglich, eine einheitliche Gruppe von Teilnehmern zu erhalten. Nur ein Beispiel zur Veranschaulichung dieser Problemlage: Gehen wir von einem ASE-Versuch mit Symbolen aus, wobei das jeweils zu erratende Symbol von einem Zufallsgenerator aus einem Pool von Symbolen ausgewählt würde, und nehmen wir an, daß das aktuell gewählte Symbol ein Hakenkreuz wäre. Es ist evident, daß Versuchsteilnehmer in Israel eine andere emotionale Reaktion auf das Hakenkreuz zeigen, als zum Beispiel Menschen aus Südostasien, wo die Swastika ein uraltes Heil- und Glückssymbol darstellt. Diese unterschiedliche Einstellung gegenüber dem Zielobjekt, sei sie nun bewußt oder unbewußt, geht vermutlich in das Resultat mit ein, ohne daß sie bei der Auswertung erfaßt wird, sodaß möglicherweise gerade die mar-

| Organisation | Sprache | URL (Internet-Adresse) |
|---|---|---|
| Österreichische Gesellschaft für Parapsychologie und Grenzbereiche der Wissenschaften | deutsch | http://parapsychologie.ac.at |
| Parapsychology-FAQ | englisch | http://www.parapsych.org/highlights/faq/parafaq/ |
| PA – Parapsychological Association | englisch | http://parapsych.org/ |
| PF – Parapsychology Foundation | englisch | http://parapsychology.org/ |
| IGPP – Institut für Grenzgebiete der Psychologie und Psychohygiene, Freiburg i. Br. | deutsch englisch | http://www.igpp.de/ |
| KPU – Koestler Parapsychology Unit, Edinburgh | englisch | http://moebius.psy.ed.ac.uk/js_index.html |
| Forum Parawissenschaften | deutsch | http://www.forum-parawissenschaften.de/ |
| Psychonomie – Universität Amsterdam | englisch | http://www.psy.uva.nl/ResEdu/homeEng.html |
| RRC – RHINE Research Center | englisch | http://www.rhine.org/ |
| PEAR – Princeton Engineering Anomalies Research | englisch | http://www.princeton.edu/~pear/ |
| GCP – Global Consciousness Project | englisch | http://noosphere.princeton.edu/ |
| SPR – Society for Psychical Research (London) | englisch | http://moebius.psy.ed.ac.uk/~spr/ |
| ASPR – American Society for Psychical Research (New York) | englisch | http://www.aspr.com/ |
| EHEN – Exceptional Human Experience Network (Rhea WHITE) | englisch | http://ehe.org/index.cfm |

| | | |
|---|---|---|
| TASTE – The Archives of Scientists' Transcendent Experiences | englisch | http://issc-taste.org/index.shtml |
| Charles TART, persönliche Homepage | englisch | http://www.paradigm-sys.com/cttart/ |
| Survival of Bodily Death | englisch | http://psychology.ucdavis.edu/tart/survival/ |
| Peter MULACZ, persönliche Homepage | deutsch englisch | http://www.t0.or.at/~psi/index.htm |

kantesten Treffer oder Fehler durch den Rost fallen. Nun wäre eine derartige Auswahl von Zielobjekten wohl ein krasser Versuchsfehler; wird es aber möglich sein, daß ein Versuchsleiter jemals imstande wäre, alle derartigen potentiellen Fallstricke, die sich weltweit auftun, zu vermeiden?

Bei den im Internet abrufbaren Programmen lassen sich solche, die unter dem Slogan „Testen Sie Ihre Psi-Fähigkeiten" eher zu den Spielprogrammen zählen, von jenen unterscheiden, die wertvolle Hilfsmittel für seriöse Anliegen, z.B. wissenschaftliche Datenauswertung, bereitstellen.

Bei der explosionsartigen Ausweitung, welche die Informationstechnologie derzeit erfährt, gibt es ständig eine nicht mehr überblickbare Anzahl neuer Internet-Seiten, auch zur Parapsychologie. Da das Internet demokratisch und nicht hierarchisch strukturiert ist, existiert keine Qualitätskontrolle, und so gibt es, wie fast überall, mehr Minderdenn Hochwertiges. Es ist demnach unabdingbar, daß der User selbst die Spreu vom Weizen zu trennen vermag. Die Informationen in diesem Buch mögen einen Beitrag leisten, ihn dazu zu befähigen.

# ANHANG

Kurzbiographie Prof. Hofmann

Gerhard Heindl: Hellmut Hofmann und
die Parapsychologie

1   ALLGEMEINE BIOGRAPHISCHE ANGABEN

Hellmut Hofmann, geboren am 12. Dezember 1921 in Wien, maturierte 1939 am katholischen „Neulandgymnasium" in Wien 19. – er selbst ist evangelisch – und trat im April desselben Jahres den Pflichtarbeitsdienst an, der nahtlos in den Wehrdienst und damit in den Kriegseinsatz überging (Ernennung zum Leutnant November 1942). Im Wintersemester 1942/43 begann er das Studium der technischen Physik an der TH Wien (insgesamt 3 Kriegssemester), nach der Rückkehr aus der englischen Kriegsgefangenschaft im November 1945 setzte er sein Studium fort und schloß es 1948, trotz aller Wirren in der vorgeschriebenen Semesterzahl, mit dem Ingenieurdiplom ab. 1949 erfolgte sein Eintritt in den wissenschaftlichen Dienst der damaligen Technischen Hochschule Wien, wo er 1951 Assistent am „Institut für Allgemeine Elektrotechnik" wurde. 1955 erwarb Hofmann unter Leonhard Kneissler und Ludwig Flamm das technische Doktorat, 1958 habilitierte er sich, ebenfalls bei Kneissler und Flamm, für Theoretische Elektrotechnik. Reger Vortragstätigkeit im In- und Ausland folgten 1962, nach der Emeritierung des theoretischen Elektrotechnikers Kneissler, erste Lehraufträge. 1964 wurde Hofmann der Titel eines außerordentlichen Universitätsprofessors verliehen, 1965 wurde er zum Ordinarius und Vorstand des Instituts für Grundlagen und Theorie der Elektrotechnik bestellt, dessen Leiter er auch nach der Einführung des UOG 1975 und den damit verbundenen freien Wahlen des Institutsvorstands blieb. Zahlreiche Publikationen, zum Teil gemeinsam mit seinen Mitarbeitern, und eine stets enge Kooperation mit Wirtschaft und Industrie prägten die Jahre am Institut. 1972 bis 1974 Dekan der Fakultät für Maschinenwesen und Elektrotechnik, war Hofmann ab den frühen 80er Jahren durch eine zunehmende Zuckerkrankheit behindert, sodaß er 1988 vorzeitig in den Ruhestand treten mußte. Ab Ende der 50er Jahre übernahm

HOFMANN auch zahlreiche, meist ehrenamtliche außeruniversitäre Tätigkeiten im „Österreichischen Verband für Elektrotechnik" und im „Österreichischen Normungsinstitut", mit denen er Österreich auf verschiedenen internationalen Tagungen vertrat. Innerhalb des Hochschulverbandes engagierte er sich in den Bereichen Dienstrecht und Besoldung, wofür er 1984 zum Ehrenvorsitzenden des „Verbandes der österreichischen Universitätsprofessoren" auf Lebenszeit ernannt wurde. Nach Antritt seiner ordentlichen Professur war HOFMANN auch in verschiedenen Funktionen an der Technischen Hochschule (ab 1975 Technischen Universität) Wien tätig – unter anderem leitete er 1967 bis 1972 das „Außeninstitut" und von 1967 bis 1980 die „Gemeinschaftswerkstätten elektrotechnischer Institute" – und gehörte zahlreichen ihrer Kommissionen an[165]. Bis 1983 war er Schriftleiter der Zeitschrift „Archiv für Elektrotechnik".

1972 erhielt HOFMANN das „Große Ehrenzeichen für Verdienste um die Republik Österreich", 1974 die „Goldene Nadel" des Österreichischen Normungsinstitutes und 1984 das „Große Silberne Ehrenzeichen für Verdienste um die Republik Österreich". Im Dezember 1998 erfolgte die feierliche Verleihung des goldenen Ingenieurdiploms der TU Wien. Zahlreiche Preise und Auszeichnungen von Wirtschaft und Industrie kamen in erster Linie der Institutsarbeit zugute, indem die mit ihnen verbundenen Dotierungen zum Ankauf technischen Inventars verwendet wurden. In seiner wissenschaftlichen Arbeit – HOFMANN weist bis heute 58 Publikationen (incl. Neuauflagen und Bearbeitungen), davon neun grenzwissenschaftliche, auf – beschäftigte sich HOFMANN im physikalisch-technischen Bereich in erster Linie mit der elektromagnetischen Feldtheorie, insbesondere dem Kraftangriff an der Materie, sowie mit praktischen Problemen des Ferromagnetismus.

## 2   HELLMUT HOFMANN UND DIE PARAPSYCHOLOGIE

HOFMANN wurde bald nach seinem Studienabschluß – 1948 oder 1949 – Mitglied der damaligen „Österreichischen Gesellschaft für psychische Forschung", die seit der Nachkriegszeit, vermittelt durch die Rektoren bzw. ehemaligen Rektoren Karl WOLF und Franz JUNG, bereits mit ihren Vorträgen an der TH Wien gastiert.

HOFMANN hatte im englischen Kriegsgefangenenlager in Feistritz/Gail, in dem er sich von Mai bis September 1945 aufgehalten hatte, sowie bei Kärntner Verwandten in St. Andrä am Ossiachersee die ersten Erlebnisse mit paranormalen Phänomenen gehabt. Sie sollten, wie man sieht, in seinem weiteren Leben eine nicht unerhebliche Rolle spielen. Ein Unteroffizier aus HOFMANNS Einheit hatte eine Familie aus der Nachbarschaft des Lagers kennengelernt, die jeden Abend mittels „Glasrükkens" versuchte, mit ihren im Krieg verstorbenen Verwandten in Verbindung zu treten[166]. Neugierig geworden und auch ein wenig aus Langeweile, experimentierten die Männer im Lager selbst mit dem Glas, veränderten dabei aber einmal die „Versuchsanordnung", sodaß nicht nur einfach Fragen gestellt wurden, sondern sich einer von ihnen vor die Tür begeben und an etwas Bestimmtes denken sollte, während die im Raum verbliebene Runde versuchte, mit Hilfe des Glases das Gedachte zu erraten. Dieses Experiment führte zu HOFMANNS erstem „außersinnlichen" Erlebnis: Die Männer zeichneten die Worte „Karli" und „Rußland" auf, während der Mann vor der Tür, ohne das Ergebnis der Sitzung zu kennen, nach seiner Rückkehr in den Raum erklärte, er hätte sich auf einen Freund namens Karli konzentriert, der an der Ostfront gewesen sei, sowie auf die Frage, ob dieser den Krieg überlebt habe. Für HOFMANN bedeutete dieses Erlebnis, da er Betrug ausschließend konnte, einen klaren Fall von Gedankenübertragung.

Bei Gesprächen darüber stellte HOFMANN schließlich fest, daß auch seine in St. Andrä wohnhaften Verwandten – zwei Tanten HOFMANNS – Kontakte zu spiritistischen Kreisen hatten, und wurde daraufhin mehrmals zur Teilnahme an „Séancen" mit einem weiblichen Trancemedium eingeladen. Diese Frau beantwortete HOFMANN während einer der Sitzungen einmal eine nur in Gedanken gestellte Frage. Auch davon war HOFMANN derart beeindruckt, daß er noch 30 Jahre später in der Zeitschrift „Grenzgebiete der Wissenschaft" darüber berichtete[167].

Der Wunsch, sich auf möglichst wissenschaftlichem Boden näher mit diesem Phänomen, nämlich dem der Telepathie, zu beschäftigen, führte schließlich, zurück in Wien, neben der

Lektüre grenzwissenschaftlicher Literatur zur Kontaktaufnahme mit der „Österreichischen Gesellschaft für Psychische Forschung"[168], die nach einer kriegsbedingten Unterbrechung im Mai 1947 ihre Tätigkeit wiederaufgenommen hatte[169]; daß auch JUNG und WOLF – beide ehemalige Lehrer HOFMANNS – sowie der bekannte österreichische Physiker Hans THIRRING zu den führenden Mitgliedern der Gesellschaft zählten, erfuhr HOFMANN erst Jahre später, nachdem er begonnen hatte, sich auch mit der Geschichte der Gesellschaft zu beschäftigen.

Während der folgenden „Lehr- und Aufbaujahre" in seinem privaten wie beruflichen Leben – Ehe (1951), Geburt des Sohnes Robert (1952), Doktorat, Assistenz und Habilitation – hinterließ HOFMANN kaum Spuren in der Gesellschaft. Erst Ende der 1950er Jahre, als er vom Vorstand zum ordentlichen Mitglied ernannt (Vorstandssitzung vom 15. Jänner 1960) und, in Fortsetzung der durch Hans THIRRING begründeten physikalisch-technischen Tradition, als Nachfolger des kurz zuvor zurückgetretenen Präsidenten Herbert SCHNEIDER, eines praktischen Arztes, gehandelt wurde[170], trat er ins „Licht der Öffentlichkeit". Tatsächlich wurde HOFMANN in der folgenden Generalversammlung (16. Juni 1961) zum Präsidenten gewählt und behielt die Leitung der Gesellschaft schließlich bis auf eine Unterbrechung von Dezember 1963 bis Februar 1967[171] nach Differenzen mit der Initiatorin und langjährigen Generalsekretärin des Vereins, Zoë WASSILKO-SERECKI, bis April 1997[172]. 1963/64 vertrat er als Privatperson wie als Vorstandsmitglied der Gesellschaft die Sache der Parapsychologie wie auch des Vereins selbst in einer Kontroverse der „Österreichischen Gesellschaft für Psychische Forschung" und des Freiburger Parapsychologen Hans BENDER (1907–1991) mit den Verantwortlichen der ORF-Hörfunksendung „Falsche Geister – echte Schwindler", die zum Prozeß BENDERS gegen den ORF wegen Ehrenbeleidigung und sachlich unrichtiger Darstellung führte[173].

Auch im Herbst 1965 zum Vizepräsidenten gewählt – was den Austritt Frau WASSILKO-SERECKIS zur Folge hatte – übernahm HOFMANN 1967 wieder die Präsidentschaft des Vereins, der damit auch mit Sitz und Bibliothek an sein im selben Jahr übernommenes Institut im Elektrotechnischen Institutsgebäude der Technischen Hochschule (Universität) Wien übersiedelte[174].

Unter HOFMANNS Leitung wurden die lange unterbrochenen Experimente in der Gesellschaft wieder aufgenommen, wobei hier Telepathieversuche von HOFMANN selbst – mit einer ehemaligen Studienkollegin (Christa RAAB), teilweise unter Beteiligung des eben aus der CSSR emigrierten Parapsychologen und Biologen Dr. Milan RÝZL, sowie später auch mit dem Sohn des bekannten Wiener Schauspielers und Kabarettisten Max BÖHM – an vorderster Stelle standen[175]. Auch das Erscheinungsbild und das Aufgabenspektrum der Gesellschaft wandelten sich unter HOFMANN, nicht zuletzt unter dem Einfluß der internationalen grenzwissenschaftlichen Tendenzen. 1969 wurde an der Wiener Technischen Hochschule ein „Seminar" eingerichtet, das in Ergänzung zu den öffentlichen Vorträgen vertiefende Zugangsmöglichkeiten zu verschiedenen Spezialthemen anbot und bis 1976 bestand[176], und im Jahr 1971 erfolgte auf Initiative HOFMANNS die Namensänderung in „Österreichische Gesellschaft für Parapsychologie" (bis 1977 noch mit dem Zusatz „vormals Österreichische Gesellschaft für Psychische Forschung").

Neben der Telepathie, der er auch immer wieder im Kreis der eigenen Familie begegnete[177], interessierte sich HOFMANN in der Folge auch für andere grenzwissenschaftliche Phänomene wie Psychokinese, Außerkörperliche Erfahrungen und Veränderungen der Hautoberfläche ohne sichtbare Einwirkungen von außen, was teilweise auch zu einschlägigen Vorträgen führte[178]. In den späten 70er und frühen 80er Jahren führte er zahlreiche Experimente mit den für ihn als Physiker und Techniker besonders faszinierenden sogenannten „paranormalen Tonbandstimmen" durch[179]. Ein enges Verhältnis verband HOFMANN weiters über viele Jahre mit der Radiästhesie. Er richtete zusammen mit der Gesellschaft im Hauptgang seines Institutes eine Teststrecke für Rutengänger ein und verfaßte eine radiästhetische Grundlagenarbeit, die bis heute nichts an Aktualität verloren hat[180]. HOFMANN gelang es auch wiederholt, in- und ausländische Gelehrte von internationalem Ruf wie den späteren Wissenschaftsminister Hans TUPPY, den Physiker Herbert PIETSCHMANN, den Neurologen Franz SEITELBERGER oder die Parapsychologen Hans BENDER, Walter UPHOFF und John B. HASTED als Vortragende vor der Gesellschaft zu gewinnen[181]. Ab der Mitte der 1970er Jahre kam es unter seiner Führung zur lange ausständig gewesenen finanziellen Konsolidierung des Vereins und zu einem Ansteigen der Mitgliederzahl von etwa 80 bis 100 nach der Neugründung von 1947 auf einen Spitzenwert von knapp über 400[182].

1971 ließ HOFMANN von einem seiner Diplomanden nach einem Vorbild aus dem Freiburger „Institut für Grenzgebiete der Psychologie und Psychohygiene" ein Testgerät für Außersinnliche Wahrnehmung und Psychokinese auf Basis eines Zufallsgenerators bauen, dem 1977 ein Modem für einen Computeranschluß folgte. 1983 gab HOFMANNS damaliger Assistent, der heutige Univ.-Prof. Dr. Helmut PFÜTZNER – er gehörte lange Jahre dem Vorstand der Gesellschaft an und hielt zuletzt anläßlich der Verleihung der Ehrenpräsidentschaft an HOFMANN im April 1997 die Laudatio – mit Unterstützung der Gesellschaft ein zweites, moderneres Gerät in Auftrag[183]. Beide befinden sich noch heute im Besitz der Gesellschaft. Besonders nach dem publicityträchtigen Fernsehauftritt Uri GELLERS in Wien im Jänner 1974, zu dem HOFMANN bereits als führender Vertreter der wissenschaftlichen Parapsychologie in Österreich zu Gast war, wurde er auch immer wieder zu Rundfunk- und Fernsehsendungen wie „Dimensionen", „Radiothek", „Eintritt Frei", „Wir", „Argumente", „Panorama", „Wissen Aktuell" oder „Club 2" eingeladen und bestritt zahlreiche wissenschaftliche Vorträge „außer Haus", unter anderem vor akademischen Vereinigungen, in Bildungshäusern und an Volkshochschulen sowie vor Vertretern von Industrie und Gewerbe[184]. Von den an der Technischen Hochschule (Universität) Wien abgehaltenen Veranstaltungen der Gesellschaft war bei den Hörern seine seit 1980 mehrmals wiederholte Vortragstrilogie „Einführung in die Parapsychologie" – in diesem Band erstmals nachzulesen – besonders beliebt. Sie ließ regelmäßig die Hörsäle platzen und wurde auch von vielen seiner Technikstudenten gehört[185].

1980 erhielt HOFMANN als dritter Österreicher nach Zoë WASSILKO-SERECKI und dem Innsbrucker Redemptoristenpater, Leiter des „Instituts für Grenzgebiete der Wissenschaft" und langjährigen Generalsekretär von „Imago Mundi", Univ.-Prof. DDr. Andreas RESCH, den „Schweizerpreis für Parapsychologie", einen der wenigen europäischen Förderungspreise, die es auf diesem Gebiet gibt.

Nach seiner Emeritierung und dem damit verbundenen Rückzug von seinen offiziellen Verpflichtungen behielt HOFMANN als letztes „Ehrenamt" die Präsidentschaft der „Österreichischen Gesellschaft für Parapsychologie", die er schließlich im April 1997, ebenfalls bedingt durch seine Zuckerkrankheit, zurücklegen mußte. In der Generalversammlung vom 12. Mai 1997 wurde er von der Gesellschaft, der er mittlerweile seit über 50 Jahren, davon mehr als 30 Jahre als Präsident, angehört, zum Ehrenpräsidenten ernannt[186].

## 3 VERZEICHNIS DER BISHER ERSCHIENENEN BIOGRAPHISCHEN ARTIKEL ÜBER HELLMUT HOFMANN

Heindl, Gerhard: Zwischen Physis und Psyche. Zum 75. Geburtstag des Wiener Physikers, Technikers und Parapsychologen Hellmut Hofmann. In: Wiener Geschichtsblätter, Jg. 1996, Heft 3, S. 163-181.

Heindl, Gerhard: Zwischen Physis und Psyché – der Wiener Physiker, Techniker und Parapsychologe Hellmut Hofmann. In: Grössing, Helmuth und Heindl, Gerhard: Heimat großer Söhne [...]. Exemplarische Leistungen österreichischer Naturforscher, Techniker und Mediziner, Frankfurt/Main u. a., 1997, S. 237-253.

Heindl, Gerhard: Die „Österreichische Gesellschaft für Parapsychologie und Grenzbereiche der Wissenschaften" 1927-1963 mit einem statistischen Anhang bis 1997. Frankfurt/Main u. a., 1998 (Kurzbiographie Hellmut Hofmann, S. 545 f.).

Hofmann, Hellmut: Autobiographie, in: Österreichische Hochschulzeitung, Jg. 15/1963, Nr. 7.

Käfer, Roland: Hellmut Hofmann – 75 Jahre. Hellmut Hofmann – 40 Jahre ÖVE-Mitglied. In: E & I, Jg. 114/1997, Heft 7/8, S. 422-423.

Kleinrath, Hans: Hellmut Hofmann – 65 Jahre, in: E & M, Jg. 103/1986, Heft 11, S. 553.

N. N.: Hellmut Hofmann, IATAS Biographie „Persönlichkeiten Europas", Bd. Österreich, 1975.

N. N.: Hellmut Hofmann erhielt das Große Silberne Ehrenzeichen für Verdienste um die Republik Österreich, in: E & M, Jg. 102/1985, Heft 2, S. 103.

Praehauser, Thomas: Hellmut Hofmann – 70 Jahre: In: Elektrotechnik & Informationstechnik, Jg. 108/1991, Heft 12, S. 553.

Smola, Friedrich: Großes Ehrenzeichen für Hellmut Hofmann, in: E & M, Jg. 89/1972, Heft 11, S. 474.

Stimmer, Herbert: Hellmut Hofmann – 60 Jahre, in: E & M, Jg. 98/1981, Heft 11, S. 493.

Weinmann, Alexander: Hofmann, Hellmut – Friedrich Smola: Dualitätsbetrachtung aus Anlaß ihres Goldenen Ingenieur-Diploms am 18. Dezember 1998. In: Elektrotechnik und Informationstechnik, Jg. 116/1999, Heft 3, S. 522.

BIBLIOGRAPHIE UND ÖFFENTLICHKEITSARBEIT
PUBLIKATIONEN, VORTRAGSTÄTIGKEIT UND INTERVIEWS
ZUSAMMENGESTELLT VON G. HEINDL

## 1 GRENZWISSENSCHAFTLICHE ARBEITEN HELLMUT HOFMANNS

Elektronik im Dienste der Parapsychologie. In: Informationen der Technischen Hochschule Wien, Jg. 2/1971, Heft 2, o. S. (auch als Sonderdruck erschienen).
Parapsychologie, ein neues Wissensgebiet. In: Österreichische Hochschulzeitung, Jg. 26/1974, Nr. 4, 15.2.1974, S. 3.
Telepathie und Psychokinese im Zusammenhang mit Uri Geller. In: GW, Resch, Innsbruck, 24/1974, Heft 3, S. 305–330.
Ein psychokinetisches Biege- und Bewegungsphänomen. In: Zeitschrift für Parapsychologie und Grenzgebiete der Psychologie, 18/1976, Nr. 1, S. 91/92
Beiträge zur Telepathieforschung. In: GW, Resch, Innsbruck, 27/1978, Heft 3, S. 433–455 (italienisch als „Contributi allo studio della telepatia". In: Luce e Ombra, Verona, 1980, Heft 4, S. 292 ff.)
Die Österreichische Gesellschaft für Parapsychologie. In: Schweizerisches Bulletin für Parapsychologie, Jg. 14/1979, 2. Nummer, S. 6–9
Die physikalische Relevanz radiästhetischer Mutungen. In: Berichte der Tagung der International Organization for Human Ecology, „Bauen wir richtig?", TU Wien, 2.–3.11.1981, S. 47 ff.
Radiästhetische Phänomene. In: Zement und Beton, Jg. 1984, Heft 4, o. S. (auch in: Arcus. Zeitschrift für Architektur und Naturwissenschaft, Jg. 1986, Heft 4, o. S., und gekürzt in: Perlmoser Betriebszeitung Nr. 119, 1985, o. S.)

## 2 GRENZWISSENSCHAFTLICHE VORTRÄGE[187]

Letzte Erkenntnisse auf dem Gebiet der Parapsychologie, Akademische Vereinigung Prinz Eugen, Wien, 21.5.1970
Parapsychologie, Bildungshaus Schloß Puchberg bei Wels, 10./11.11.1973
Parapsychologie, Technisch-Akademische Lesehalle, Wien, 13.12.1973
Parapsychologie, Akademikerbund Club AB/Studenten, Wien, 10.1.1974
Probleme und Ergebnisse in der Parapsychologie, VHS Steyr, 25.3.1974
Parapsychologie – Mythos oder Wissenschaft? Internationales Studentenkolleg Salzburg, 26.3.1974
Uri Geller-Nachlese, Altpfadfindergilde G1 des Österreichischen Pfadfinderbundes, Wien, 30.3.1974
Parapsychologie, Österreichisches Normungsinstitut, Fachnormenausschuß „Technisches Berechnungswesen", 9.4.1974
Telekinetische Phänomene im Zusammenhang mit dem Fernsehauftritt Uri Gellers, Wiener Katholische Akademie, 21.5.1974
Parapsychologie. Endstation der Naturwissenschaft? Gesellschaft für Chemiewirtschaft, 10.6.1974

Parapsychologie. Ergebnisse und Probleme eines neuen Wissensgebietes, Lions International Club Wels, 15. 10. 1974
Parapsychologische Experimente, Akademikerbund-Studenten, 13. 1. 1975
Ergebnisse und Probleme der Parapsychologie, Kulturvereinigung Klosterneuburg, 16. 1. 1975
Parapsychologie. Probleme und Ergebnisse, Freie Akademie, Wien, 19. 2. 1975
Parapsychologie, Bildungshaus Schloß Puchberg bei Wels, 5./6. 4. 1975
Parapsychologie, Rotary-Jugend, Wien, 18. 6. 1975
Experimente und parapsychologische Phänomene, Urania Steiermark/TU Graz, 12. 1. 1976
Parapsychologie. Wissenschaft oder Selbstbetrug? Rotary Club Wien, 16. 11. 1976
Parapsychologische Phänomene (Telepathie, Hellsehen, Präkognition), Rotary Club Wien, 11. 1. 1977
Parapsychologie, (Selbst)Täuschung oder Wissenschaft? Seminar der Naturwissenschaftlichen Fakultät der Universität Wien, 1. Teil: 22. 4. 1977
Parapsychologie, (Selbst)Täuschung oder Wissenschaft? Seminar der Naturwissenschaftlichen Fakultät der Universität Wien, 2. Teil: 29. 4. 1977
Ergebnisse und Probleme der Parapsychologie, 1. Teil: Parapsychische Phänomene, Jacees, Wien, 17. 11. 1977
Ergebnisse und Probleme der Parapsychologie, 2. Teil: Paraphysikalische Phänomene, Jacees, Wien, 22. 11. 1977
Parapsychologie. Was ist beweisbar? Bildungshaus St. Hippolyt, St. Pölten, 5. 3. 1978
Parapsychologie, 1. Teil, Danubia im ÖCV Wien, 11. 12. 1978
Parapsychologie, 2. Teil, Danubia im ÖCV Wien, 14. 12. 1978
Parapsychologie kritisch, Volksbildungsheim des Landes Steiermark Leibnitz, Retzhof, 3./4. 3. 1979
Parapsychologie, Bildungshaus Puchberg bei Wels, 6. 10. 1979
Parapsychologie, VHS Linz, 16. 1. 1980
Parapsychische Phänomene, VHS Linz, 30. 1. 1980
Neuere Telepathie- und Psychokineseversuche, Schweizer Parapsychologische Gesellschaft, Zürich, 11. 2. 1980
Tonbandeinspielungen der Wiener Arbeitsgruppe, Parapsychologische Arbeitsgruppe Basel, 12. 2. 1980
Meine neuen Telepathie- und Psychokineseversuche in Österreich, Schweizer Vereinigung für Parapsychologie, Biel, 14. 2. 1980
Meine neuen Telepathie- und Psychokineseversuche in Österreich, Schweizer Vereinigung für Parapsychologie, Bern, 15. 2. 1980
Paraphysikalische Phänomene, VHS Linz, 27. 2. 1980
Beiträge zur Telepathieforschung, 2. Internationaler Kongreß der Deutschen Gesellschaft für Parapsychologie, Hamburg, 17. 5. 1980
Telepathie und Psychokinese, Firma Messerschmitt Bölkow-Blohm, München-Ottobrunn, 24. 11. 1980
Erlebnisse klinisch Toter, VHS Linz, 18. 3. 1981
Paranormale Tonbandstimmen, VHS Linz, 25. 3. 1981
Erlebnisse klinisch Toter, Altpfadfindergilde G1 des Österreichischen Pfadfinderbundes, Wien, 25. 4. 1981
Parapsychologie, HAK Tulln, 6. 5. 1981
Parapsychologie. Parapsychische Phänomene: Telepathie und Hellsehen, BG/BRG Wien 15., Diefenbachgasse 19, 30. 6. 1981
Der wissenschaftliche Stand der Parapsychologie, Teil 1: Parapsychische Phänomene: Telepathie und Hellsehen, St. Johanns-Club, Wien, 7. 10. 1981

Der wissenschaftliche Stand der Parapsychologie, Teil 2: Paraphysikalische Phänomene: Psychokinese und Spuk, St. Johanns-Club, Wien, 28. 10. 1981

Die physikalische Relevanz radiästhetischer Mutungen, 4th Vienna International Meeting on Human Ecology, Technische Universität Wien, 3. 11. 1981

Neue parapsychologische Versuche in der Volksrepublik China, Altpfadfindergilde G1 des Österreichischen Pfadfinderbundes, Wien, 20. 2. 1982

Parapsychologie, Probleme und Ergebnisse (Telepathie, Hellsehen, Spuk), Katholisches Bildungswerk Langenwang, 4. 3. 1982

Parapsychologie (Psychische Phänomene), BRG II, 1020 Wien, Vereinsgasse 21, 4. 6. 1982

Parapsychische Phänomene (Telepathie und Hellsehen), KÖHV Franco-Bavaria, Wien, 8. 6. 1982

Probleme und Ergebnisse der Parapsychologie, Roundtable-Diskussion, Sommerakademie Landskron, Kärnten, 3. 7. 1982

Neueste parapsychologische Experimente in der Volksrepublik China – ein Film, IX. Imago Mundi-Kongreß, Innsbruck, 18. 9. 1982

Signale aus dem Jenseits? Bildungshaus Schloß Puchberg bei Wels, 6. 11. 1982

Telepathie und Hellsehen, AKV Aggstein, Wien, 16. 12. 1982

Parapsychologische Phänomene und ihre wissenschaftliche Erforschung (Telepathie, Hellsehen, Psychokinese), HTL Braunau/Inn, 28. 2. 1983

Telepathie und Hellsehen, Rotary-Jugend, Loyality-Club, 2. 3. 1983

Parapsychologie – Mythos oder Wissenschaft? Bildungshaus Neuwaldegg, Wien, 5. 3. 1983

Signale aus dem Jenseits? Die parapsychologischen Phänomene, Bildungshaus St. Georgen/Längssee, 16. 4. 1983

Parapsychologische Phänomene und ihre wissenschaftliche Erforschung (Telepathie, Hellsehen, Psychokinese und Spuk), HTL Braunau/Inn, 13. 5. 1983

Paraphysikalische Phänomene (Psychokinese und Spuk), K.Ö.H.V. Franco-Bavaria, Wien, 17. 5. 1983

Parapsychologie, für Schüler der BHAK 22, TU Wien, , HS 8, 18. 6. 1984

Parapsychologie (Parapsychische Phänomene), BG und BRG Wien 15., Diefenbachgasse, 25. 6. 1984

Parapsychologie (Parapsychische Phänomene), BG Wien 19., Gymnasiumstraße, 27. 6. 1984

Strahleneinflüsse in der Wohnumwelt. Radiästhetische Phänomene, Wünschelruteneffekt, Erdstrahlen, Verein der Österreichischen Zementfabriken und Der Österreichische Betonverein, Großer Saal des ÖIAV, Wien, 24. 10. 1984

Strahleneinflüsse in der Wohnumwelt. Radiästhetische Phänomene, Wünschelruteneffekt, Erdstrahlen, Verein der Österreichischen Zementfabriken und Der Österreichische Betonverein, Großer Saal der Steirischen Handelskammer, Graz, 30. 10. 1984

Strahleneinflüsse in der Wohnumwelt. Radiästhetische Phänomene, Wünschelruteneffekt, Erdstrahlen, Verein der Österreichischen Zementfabriken und Der Österreichische Betonverein, ÖIAV, Landesverein Salzburg, WIFI Salzburg, 10. 12. 1984

Radiästhetische Phänomene, Erdstrahlen, Wünschelruteneffekt, geopathogene Wirkungen u. a., VHS Krems, 7. 5. 1985

Parapsychologie, BRG Wien 19., 24. 6. 1986

Radiästhetische Phänomene, Seminar für elektromagnetische Verträglichkeit, TU Wien, 22. 3. 1990

Parapsychologie, für Schüler des GRG 10, Frau Prof. Anneliese Peikert, 7.12.1993

Filmvortrag über Parapsychologie, für Schüler des GRG 10, Frau Prof. Anneliese Peikert, 15.2.1994

## 3 VORTRÄGE HELLMUT HOFMANNS VOR DER „ÖSTERREICHISCHEN GESELLSCHAFT FÜR PARAPSYCHOLOGIE UND GRENZBEREICHE DER WISSENSCHAFTEN"

19670113, Fr: Telepathische Suggestionen, Technische Hochschule (HS 5)

19770331, Do: Parapsychologie. Ein Überblick über die Phänomene, ihre Untersuchung und Deutung, 1. Teil, Technische Universität, (HS 10)

19770414, Do: Parapsychologie, ein Überblick über die Phänomene, ihre Untersuchung und Deutung, 2. Teil, Technische Universität, (HS 10)

19781030, Mo: Beiträge zur Telepathieforschung, Technische Universität (HS 7)

19801027, Mo: Einführung in die Parapsychologie, 1. Teil: Psychologische Grundlagen der Parapsychologie: psychische Automatismen, psychische Spaltungserscheinungen, Mediumismus, Technische Universität (HS 7)

19801110, Mo: Einführung in die Parapsychologie, 2. Teil: Parapsychische Phänomene: Telepathie, Hellsehen und Präkognition, Technische Universität (HS 7)

19801117, Mo: Einführung in die Parapsychologie, 3. Teil: Paraphysikalische Phänomene: Psychokinese, Spukerscheinungen, Technische Universität (HS 7)

19810309, Mo: Erlebnisse klinisch Toter (Nahtoderlebnisse), Technische Universität, (HS 7)

19811123, Mo: Spontane Hautphänomene des Psychokinesemediums Eleonore Zugun, Technische Universität, (HS 7)

19840116, Mo: Dermooptik, das Phänomen des Hautlesens, Technische Universität (HS 7)

19840507, Mo: Ältere und neuere Telepathieversuche im Rahmen der Österreichischen Gesellschaft für Parapsychologie, Technische Universität (HS 7)

19841203, Mo (an Stelle von DI Boris Ferencik, Bratislava): Der wissenschaftliche Stand der Erforschung des Radlästhesieproblems, Technische Universität (HS 7)

19851104, Mo: Psychologische Grundlagen der Parapsychologie: Unterbewußte seelische Tätigkeit, psychische Automatismen, multiple Persönlichkeiten, Technische Universität (HS 7)

19851118, Mo: Parapsychische Phänomene: Telepathie, Hellsehen in Gegenwart, Vergangenheit und Zukunft, Technische Universität (HS 7)

19851202, Mo: Paraphysikalische Phänomene: Psychokinese, Spuk, Technische Universität (HS 7)

19870427, Mo: Außerkörperliche Erfahrungen (Out-of-the-Body-Experiences) (Veränderte Bewußtseinszustände, Nahtoderlebnisse), Technische Universität, (HS 9)

19881107, Mo: Psychologische Grundlagen der Parapsychologie: Unterbewußte seelische Tätigkeit, psychische Automatismen, multiple Persönlichkeiten, Technische Universität (HS 7)

19881121, Mo: Parapsychische Phänomene: Telepathie, Hellsehen in Gegenwart, Vergangenheit und Zukunft, Technische Universität (HS 7)
19881128, Mo: Paraphysikalische Phänomene: Psychokinese, Spuk, Technische Universität (HS 7)
19921109, Mo: Psychologische Grundlagen der Parapsychologie: Unterbewußte seelische Tätigkeit, psychische Automatismen, multiple Persönlichkeiten, Technische Universität (HS 7)
19921123, Mo: Parapsychische Phänomene: Telepathie, Hellsehen in Gegenwart, Vergangenheit und Zukunft, Technische Universität (HS 7)
19921130, Mo: Paraphysikalische Phänomene: Psychokinese, Spuk, Technische Universität (HS 7)

## 4  VORTRÄGE IM RAHMEN DES SEMINARS DER GESELLSCHAFT 1971–1976

19731108, Do: Telepathische Experimente, Technische Hochschule (HS 5)
19740307, Do (zusammen mit Urban, Dr. Peter): Uri Gellers Auftreten in Wien, Technische Hochschule (HS 10)
19750605, Do: Automatisches Schreiben. Mit einer Behandlung neuer Experimente, Technische Hochschule (HS 9)

## 5  RUNDFUNKSENDUNGEN/INTERVIEWS[187]

Diskussion über das Thema „Wünschelrute", ORF-Sendung „Verkehrsrundschau", 18. 2. 1972
Diskussionsteilnehmer in der ORF-Sendung Querschnitte zum Thema „Uri Geller", 23. 1. 1974
Diskussionsteilnehmer in der ORF/FS 1-Sendung „Magier unter uns", 22. 3. 1974
Beitrag über das elektronische ASW-Testgerät, ORF/FS 1-Sendung „Welt des Buches", 2. 4. 1974
Statement zur Frage der Paraphysik, ORF/Ö1-Sendung „Die Tribüne", 26. 5. 1974
Parapsychologische Beeinflussung von Pflanzen, ORF/FS1-Sendung „Wir", 17. 4. 1975
Teilnehmer an der ORF/FS2-Sendung „Eintritt frei" (Redaktion Fr. Dr. Flossmann), Thema „Die Rückkehr der Magier", 28. 6. 1976
Teilnehmer an der ORF/FS1-Sendung „Wir" zum Thema „Die Wünschelrute", 6. und 13. 9. 1976
SDR Stuttgart, 2. Programm, „Jenseits der Schulweisheit – Das Außersinnliche als naturwissenschaftliches Phänomen", 23. 10. 1976
Diskussionsteilnehmer an der ORF/FS2-Sendung „Club 2" zum Thema „Parapsychologie" (Leitung: Othmar Urban), 4. 11. 1976
Teilnehmer an der ORF/FS1-Sendung „Wir" zum Thema „Falsche Geister – echte Schwindler" (Redaktion Dr. Kudrnovsky), 5. 11. 1976
Diskussionsteilnehmer an der ORF/FS1-Sendung „Argumente" zum Thema „Strahlenschutzgeräte" (Leitung: Walter Schiejok), 15. 2. 1977
Gesprächspartner in der ORF/FS2-Sendung „Zeit im Bild 2" zum Thema „50 Jahre Österreichische Gesellschaft für Parapsychologie", 9. 5. 1977

Interview für die ORF/Ö-Regional-Sendung „Das Magazin" zum Thema Parapsychologie, 25. 8. 1977
Teilnehmer an der ORF/Ö3-Sendung „Ö3-Magazin" zum Thema „Dämonen-Geister", 20. 11. 1977
Teilnehmer an der ORF/Radio NÖ-Sendung „Hereinspaziert. Das blau-gelbe Gästezimmer" zum Thema „Aberglaube", 13. 1. 1978
Teilnehmer an der ORF/FS1-Sendung „Panorama", Bericht über paranormale Tonbandstimmen, 27. 11. 1981
Teilnehmer an der ORF/FS2-Sendung „10 Minuten vor 10", Bericht über chinesische Telepathieversuche, 7. 1. 1982
Interview über grenzwissenschaftliche Phänomene („Jenseits von Beethoven"), für: „Express, Das Magazin der ÖH", Jg. 4, Nr. 57, Mai 1982
Diskussionsteilnehmer an der ORF/FS2-Sendung „Materie und Magie", 11. 6. 1982
Teilnehmer an der ORF/FS1-Sendung „Wir" zum Thema „Wünschelrute", 13. 8. 1982
Interview über den Film „Neueste parapsychologische Experimente in der Volksrepublik China" für die ORF/FS1-Sendung „Österreich-Bild", aufgenommen 17. 9. 1982, gesendet 1. 1. 1983
Interview für die Sendung „Brennpunkte" des Fernsehsenders Bozen zum Thema „parapsychologische Phänomene", aufgenommen 18. 9. 1982, gesendet 23. 9. 1982
Interview für das „dr-Gesundheitsmagazin" zum Thema „Reinkarnationsrückführung in Hypnose", 2. 12. 1982
Interview für die ORF/Ö3-Sendung „Radiothek" zum Thema „Psychische Automatismen", Interviewer Burkhard List, gesendet 15. 1. 1983
Interview im Landesstudio NÖ für die ORF/Ö1-Sendung „Sprechfunk mit Verstorbenen" zum Thema Tonbandstimmen, Interviewer Walter Zimper, aufgenommen 27. 1. 1983, gesendet, 20. 8. 1983
Interview für die ORF/FS1-Sendung „Wir" zum Thema „Heilmagnetismus", Interviewerin Frau Kluge-Zaunecker, aufgenommen 5. 4. 1983, gesendet 21. 9. 1983
Interview für die ORF/Ö-Regional-Sendung „Mittagslandesschau" (Kärnten) zum Thema „Signale aus dem Jenseits?" Interviewer Manfred Hafner, 16. 4. 1983
Interview für die ORF/Ö1-Sendung „Memo" zum Thema „Vom Wissen der Frauen", Interviewerin Frau Dr. Velikay, aufgenommen 21. 6. 1983, gesendet 9. 7. 1983
Interview für die ORF/Ö-Regional-Sendung „Sprechfunk mit Verstorbenen" (Niederösterreich), Interviewer Manfred Zimper, 28. 9. 1983
Interview für die Zeitschrift „Der Kriminalbeamte" Nr. 404, November 1983, „Einsatzmöglichkeiten der Parapsychologie in der Kriminalistik", Interviewer Herr Germandik und Herr Sabica, aufgenommen am 22. 9. 1983
Interview für die ORF/Ö1-Sendung „Magazin der Wissenschaft", zum Thema „Psychokinese", Interviewer Josef Wenzel-Hnatek, 27. 11. 1983
Interview für das dr-Gesundheitsmagazin, Juli/August 1984, zum Thema „Wahrsager, Handlesen etc.", Interviewer Frau Dr. Kuhn, aufgenommen 21. 5. 1984
Interview für die ORF/FS1-Sendung „Wir" zum Thema „Wünschelruteneffekt, Geopathie, Abschirmung", Interviewerin Elisabeth Kounenis, aufgenommen 6. 8. 1984, gesendet 22. 8. 1984

Interview für „Danubia Weekly" Nr. 43 und 44 (23. 10. und 30. 10. 1984), Interviewer Mag. Clifford Stevens, aufgenommen 8. 10. 1984

Interview für die ORF/Ö-Regional Sendung „Magazin um 11" zum Thema „Telepathie", Interviewerin Karin Unger, aufgenommen 11. 10. 1984, gesendet 2. 11. 1984

Interview für die ORF/FS2-Sendung „Wissen aktuell" zum Thema „Radiästhesie", Interviewerin Frau Grylka, aufgenommen 23. 10. 1984, gesendet 27. 10. 1984

Interview für die Zeitung „Kurier", veröffentlicht unter dem Titel „Die echten Geisterjäger", 7. 1. 1985, S. 20 (Jugendseite)

Interview für den ibf-Report, veröffentlicht unter dem Titel „Wenn die Wünschelrute ausschlägt", 11. 1. 1985, o. S.

Teilnahme an der ORF/Ö-Regional Sendung „Magazin der Frau" zum Thema „Entstrahlungsgeräte", 6. 2. 1985

Teilnahme an der ORF/Ö3-Sendung „Zickzack", Interviewer Herr Lampert zum Thema „Parapsychologie", 3. 6. 1985

Interview für die ORF/Ö-Regional Sendung „Wiener Schülerradio" (Wien) zum Thema „Parapsychologie", Interviewerin Andrea Müller (für Schüler des BRG Wien 14.), aufgenommen und gesendet am 21. 6. 1985

Interview anläßlich der Wiederausstrahlung der ORF-Sendung „Materie und Magie" von ORF-3SAT im ZDF-Studio Mainz, Interviewer Franz Krynedl, 27. 6. 1985

Interview für die ORF/Ö-Regional Sendung „Familienmagazin" (Burgenland) zum Thema „Automatisches Schreiben mit dem Schreibtischchen", Interviewerin Andrea Reisner, 8. 11. 1986

Interview für die Zeitschrift „ibf-aktuell" Nr. 5337 vom 23. 12. 1986 zum Thema „Astrologie. Standpunkt der Wissenschaft", Interviewer Herr Baumgart, aufgenommen 16. 12. 1986

Interview für die ORF/Ö-Regional Sendung „U8, Wr. Studentenmagazin" zum Thema „Aberglaube – Parapsychologie", Interviewer Herr Frühling, 30. 12. 1986

Interview für die Zeitschrift „Neue Illustrierte Wochenschau" Jg. 78/1987, Nr. 4, 20. 1. 1987, zum Thema „Uri Geller – kein Schwindler", Interviewer Gerhard Sedivec

Interview für die „Neue Kronen Zeitung" 9. 4. 1987, S. 20/21, zum Thema „Automatisches Schreiben, Telepathie", Interviewer Georg Markus

Interview für die Abschlußzeitschrift der HAS Tulln, Mai 1987, S. 38–41, zum Thema „Übersinnliche Wahrnehmungen (Parapsychologie), Interviewer Hannes Salmutter

Interview für die ORF/FS2-Sendung „Österreich-Bild am Sonntag" vom 12. 2. 1989 zum Thema „Séancen der Tochter des Kronprinzen Rudolf", Interviewerin Frau Dr. Klimek

Interview für die Zeitschrift „DIVA" ohne nähere Angaben, zum Thema „Spuk und parapsychologische Phänomene", Interviewerin Frau Kemerner, 21. 12. 1992

Interview für die ORF/Ö1-Sendung „Dimensionen. Die Welt der Wissenschaft" am 21. 7. 1993 zum Thema „Psychokinese", Interviewer Dr. Reinhard Schlögl

Interview für die ORF/FS2-Sendung „Zeit im Bild 2" vom 14. 9. 1989 zum Thema „Ein Fall von Hellsehen in die Gegenwart: Auffinden einer Schlange durch Pendeln über einem Plan in Bad Ischl", ohne Angaben eines Interviewers

## Die Herausgeber bzw. Autoren

**Gerhard Heindl,** Mag. Dr., *1961, Historiker

Vorstandsmitglied der Österreichischen Gesellschaft für Parapsychologie und Grenzbereiche der Wissenschaften
 Die „Österreichische Gesellschaft für Parapsychologie und Grenzbereiche der Wissenschaften" 1927–1963 mit einem statistischen Anhang bis 1997. Ffm. 1998.
 Alfred (Freiherr von) Winterstein. In: Mitteilungen der Österreichischen Gesellschaft für Wissenschaftsgeschichte, Jg. 18/1998.
 Mit H. Grössing Hrsg. von: Heimat großer Söhne ... Exemplarische Leistungen österreichischer Naturforscher, Techniker und Mediziner. Ffm. 1997.

**Hellmut Hofmann,** Univ.-Prof. Dr., *1921

Ehrenpräsident der Österreichischen Gesellschaft für Parapsychologie und Grenzbereiche der Wissenschaften
 Siehe Biographie S. 197–203.
 Siehe Bibliographie und Öffentlichkeitsarbeit S 204–210.

**Manfred Kremser,** Asst.-Prof. Dr., *1950, Ethnologe

Präsident der Österreichischen Gesellschaft für Parapsychologie und Grenzbereiche der Wissenschaften
 Ethnologische Bewußtseinsforschung in Praxis und Theorie; Grenzbereichsphänomene im anthropologischen Kontext; Ritualkommunikation; religiöse Kultur Afrikas und Afro-Amerikas, im speziellen der Karibik; Methoden der partizipatorischen Feldforschung im Hinblick auf kulturelle und wissenschaftliche Entwicklungskooperation.
 „Mandol" – Schamanische Tranceheilung eines Bhil-Barwo/ Indien. In: Curare. Band 18, Nr. 2. Sucht und veränderte Bewußtseinszustände im Kulturvergleich / Addiction and Alte-

red States of Consciousness in Transcultural Comparison. Berlin

Hrsg. von: „Ay BoBo" – Afro-Karibische Religionen/African-Caribbean Religions. 3 Bände/3 Volumes (Bd. 1: Kulte/Cults, Bd. 2: Voodoo, Bd. 3: Rastafari). Wiener Beiträge zur Ethnologie und Anthropologie, Band 8/1–3 (Vienna Contributions to Ethnology and Anthropology, Vols. 8/1–3). Wien.

**Peter Mulacz,** *1945, Parapsychologe

Vizepräsident und Generalsekretär der Österreichischen Gesellschaft für Parapsychologie und Grenzbereiche der Wissenschaften

Vollmitglied der Parapsychological Association sowie der Society for Psychical Research und der American Society for Psychical Research

Zahlreiche Publikationen zu verschiedenen parapsychologischen Themen in wissenschaftlichen Zeitschriften, z. B. Journal of Parapsychology, Journal of the Society for Psychical Research, The Psi Researcher, Grenzgebiete der Wissenschaft, Zeitschrift für Parapsychologie und Grenzgebiete der Psychologie u.a.; Referate bei Internationalen Kongressen; Mitarbeit an diversen Büchern, z. B. O. Schatz (Hrsg.): Parapsychologie. Ein Handbuch, sowie Mitglied des Herausgeberkollegiums mehrerer Werke.

Umfangreiche Vortrags- und Seminartätigkeit im In- und Ausland; Öffentlichkeitsarbeit (Rundfunk- und Fernsehinterviews).

Ausarbeitung parapsychologischer Forschungsprojekte (externe Projekte des IGPP).

## Anmerkungen

1 Dieser Vortragszyklus wurde von März 1977 an mehrfach, zuletzt im November 1992, gehalten. [Anm. d. Hrsg.]
2 Es verdient auch die Tatsache Erwähnung, daß die Parapsychological Association, die internationale Berufsvereinigung der wissenschaftlich arbeitenden Parapsychologen, schon vor rund drei Jahrzehnten als Mitgliedsorganisation in die AAAS (American Association for the Advancement of Science) aufgenommen worden ist. [Anm. d. Hrsg.]
3 Der stigmatisierte Kapuzinerpater ist mittlerweile vom Papst seliggesprochen worden (2. Mai 1999). [Anm. d. Hrsg.]
4 Hier spricht man heute gerne von „Veränderten Bewußtseinszuständen" (Altered States of Consciousness, ASC) bzw. „Veränderten Wachbewußtseinszuständen". [Anm. d. Hrsg.]
5 Die mittlerweile ebenfalls längst verstorbene Grete SCHRÖDER war die Steuerberaterin des Neurologen und Psychiaters Dr. Karl NOWOTNY. [Anm. d. Hrsg.]
6 Heute spricht man neben Persönlichkeitsspaltung vielfach von multipler Persönlichkeit (Multiple Personality Syndroma). Es ist evident, daß hinter dieser Terminologie ein anderes Modell des Zustandekommens dieser Phänomenik steht. – Hingewiesen sei auf Stephen E. BRAUDE, First Person Plural: Multiple Personality and the Philosophy of Mind, Routledge, London 1991. [Anm. d. Hrsg.]
7 Dieses Kapitel und Teile von anderen sind zuvor in der Zeitschrift „Grenzgebiete der Wissenschaft" publiziert worden: HOFMANN, H.: Beiträge zur Telepathieforschung. Grenzgebiete der Wissenschaft, 27. Jg., 3-1978: 433–455
8 Der gesamte Film mit allen Versuchen wurde vom Verfasser beim XI. Imago Mundi-Kongreß in Innsbruck am 18. 9. 1982 vorgeführt.
9 Man spricht hierbei von „forced choice" (im Gegensatz zu „free response", wie etwa bei den vorher beschriebenen Experimenten, bei denen die Wahl des Zielobjekts beliebig war). [Anm. d. Hrsg.]
10 Der Buchstabe p steht für probability (Wahrscheinlichkeit). [Anm. d. Hrsg.]
11 In der internationalen Literatur hat sich mittlerweile die Abkürzung RNG (für Random Number Generator = Zufallszahlengenerator) durchgesetzt. [Anm. d. Hrsg.]
12 WINTERSTEIN war viele Jahre Präsident der Österreichischen Gesellschaft für Psychische Forschung (heute: Österreichische Gesellschaft für Parapsychologie und Grenzbereiche der Wissenschaften).
13 Siehe auch die ausführliche Darstellung „Radiästhetische Phänomene" in den Aufsätzen dieses Bandes (S. 125). [Anm. d. Hrsg.]
14 Da man diesen Gegenstand als Induktor bezeichnet, habe ich zur Vermeidung des irreführenden Terminus Psychometrie vorgeschlagen, dieses Phänomen statt dessen als „induzierte Retroskopie" zu bezeichnen. [Anm. d. Hrsg.]
15 Ebenso im schottischen Hochland. [Anm. d. Hrsg.]
16 TENHAEFF hat zwecks Dokumentation seinen VPen aufgetragen, ihm derartige Berichte auf einer offenen Postkarte zuzusenden, sodaß sich der Text des Berichterstatters und der Datumsstempel des Postamts nebeneinander befinden sowie nach der Abstempelung keine Änderungen mehr vorgenommen werden können. Heute erfüllt E-Mail denselben Zweck. [Anm. d. Hrsg.]

17  Wichtigste Brücke in Wien über die Donau, errichtet – in dieser Form – in der Zwischenkriegszeit; Hängebrücke, durch die charakteristische Form stadtbildprägende Funktion. [Anm. d. Hrsg.]
18  Bei diesen Demonstrationssitzungen für den Leserkreis einer okkultistischen bzw. „esoterischen" Zeitschrift ist ein betrügerisches Medium durch die Verwendung von Restlichtverstärkern entlarvt worden. [Anm. d. Hrsg.]
19  Jule EISENBUD ist mittlerweile hochbetagt verstorben (10. März 1999). [Anm. d. Hrsg.]
20  HOFMANN, H: „Telepathie und Psychokinese im Zusammenhang mit Uri Geller", Grenzgebiete der Wissenschaft, 23. Jg., 3-1974: 305–330.
21  Dieser Effekt der fortdauernden Verbiegung ohne Berührung zeigt sich bei Uri GELLER noch heutzutage, über ein Vierteljahrhundert später. Ich hatte Gelegenheit, dies Ende 1999 aus nächster Nähe beobachten zu können. [Anm. d. Hrsg.]
22  Diese Experimente passen zwar thematisch nicht in den Rahmen der Biegeversuche, werden aber vom Autor chronologisch hierher gestellt, weil sie im Rahmen der durch Uri GELLER ausgelösten Welle des Interesses an Parapsychologie stattgefunden haben. Ein Spiegel dieses öffentlichen Interesses ist auch die Tatsache, daß damals der Mitgliederstand unserer Gesellschaft kurzzeitig doppelt so hoch angeschwollen ist (auf rund 400) als zuvor oder später. Eine ausführlichere Darstellung der Experimente mit Herrn W. befindet sich auf S. 102. [Anm. d. Hrsg.]
23  Ich hatte Gelegenheit, mit einigen jugendlichen Metallbiegern selbst zu experimentieren und bei einigen weiteren, insbesondere Rony MARCUS, Beobachtungen anzustellen. Umständehalber habe ich die Ergebnisse meiner Experimente damals nicht selbst publiziert, sondern sie später meinem inzwischen verstorbenen Freund Heinz Ch. BERENDT zur Verfügung gestellt, der sie dann in einem seiner Bücher ausführlich zitiert hat: H. BERENDT, Jenseits des Möglichen? Metallbiegen durch seelische Kraft. Einführung in die Psychokinese mit dokumentarischen Photos, Herderbücherei Bd. 1225, Herder Verlag, Freiburg 1986. [Anm. d. Hrsg.]
24  Analog den Kartenexperimenten, die später durch elektronische Testgeräte ersetzt worden sind, werden heute derartige Experimente auf Computerbasis durchgeführt. Siehe den Artikel des Autors „Elektronik im Dienste der Parapsychologie", S. 107, und vgl. auch S. 161 [Anm. d. Hrsg.]
25  Hans BENDER ist nie müde geworden, immer wieder auf die „erstaunliche Gleichförmigkeit" des Spuks über Jahrhunderte hinweg hinzuweisen. [Anm. d. Hrsg.]
26  Vgl. auch W. P. MULACZ: Der sogenannte wissenschaftliche Spiritismus als parapsychologisches Problem. In: O. SCHATZ (Hrsg.): Parapsychologie. Ein Handbuch. Styria Verlag, 1976.
27  Dazu gehört auch die Tatsache, daß zwei Mal ein ca. 175 Kilogramm schwerer Aktenschrank (so wird es immer zitiert) auf offensichtlich paranormale Weise ein erhebliches Stück von der Wand weg in den Raum hineingeschoben worden ist. Das Interessante an diesem Vorkommnis ist, wie ich bei einer Nachuntersuchung in Rosenheim habe feststellen können, daß dieses Möbelstück, bei dem es sich eigentlich um eine Stellage handelt, auf dem ursprünglichen Holzboden der Kanzlei steht, während der Rest der Kanzlei mit einem Linoleumboden ausgelegt ist. Beim Verlegen dieses Linoleumbelags war die Stellage ihres Gewichts wegen nicht weggerückt worden, sondern der Einfachheit halber das Linoleum rundherum ausgeschnitten. Dadurch war der Boden des Raumes um die Dicke des Linoleums höher als jene Stelle, an der die Stellage stand;

diese mußte also, um horizontal bewegt werden zu können, zunächst erst ein paar Millimeter angehoben werden, um diese kleine „Stufe" überwinden zu können. (Merkwürdigerweise scheint dieser Sachverhalt anderen Untersuchern kaum aufgefallen zu sein.) Dieses Anheben kann, rein mechanisch gesehen, entweder unter Überwindung eines bedeutenden Gewichts am Unterteil der Stellage erfolgen, oder aber – mit Leichtigkeit – durch Ausnützung des sich durch die mannshohe Größe der Stellage ergebenden Hebelarmes oben, indem die Stellage ganz an die Wand gedrückt wird, von der sie einige wenige Zentimeter entfernt stand. Allerdings ist in diesem Fall, wenn die Stellage auch in den Raum hinein verschoben werden soll, das Angreifen einer horizontalen Komponente an einem anderen Punkt erforderlich. [Anm. d. Hrsg.]

28 Um 1970; Frau KULAGINA ist mittlerweile längst verstorben. [Anm. d. Hrsg.]
29 Im Sommer 2000 hat die Österreichische Gesellschaft für Parapsychologie ihren Sitz von der Technischen Universität Wien (vormals Technische Hochschule Wien) an die Universität Wien verlegt (Institut für Ethnologie, Kultur- und Sozialanthropologie). [Anm. d. Hrsg.]
30 Als BENDERS Nachfolger leitet nunmehr Prof. Dr. Johannes MISCHO das IGPP.
31 Diese Symbole bzw. Karten werden auch gerne als ZENER-Karten bezeichnet, nach dem Mitarbeiter RHINES, der sie entworfen hat. Vgl. auch Abb. 12. [Anm. d. Hrsg.]
32 Bild auf S. 63.
33 Vgl. Anm. 7. [Anm. d. Hrsg.]
34 Vgl. Anm. 31 sowie Abb. 12. [Anm. d. Hrsg.]
35 Vgl. Anm. 11. [Anm. d. Hrsg.]
36 In diesem Band Abb. 13. [Anm. d. Hrsg.]
37 Heute St. Petersburg
38 „Derzeit" bezieht sich auf 1974, als dieser Aufsatz ursprünglich publiziert wurde.
39 Vgl. Fußnote 36.
40 Vgl. Anm. 19. [Anm. d. Hrsg.]
41 In diesem Band unter „Aufsätze", 1., wiedergegeben, siehe S. 107.
42 Zeitschrift für Parapsychologie und Grenzgebiete der Psychologie. [Anm. d. Hrsg.]
43 Der Inhalt dieses Aufsatzes ist im vorliegenden Band in den Vortragszyklus eingearbeitet worden.
44 Das heißt, in Anlehnung an den Namen der „Society for Psychical Research", welche – die erste ihrer Art – bereits im Jahre 1882 gegründet worden ist. 1971 wurde die Gesellschaft dann in „Österreichische Gesellschaft für Parapsychologie" umbenannt. [Anm. d. Hrsg.]
45 Anfangs 1997 hat Prof. HOFMANN die Präsidentschaft schließlich an Asst.-Prof. Dr. Manfred KREMSER (Universität Wien) übergeben, nachdem er aus Gesundheitsgründen die „Hofübergabe" schon länger angestrebt hatte; der Sitz der Gesellschaft blieb aber zunächst weiterhin an der TU Wien. Bei dieser Gelegenheit wurde von der Generalversammlung eine neuerliche Namensänderung durch Hinzufügen des Zusatzes „und Grenzbereiche der Wissenschaften" beschlossen. [Anm. d. Hrsg.]
46 Und zwar ging die Gesellschaft, wie sich nachweisen läßt, direkt aus dem ZUGUN-Studienkreis der Gräfin WASSILKO hervor. Eleonore ZUGUN, das rumänisches Spukmedium, verblieb mehr als zwei Jahre in Wien (1926–1928). Im Laufe der Untersuchungen konnten über 3000 Einzelfälle dokumentiert werden; der Fall ist aufgrund seines Phänomenreichtums wie auch wegen weiterer Aspekte noch heute von hohem Interesse

und Gegenstand weiterer Forschung sowie mehrerer rezenter Publikationen. [Anm. d. Hrsg.]
47 Siehe Anhang, Bibliographie und Öffentlichkeitsarbeit (5. Teilnahme an Rundfunksendungen/Interviews), S. 208. [Anm. d. Hrsg.]
48 Gräfin WASSILKO hat dieser ihrer ersten Publikation über den Fall ZUGUN (ihre Beobachtungen in Talpa) nicht weniger als neun weitere (über ihre Beobachtungen während des Aufenthalts der Eleonore ZUGUN in Wien etc.) folgen lassen, darunter solche in ausländischen Zeitschriften und einen Kongreßvortrag. Für eine genaue Bibliographie siehe MULACZ, P.: Eleonore Zugun – the Re-evaluation of a Historic RSPK Case. Journal of Parapsychology, Vol. 63/1 (March 1999): 15–45 [Anm. d. Hrsg.]
49 Gekürzte Niederschrift eines Vortrages, der im Rahmen einer vom Verein der Österreichischen Zementfabrikanten und vom Österreichischen Betonverein veranstalteten Vortragsreihe über „Strahleneinflüsse in der Wohnumwelt" am 24. 10. 1984 im Österreichischen Ingenieur- und Architektenverein Wien gehalten und am 30. 10. 1984 in der Handelskammer Steiermark in Graz und am 11. 12. 1984 im WIFI Salzburg wiederholt wurde.
50 Vgl. Kap. 3.3 des Vortragszyklus', S. 19 ff.
51 Diese Synagoge ist auch unter den Namen Synagoge von Beit Alfa bekannt. [Anm. d. Hrsg.]
52 Seit der ersten Publikation dieses Aufsatzes ist die Krebsmortalitätsrate noch deutlich angestiegen.
53 BELOFF, J.: On Coming to Terms with the Paranormal. The Journal of the American Society for Psychical Research (JASPR), Vol. 90, January 1996: 35–43
54 Dies ist auch psychohygienisch bedenklich, wenn nämlich Ergebnisse der Parapsychologie so kompliziert erscheinen, daß sie von weiten Kreisen der Interessierten nicht mehr rezipiert werden und an ihre Stelle eine leicht verdauliche „Esoterik" tritt.
55 HOFMANN hat im persönlichen Gespräch auch immer wieder darauf hingewiesen, daß er die Erfahrung der Spontanphänomene für die beweiskräftigsten hält.
56 Vgl. S. 45
57 Obwohl die Worte „Unterbewußtsein" und „Unbewußtes" vielfach synonym gebraucht werden, steht doch jeweils ein unterschiedliches Modell dahinter. Die meisten Autoren bevorzugen das des Unbewußten.
58 „Noise Reduction Model"
59 Somit ein „psi conducive state", ein für das Auftreten von Psi-Phänomenen günstiger Zustand.
60 Wenn die Intention nicht auf Hellsehen, sondern auf Telepathie liegt, dann gibt es eine zweite Versuchsperson, die als Agent tätig ist, die das ausgewählte Bild auf einem Monitor gezeigt bekommt und es dem Perzipienten „senden" soll. Selbstverständlich ist dies nicht Telepathie im strengen Sinne; man spricht von Mischtelepathie oder von Allgemeiner Außersinnlicher Wahrnehmung (AASW) bzw. Allgemeiner Außersinnlicher Erfahrung (AASE), General Extrasensory Perception (GESP). Vgl. Vortragszyklus 2.1 (S. 14)
61 Oder, wie z. B. in frühen Experimenten von Hans BENDER (1933/34 in Bonn), die Buchstaben des Alphabets.
62 Ohne daß damals diese Nomenklatur bereits existiert hätte.
63 Zum Beispiel die Aufnahme der Parapsychological Association (PA) als Mitglied der American Association for the Advancement of Science (AAAS).
64 Gleichzeitig bedeutet diese Richtung ein Experimentieren mit Sensitiven, d. h., besonders begabten Versuchspersonen, im Gegensatz zum

Massenexperiment der RHINEschen Schule unter Verwendung beliebiger Versuchspersonen.

65 Ingo SWANN gibt an, daß der Begriff „Remote Viewing" von ihm selbst, Janet MITCHELL, Karlis OSIS und Gertrude SCHMEIDLER gemeinsam in einer Sitzung der American Society for Psychical Research (ASPR) in New York im Dezember 1971 geprägt worden sei.

66 Stanford Research Institute (in Menlo Park, CA), nicht zu verwechseln mit der renommierten Stanford University.

67 Der polnische Sensitive Stephan OSSOWIECKI, ein „Psi-Star" der Zwanzigerjahre, dessen Phänomene auch heute noch von Interesse sind, hat als Resultat seiner Selbstbeobachtung angegeben, daß er gleichsam dem Agenten mental über die Schulter schaue oder mit dessen Auge sehe.

68 SCHLITZ, M. und GRUBER, E. R.: Transcontinental Remote Viewing. Journal of Parapsychology, 44, 1980.
Dieselben: Transcontinental Remote Viewing: A Rejudging. Journal of Parapsychology 45, 1981.

69 Das „Platzexperiment" ist ein Präkognitionsexperiment, bei dem der Sensitive Aussagen über eine Person (die sog. Zielperson) macht, die zu einem bestimmten, in der Zukunft liegenden Zeitpunkt auf einem bestimmten Sitzplatz eines Veranstaltungsraumes sitzen wird, welcher auf dem dem Sensitiven gegebenen Bestuhlungsplan angezeichnet ist. – Hinsichtlich des gegenständlichen transkontinentalen Experiments sind gewisse Einwände gegen die Genauigkeit der Dokumentation gemacht worden, deren ausführliche Diskussion sowie der Entgegnungen darauf hier den Platz sprengen würde.

70 Hingegen ist jedoch dann, wenn von „travelling clairvoyance" („reisendem Hellsehen") gesprochen wird, eher das Phänomen der Außerkörperlichen Erfahrung (Out-of-Body-Experiences, OBE) gemeint. Hier ist die Terminologie etwas verwirrend. Der Unterschied zwischen den beiden Phänomenen RV und OBE ist jedoch eindeutig: nur bei OBE, nicht aber bei RV ist die Erfahrung vorhanden, sich außerhalb des Körpers zu befinden und diesen gegebenenfalls auch von außen selbst wahrzunehmen.

71 Diese Wortschöpfung ist im Deutschen nicht wiederzugeben. Spionage heißt auf Englisch espionage, somit ESPionage = espionage by ESP.

72 Die Freigabe bezieht sich vor allem auf Dokumente aus einer der drei Abteilungen dieser Programme, nämlich „R&D" (Research und Development = Forschung und Entwicklung), was auch im Rahmen des Fachgebiets Parapsychologie am meisten interessiert; die beiden anderen Abteilungen waren „Operations" = Einsatz (d. h. Spionageaufträge) und „Foreign Assessment" = Feindlagebeurteilung (sc. hinsichtlich derselben Forschungsrichtung, d. h. „Psi als Waffe").

73 Zum Beispiel PUTHOFF, H. E.: CIA-Initiated Remote Viewing Program At Stanford Research Institute. Journal of Scientific Exploration (JSE), Vol. 10, N° 1
TARG, R.: Remote Viewing At Stanford Research Institute In The 1970's: A Memoir. JSE Vol. 10, N° 1

74 Zum Beispiel MCMONEAGLE, J.: „Mind Trek" und „The Ultimate Time Machine"

75 Zum Beispiel SCHNABEL, J., Geheimwaffe Gehirn. Die PSI-Agenten des CIA. München 1998
GRUBER, E. R.: Die PSI-Protokolle. Das geheime CIA-Forschungsprogramm und die revolutionären Erkenntnisse der neuen Parapsychologie. München 1997

76 <http://www.biomindsuperpowers.com/Pages/section2.html>

77 Ingo SWANN gibt an, die Designer-WC-Anlagen im Ministerium hätten mehr gekostet. Wie weit das buchstabengetreu zu nehmen ist, sei dahingestellt, aber es zeigt signifikant die tatsächlichen Prioritäten und Relationen auf.
78 Dem Vorstand dieser Firma gehörten einige der höchstrangigen Persönlichkeiten aus dem Verteidigungsdepartment sowie den Nachrichtendiensten an, darunter zwei frühere CIA-Direktoren, ein vormaliger NSA-(= National Security Agency-)Chef, zwei frühere Verteidigungsminister, ein General im Ruhestand und der vormalige Direktor des Los Alamos National Laboratory.
79 Vgl. S. 47
80 Eine in den USA publizierte Synopsis der verstreut erschienenen französischen Originale.
81 Er verwendet dies Wort trotz der Tatsache, daß wir uns definitionsgemäß im Bereich Außersinnlicher Erfahrung befinden.
82 In Hinsicht auf die Bedeutsamkeit seiner Introspektion kann er mit OSSOWIECKI (siehe Fußnote 67) verglichen werden.
83 Das schlägt sich auch terminologisch nieder im Übergang von „Remote Viewing" (RV) zu „Controlled Remote Viewing" (CRV). Mittlerweile ist – seit dem Ende der Förderung dieser Forschung durch Regierungsstellen – eine Inflation der Worte und Begriffe eingetreten, da mehrere der beteiligten Personen ihre eigenen kommerziellen Institute aufgebaut haben, in denen sie RV-Training anbieten und daher ihre eigene, markengeschützte Terminologie (z. B. „Technical Remote Viewing") verwenden. Keine Frage, daß die werbemäßigen Versprechungen hinsichtlich dieses Trainings wissenschaftlich nicht haltbar sind (vgl. UTTS' Beurteilung, S. 158).
84 Gewiß mildern die Resultate der Introspektion (vgl. S. 155) dieses Dilemma, von sicheren Aussagen ist man jedoch weit entfernt.
85 In der populären Literatur (GRUBER) wird das als „mehrere Stockwerke hoher Spezialkran, der sich auf übermannshohen Rädern auf Schienen fortbewegt" verkauft, während zumindest heutzutage derartige Kräne auf zahlreichen Baustellen in Wien zu sehen sind.
86 MCMONEAGLE ergänzt dazu, daß PRICE seine Angaben einige Jahre vor der Verifikation durch die konventionelle Aufklärung gemacht habe; freilich bleibt er den aktenmäßigen Nachweis dessen schuldig. Semipalatinsk ist ja wohl auch nicht ohne Grund als Zielobjekt ausgewählt worden. Falls MCMONEAGLE mit seinem Einwand recht hat, erweitert sich das Spektrum möglicher Alternativhypothesen um die Rolle der Präkognition: Hat Price vielleicht „gesehen", was erst Jahre später von einem CIA-Graphiker gezeichnet werden sollte?
87 Überdies bin ich mehr als skeptisch in Hinblick auf die Eindeutigkeit der Beschreibung, nach der das Haus bzw. zunächst die Ortschaft identifiziert werden könnte.
88 UTTS, J.: An Assessment of the Evidence for Psychic Functioning. JSE Vol. 10, N° 1
89 HYMAN, R.: Evaluation of a Program on Anomalous Mental Phenomena. JSE Vol. 10, N° 1
90 MAY, E.: The American Institutes for Research Review of the Department of Defense's STAR GATE Program: A Commentary. JSE Vol. 10, N° 1
91 Weiters kritisiert er mangelnde Replikation durch andere Laboratorien, hält die Übereinstimmung mit Resultaten anderer Forscher für illusionär und fordert generalisierend eine breitere empirische Basis und auch mehr theoretische Forschung. In einer späteren Replik auf UTTS zweifelt er grundsätzlich die Wissenschaftlichkeit militärischer Auftragsforschung

an und unterzieht die Reproduzierbarkeit paranormaler Phänomene sowie den Wandel der „parapsychologischen Paradigmata" im allgemeinen einer Kritik; einerseits stimmt er UTTS ZU, daß die Resultate „weit über der Zufallserwartung" gelegen sind, andererseits hält er dies nicht für einen Beweis von Psi, wobei das wichtigste Argument seiner Kritik die negative Definition von Psi ist (z. B. außersinnliche Wahrnehmung), während eine positive theoretische Begründung fehle.

92 <http://www.stephanaschwartz.com/home_ns.htm>
93 Darunter auch zwei pornographische Bilder – was halt im prüden Amerika so als pornographisch gilt.
94 Die Ergebnisse waren ähnlich, gleichgültig, ob echte Zufallszahlengeneratoren oder Pseudozufallsgeneratoren verwendet wurden.
95 Was der sonstigen Erfahrung von „Flüchtigkeit" paranormaler Phänomene widerspricht.
96 Die zu „zahmen" US-Pornobilder wurden durch „schärfere" ersetzt, die dem libertinistischen Lebensstil der Niederlande besser entsprechen.
97 BIERMAN, D.: Anomalous Baseline Effects in Mainstream Emotion Research Using Psychophysiological Variables. The Parapsychological Association, 43$^{rd}$ Annual Convention, Proceedings of Presented Papers: 34–47.
98 Der STROOP-Effekt bezieht sich auf die kognitiv-perzeptive Dissonanz zwischen Farbwahrnehmung und den Namen von Farben (z.B. wird das Wort „grün" in grüner Schrift schneller gelesen als wenn es in roter oder blauer Schrift erscheint etc.).
99 Das ist nur ein marginaler Ausschnitt aus den äußerst vielfältigen Aktivitäten der PEAR-Gruppe, den ich hier ausgewählt habe, bloß, um diese mechanische Versuchsanordnung den im Folgeabschnitt besprochenen SCHMIDT-Maschinen gegenüberzustellen; auf PEAR's RV-Experimente und die theoretischen Konzepte von JAHN & DUNNE einzugehen, fehlt hier der Raum
100 JAHN, R. G. und DUNNE, B. J.: An den Rändern des Realen. Über die Rolle des Bewußtseins in der physikalischen Welt. Frankfurt, 1999.
101 John BELOFF steht im Ruf, daß alle seine Experimente negative Resultate erzielen.
102 Stellvertretend für zahlreiche Arbeiten zu diesem Thema eine der Pionierstudien: SCHMIDT, H.: PK Effect on Pre-Recorded Targets. JASPR, Vol. 70, July 1976.
103 D. L. DELANOY and SAH, S.: Cognitive and physiological psi responses to remote positive and neutral emotional states, In: Proceedings of the 37$^{th}$ Annual Convention of the Parapsychological Association, Parapsychological Association, 1994, 128–138.
104 W. G. BRAUD and M. J. SCHLITZ: Consciousness interactions with remote biological systems: Anomalous intentionality effects. Subtle Energies 2:1 (1991), 1–46.
105 Die Tochter des Physikers Russell TARG, eine Ärztin
106 SICHER, F., E. TARG, MOORE, D. and SMITH, H.: Randomized Double-Blind Study of the Effect of Distant Healing in a Population with Advanced AIDS. Western Journal of Medicine; December 1998; 169 (6): 356–363.
107 OBRECHT, A. J.: „Die Welt der Geistheiler. Zur Renaissance magischer Weltbilder". Wien, 1999.
Derselbe: „Die Klienten der Geistheiler. Vom anderen Umgang mit Krankheit, Krise, Schmerz und Tod". Wien, 2000.
MOOS, U.: „Spirituelles Heilen – Der andere Weg zur Gesundheit". Wien, 1999.
108 BENGTSON, W. F., and KRINSLEY, D.: The Effect of the „Laying On of Hands" on Transplanted Breast Cancer in Mice. JSE, Vol. 14 N° 3 (2000)

109 REG = Random Event Generator = Zufalls(ereignis)generator
110 PortREG = portable Random Event Generator = tragbarer Zufallsgenerator
111 Auch – und vielleicht sogar insbesondere – Resultate, die den Erwartungen nicht entsprechen, sind dem wissenschaftlichen Fortschritt dienlich. Solche Resultate auszublenden (wie das in der ersten Hälfte des 20. Jahrhunderts noch üblich war, als nur positive Ergebnisse berichtet wurden) hieße, das Gesamtbild zu verfälschen.
112 Niedrige geomagnetische Feldstärken (GM) sind mit besseren ASW-Resultaten korreliert, höhere Feldstärken mit besseren Ergebnissen bei PK-Versuchen. PERSINGER und auch SPOTTISWOODE haben darüber mehrfach publiziert. Über GMF und Spuk siehe unten.
113 KRIPPNER, St., WINKLER, M., AMIDEN, A., CREMA, R., KELSON, R., ARORA, H. L. and WEIL, P.: Physiological and Geomagnetic Correlates of Apparent Anomalous Phenomena Observed in the Presence of a Brazilian „Sensitive". JSE Vol. 10, N° 2
114 Die statistische Untersuchung, im Laufe derer SPOTTISWOODE diese Entdeckung gemacht hat, hat er jedoch in seiner Freizeit durchgeführt, wenn die Kinder schlafen gegangen waren. (Dies als Kontrapunkt zu den 20 Mio US $ CIA-Geldern.)
115 Sternzeit = augenblicklicher Stundenwinkel des Frühlingspunktes
116 Unbeschadet der Tatsache, daß für den wissenschaftlichen Gebrauch die aktuelle Zeitskala die Internationale Atomzeit, TAI, ist.
117 Der Sterntag ist um 3 Minuten 56,555 Sekunden kürzer als der Sonnentag.
118 Wer hier glaubt, eine Rechtfertigung der Astrologie zu finden, sitzt einem Mißverständnis auf.
119 Es gibt mir zu denken, daß sich der Einfluß der Variable LST (übrigens gleich wie der der geomagnetischen Fluktuationen) nur bei relativ „schwachen" Phänomenen zeigt. Im Zuge der Untersuchung eines historischen Falles, von dem ein großer Datenbestand vorliegt, hat sich gezeigt, daß keinerlei Korrelation mit geomagnetischen Schwankungen vorliegt, und daß auch – wie in anderen Fällen von Sensitiven und Medien – die LST keinen Einfluß hat. (MULACZ, P.: Eleonore Zugun – the re-evaluation of an historic RSPK case. The Parapsychological Association, 41st Annual Convention, Proceedings of Presented Papers: 94–96. Derselbe: Eleonore Zugun – the Re-evaluation of a Historic RSPK Case. Journal of Parapsychology, Vol. 63/1 [March 1999]: 15–45.)
120 HARALDSSON, E.: ESP and the Defense Mechanism Test (DMT). A further validation. European Journal of Parapsychology, 2(1978), 104–114.
HARALDSSON, E. and J. HOUTKOOPER: Meta-analysis of ten experiments on perceptual defensiveness and ESP: ESP scoring patterns, experimenter and decline effects. Journal of Parapsychology, 59 (3) 1995: 251–271.
121 Feldforschung: Reinkarnationsphänomene sowie paranormale Phänomene bei Sai Baba
122 Vgl. S. 157
123 Das deutsche Wort „Poltergeist" hat auch in die englische Sprache Eingang gefunden.
124 HUESMANN, M. und SCHRIEVER, F.: Steckbrief des Spuks – Darstellung und Diskussion einer Sammlung von 54 RSPK-Berichten des Freiburger Instituts für Grenzgebiete der Psychologie und Psychohygiene aus den Jahren 1947–1986. Zeitschrift für Parapsychologie und Grenzgebiete der Psychologie (ZfPuGdP), 31 (1989): 52 ff.
125 BERENDT, H. Ch.: Jenseits des Möglichen? Metallbiegen durch seelische Kraft. Einführung in die Psychokinese mit dokumentarischen Photos. Freiburg i. Br., 1986 (Herderbücherei Bd. 1225)
126 Silvio MEIER ist ja bekanntlich mit dem „Schwellenmätteli"-Löffel

berühmt geworden; später hat er einmal (möglicherweise) ein PPO (Permanent Paranormal Object, Ausdruck geprägt von John BELOFF) produziert: zwei Rähmchen in der Größe eines Kleinbilddias, eines aus Alufolie und eines aus Papier, ineinander verschränkt – das Objekt ist leider später beschädigt worden, noch bevor die Untersuchungen abgeschlossen waren, somit läßt sich keine verbindliche Aussage treffen.

127 Diese bloße Aufzählung der beteiligten Personen soll nichts über die „Echtheit" ihrer paranormalen Produktionen aussagen.
128 Vgl. den Bericht in der Zeitschrift „esotera", Januar 1/2000, S. 19.
129 KEEN, M., ELLISON , A. and FONTANA, D.: The Scole Report. An Account of an Investigation into the Genuineness of a range of Physical Phenomena associated with a Mediumistic Group in Norfolk, England. Prodeedings of the Society for Psychical Research, Vol. 58, part 220, Nov 1999.
130 In der Folge ist auch ein Riß innerhalb der SPR entstanden, der nur mühsam gekittet werden konnte. Schließlich hat sich schon einmal eine solche Gesellschaft, die ASPR (American Society for Psychical Research), über einen kontroversiellen Fall physikalischen Mediumismus gespalten (Margery CRANDON).
131 Hier spielt auch die Faszination eine Rolle, welche die jeweilige „Führungswissenschaft" ausstrahlt.
132 EBERLEINS Statement, daß die Parapsychologie die einzige Wissenschaft wäre, die durch 150 Jahre in einem präparadigmatischen Stadium verblieben wäre, ist wohl nicht ganz ernst zu nehmen. EBERLEIN, G. L. (Hrsg.): Schulwissenschaft, Parawissenschaft, Pseudowissenschaft. Stuttgart 1991.
133 Vgl. S. 59
134 PERSINGER, M. A.: Psi Phenomena and Temporal Lobe Activity: the Geomagnetic Factor. Research in Parapsychology, The Scarecrow Press: 121–156 (1989)
PERSINGER, M. A. and KRIPPNER, S.: Dream ESP Experiences and Geomagnetic Activity. JASPR 83: 101–116 (1989)
135 MATTUCK, R. D.: Some Possible Thermal Quantum Fluctuation Models for Psychokinetic Influence on Light. Psychoenergetics 4: 211–225 (1982)
136 STANDFORD, R. G., ZENHAUSERN, Z., TAYLOR, A. and DWYER, M.: Psychokinesis as Psi Mediated Instrumental Response. JASPR Research 69(2): 127–134 (1975)
STANDFORD, R. G.: An Experimentally Testable Model for Spontaneous Psi Events. In S. KRIPPNER (Ed.), Advances in Parapsychological Research 6 (1990), McFarland and Co: 54–167
137 Vgl. das bekannte Gedankenexperiment „SCHRÖDINGERS Katze"
138 WALKER, E. H.: Foundations of Paraphysical and Parapsychological Phenomena. In L. OTERI (Ed.) Quantum Physics and Parapsychology, Parapsychology Foundation (1975)
WALKER, E.H.: A Review of Criticisms of the Quantum Mechanical Theory of Psi Phenomena, Journal of Parapsychology 48: 277–332 (1984)
WALKER, E. H.: The Physics of Consciousness. Quantum Minds and the Meaning of Life. Cambridge, Mass., 2000.
139 VON LUCADOU leitet auch die Parapsychologische Beratungsstelle der WGFP in Freiburg i. Br.
140 LUCADOU, W. v.: Psyche und Chaos. Neue Ergebnisse der Psychokinese-Forschung. Freiburg i. Br., 1989.
BAUER, E. u. W. v. LUCADOU (Hrsg.): Psi – was verbirgt sich dahinter? Freiburg i. Br., 1984 (Herderbücherei, Band 1150).
LUCADOU, W. v.: Psyche und Chaos. Theorien der Parapsychologie. Ffm., 1995.

141 MAY, E. C., UTTS, J. M. and SPOTTISWOODE, S. J. P.: Decision Augmentation Theory: Towards a Model of Anomalous Phenomena. Journal of Parapsychology 59(3): 195–220 (1995)
MAY, E. C., SPOTTISWOODE, S. J. P., UTTS, J. M. and JAMES, C. L.: Applications of Decision Augmentation Theory. Journal of Parapsychology 59(3): 221–250 (1995)
142 Vgl. MULACZ, W. P.: Der sogenannte wissenschaftliche Spiritismus als parapsychologisches Problem. In: SCHATZ, O. (Hrsg.): Parapsychologie. Ein Handbuch. Graz/Wien/Köln, 1976.
143 OSIS, K. und HARALDSSON, E.: Der Tod, ein neuer Anfang. Visionen und Erfahrungen an der Schwelle des Seins. Freiburg i. Br., 1989.
144 JANKOVICH, St. v.: Ich war klinisch tot. Der Tod: Mein schönstes Erlebnis. München, 1985.
145 BLACKMORE, S.: Dying to Live: Near-Death Experiences. 1993.
146 KNOBLAUCH, H.: Berichte aus dem Jenseits. Mythos und Realität der Nahtod-Erfahrung. Freiburg, 1999.
147 KNOBLAUCH, H. und SOEFFNER, H.-G. (Hg.): Todesnähe. Interdisziplinäre Zugänge zu einem außergewöhnlichen Phänomen. Konstanz, 1999.
148 Diese beliebte Ausdrucksweise läuft Gefahr, die Existenz eines „Jenseits" schon vorauszusetzen (petitio principii), obwohl diese ja eigentlich erst der Gegenstand der Untersuchung ist.
149 Vgl. S. 42 sowie Fußnote 70.
150 Vgl. auch S. 13
151 Diverse Verschlüsselungstechniken haben seither, bedingt durch EDV-Sicherheitsanliegen, einen enormen Aufschwung genommen, aber auch Entschlüsselungen sind durch Anwendung von Computern heutzutage dort möglich, wo man zu THOULESS' Zeiten noch an Codes dachte, die nicht zu brechen wären. So ist auch das Codewort von THOULESS' dritter hinterlassener Botschaft durch HARNISCH mittels geeigneter Entschlüsselungssoftware geknackt und die Botschaft damit entzifferbar gemacht worden.
152 BERGER, A. S.: Thouless Test for Survival: Failures and Claims. (With an Appendix by L. HARNISCH) JASPR, Vol. 90 January 1996: 44–53
153 In diesem Sinne spricht auch das Susy-SMITH-Project von „Survival of Consciousness" (SOC) = Überleben des Gedächtnisses.
154 Vgl. MULACZ, P.: Can Combination Lock Tests Provide any Proof of Survival? Journal of the Society for Psychical Research 61: 330–333 (1996)
155 MOODY, R. A.: Das Licht von drüben, Neue Fragen und Antworten. 1989.
156 In der Buchpublikation ist nur ein kleiner Teil davon abgedruckt. GUGGENHEIM, B. und P.: Trost aus dem Jenseits. Unerwartete Begegnungen mit Verstorbenen. München, 2000.
157 Vgl. S. 173
158 HARALDSSON, E.: Psychodiagnostische Untersuchungen an Kindern, die sich an „frühere Leben" erinnern, mit Fallbeispielen aus Sri Lanka. ZfPuGdP 36 (1/2) 1994.
159 KEIL J. and STEVENSON, I.: Do Cases of the Reincarnation Type Show Similar Features Over Many Years? A Study of Turkish Cases a Generation Apart. JSE Vol. 13, N° 2
160 STEVENSON, I.: Twenty Cases Suggestive of Reincarnation. Charlottesville, 1974.
Dtsch. (vergröbert) als: Reinkarnation. Der Mensch im Wandel von Tod und Wiedergeburt. 20 überzeugende und wissenschaftlich bewiesene Fälle, Freiburg, 1977.
STEVENSON, I.: Children Who Remember Previous Lives. Charlottesville, 1987.

161 STEVENSON, I.: Reincarnation and Biology: A Contribution to the Etiology of Birthmarks and Birth Defects. 2 vols. Westport, 1997.
162 STEVENSON, I.: Reinkarnationsbeweise. Geburtsnarben und Muttermale belegen die wiederholten Erdenleben des Menschen. Grafing, 1999.
163 TART über seine Motive bzgl. TASTE: „Im Laufe vieler Jahre haben mir zahlreiche Wissenschaftler ihre ungewöhnlichen und transzendentalen Erfahrungen anvertraut. Sehr oft bin ich der erste und einzige Mensch, mit dem sie über ihre Erfahrungen sprechen. Die Ursache ist die Angst, von Kollegen verlacht zu werden und die Karrieren zu gefährden. Solche Befürchtungen haben leider eine allzu faktische Basis. Nicht, daß es jede Menge übelwollender Wissenschaftler gibt, die es darauf abgesehen hätten, vorsätzlich ihre Kollegen zu schikanieren. Es liegt an der sozialen Konditionierung unserer Zeit. Ich möchte gerne meinen Beitrag dazu leisten, damit sich dies ändert."
164 Arthur KOESTLER, Alt-Österreicher aus Ungarn, wählte, als er emigrieren mußte, Großbritannien zu seiner neuen Heimat; sein Leben lang an Fragen der Parapsychologie interessiert, hat er auch mehrfach über Grenzbereiche publiziert, am bekanntesten wohl sein „Die Wurzeln der Zufalls". Aufgrund eines unheilbaren Krebsleidens beging er mit seiner Frau Cynthia Selbstmord. Sein Vermögen bestimmte er testamentarisch zur Einrichtung eines Lehrstuhls für Parapsychologie.
165 1975 trat HOFMANN im Zuge der Einführung des neuen UOG, gegen das er sich zusammen mit anderen Kollegen zuvor vehement ausgesprochen hatte, von den meisten seiner ehrenamtlichen Tätigkeiten zurück.
166 Beim „Glasrücken" werden mit Hilfe eines umgestülpten Glases Fragen an eine nicht näher definierte „Geisterwelt" gestellt. Angesichts der vielen Kriegstoten und einer „okkulten Welle" bereits in der Zeit nach dem Ersten Weltkrieg waren ähnliche Praktiken in ganz Österreich stark verbreitet. Siehe Kap. 3.3, insbesondere Abb. 2 und S. 24–25.
167 „Beiträge zur Telepathieforschung". In: Grenzgebiete der Wissenschaft, Jg. 27/1978, Heft 3, S. 433–455 (Bericht über das Erlebnis S. 444 f.). Vgl. im vorliegenden Band S. 25 f.
168 Die „Österreichische Gesellschaft für Psychische Forschung" galt als die seriöseste mehrerer ähnlich orientierter Vereinigungen. Sie gehört seit 1950 auch dem „Verband (damals „Notring") der wissenschaftlichen Gesellschaften Österreichs" an.
169 Näheres siehe HEINDL, Die „Österreichische Gesellschaft für Parapsychologie und Grenzbereiche der Wissenschaften" 1927–1963 mit einem statistischen Anhang bis 1997, S. 232 ff.
170 Vgl. HEINDL, Die Österreichische Gesellschaft für Parapsychologie, S. 368 ff. THIRRING war 1927 einer der Mitbegründer und erster Präsident der Gesellschaft.
171 In dieser Zeit war HOFMANN Vizepräsident.
172 Der Konflikt machte sich in erster Linie an einer gemeinsamen Vorgangsweise bezüglich der ORF-Sendung Falsche Geister – echte Schwindler fest (vgl. HEINDL, w. o., S. 397 ff.).
173 HOFMANN stand in Brief- und Telefonverkehr mit BENDER, den führenden Mitgliedern der Gesellschaft und dem ORF und erledigte teilweise auch die Anwaltswege für BENDER, der sich in Freiburg aufhielt. Der Prozeß endete im September 1964 mit einem gerichtlichen Vergleich, in dem sich Redakteur und Moderator der Sendung, Max EISSLER und Albin NEUMANN („Allan"), zu einer Richtigstellung in der Sendung am 26.10.1964 verpflichteten (Privatarchiv Hellmut HOFMANN, Ordner „Korrespondenz Hofmann 1", Brief HOFMANNS an den Präsidenten der Gesellschaft, Rechtsanwalt Dr. Gustav PSCHOLKA, vom 17.9.1964).

174 Beide waren seit der Gründung bei Frau WASSILKO bzw. nach Herbst 1965 die Bibliothek bei HOFMANN, der Vereinssitz beim damaligen Präsidenten, dem Wiener Rechtsanwalt Dr. Gustav PSCHOLKA, untergebracht gewesen.

175 Archiv der Österreichischen Gesellschaft für Parapsychologie und Grenzbereiche der Wissenschaften, Ordner „Protokolle". Die Versuche wurden zum Teil auch in HOFMANN, „Beiträge zur Telepathieforschung" (vgl. Anm. 3), erwähnt. Auch andere Mitglieder der Gesellschaft führten ab den späten 1960er Jahren wieder Experimente durch wie der praktische Arzt Dr. Heinrich WALLNÖFER und HOFMANNS damaliger Assistent Helmut PFÜTZNER (Telepathie) oder der Neurologe und Psychiater Primarius Dr. Josef MASARIK (Telepathie, Rückführungen), diese wurden jedoch nicht publiziert.

176 Ein Verzeichnis der Veranstaltungen dieses Seminars findet sich bei HEINDL, Die Österreichische Gesellschaft für Parapsychologie, S. 515–521.

177 Von einigen Beispielen, in erster Linie mit seiner 1973 geborenen Tochter Barbara, berichtete HOFMANN in dem Artikel „Beiträge zur Telepathieforschung" (vgl. Anm. 3) bzw. im Vorlesungszyklus (Abschnitt 5.1.1, S. 38).

178 Vgl. Punkte 5–7 im Text, unten.

179 HOFMANN besitzt darüber eine Reihe von Tonbandkassetten mit Versuchsaufzeichnungen.

180 „Radiästhetische Phänomene". In: Zement und Beton, Jg. 29/1984, Heft 4, 155–163 (auch erschienen in: „Arcus, Zeitschrift für Architektur und Naturwissenschaft", Jg. 1986, Heft 4). Der Artikel basiert auf einem Vortrag vor dem „Verein der Österreichischen Zementfabriken und Der Österreichische Betonverein" (24. Oktober 1984), der später mehrmals wiederholt wurde. Siehe auch im vorliegenden Band S. 125 ff.

181 Archiv der Österreichischen Gesellschaft für Parapsychologie, Ordner „Aussendungen, Vorträge". Ein vollständiges Verzeichnis der Vorträge findet sich bei HEINDL, Die Österreichische Gesellschaft für Parapsychologie, S. 478–515.

182 405 im Jahr 1979, wobei zahlreiche Angaben aus den 1980er Jahren fehlen. In der Zwischenkriegszeit bewegte sich die Mitgliederzahl zwischen 120 und 180, derzeit beträgt sie etwa 200 (vgl. die Statistik für den Zeitraum 1927–1997 bei HEINDL, Die Österreichische Gesellschaft für Parapsychologie, S. 474–475.

183 Vgl. den entsprechenden Bericht von HOFMANN in diesem Band sowie Walter GRUBER, Bau eines Testgerätes mit Zufallsgenerator, Diplomarbeit, Technische Universität Wien, 1971, Günther NÖHRER, Interface für den Anschluß eines Zufallsgenerators an einen Prozeßrechner, Diplomarbeit, Technische Universität Wien, 1977, und Johann DEIX, Entwicklung eines Testgerätes für ASW-Experimente, Diplomarbeit, Technische Universität Wien, 1983 (alle Diplomarbeiten unveröffentlicht).

184 Von 169 Vorträgen, Teilnahmen an Radio- und Fernsehsendungen und Interviews HOFMANNS betrafen 145 (!) grenzwissenschaftliche Themen.

185 Es ist dies die zweite Auszeichnung dieser Art, die von der Gesellschaft vergeben wurde. Erster Ehrenpräsident war Hans THIRRING (von Februar 1964 bis zu seinem Austritt im November 1965).

186 Nach der von Hellmut HOFMANN selbst erstellten Liste „Vorträge (einschließlich Mitwirkung bei Rundfunk- und Fernsehsendungen, Interviews)".

187 W. o.

# Register

Die *kursiv* gesetzten Zahlen beziehen sich auf die Anmerkungen

AAAS *213*
AASW 62, 186
Abschirmung 141
Abzapfen 69
Adam 95 ff.
ADC-Project 183
Agent 16, 43 ff., 47 ff., 53, 55, 59, 61, 109 f., 112, 121, 152
AIDS 164
AKE s. Außerkörperliche Erfahrung
Akustik 55
akustisch 135, 137
Alpaka 84, 118
Altered States of Consciousness, ASC 211, *213*
Amiden 167
Animismus 12, 99, 112, 181
Animistisch 25, 28, 46, 94
Anstarren 163
Antike 23
Antipathie 53
Apport 16, 167
ASE s. Außersinnliche Erfahrung
Assoziation 18, 38, 98, 151
Astrologie 14, 210, *220*
ASW s. Außersinnliche Wahrnehmung
Aufklärung 11, 100, 156, 188
Augustinus 12
Außerkörperliche Erfahrung, AKE 42, 181, 186, 201, 207
außersinnlich 31, 151 f., 199
Außersinnliche Erfahrung, ASE 175, 191
Außersinnliche Wahrnehmung, ASW 15, 17, 30 f., 33, 53, 62 f., 68, 71, 98, 107, 111, 121, 144 f., 153, 168 f., 175, 188, 202, 207 f.
Autoganzfeld 150
Autohypnose 19, 43
automatisch 20 ff., 30, 46, 49 ff., 70, 109
Automatismus 11, 20 ff., 29 ff., 43, 45, 67, 125 f., 207 ff.
Automatist 26
Autosuggestion 136
Autosuggestiv 137, 143

Bachler 140, 146
Bányai 158
Barbara 38 ff.
Beacon 152 f.
Beauchamp 28
Bechterew 59
Beethoven 22, 209
Begabung 17, 20 f., 29, 30, 44, 48, 65 f., 73, 80, 93, 107, 117, 120, 167
Behandlung 15, 28 f., 46, 59, 94, 117, 142 f., 164 f., 208
Beichl 127
Belméz 92
Beloff 149 f., 161, 181, *221*
Bender 48, 73, 83, 90, 95, 97, 101 ff., 108, 114, 116, 121, 175, 187, 200 f.
Beobachter 58, 117, 121, 168, 178
Berendt 172
Berger 183
Besteck 88
Betrug 17, 25, 70, 92, 98, 113, 188, 199
betrügerisch 17, 64, 77
Betz 90 f., 103
bewußt 18 ff., 25, 29, 31, 49, 98, 125, 135, 144, 164, 168, 177, 192
Bewußtsein 13, 18, 29, 93, 126, 150, 156, 177 f., 186
Bewußtseinszustand 21, 76, 151
Biegeparties 172
Biegephänomen 90
Bierman 160, 188, 191
Bilokation 77
Biophysik 130, 134
Bio-PK 163
Blackmore 180
Bleuler 120
Blindversuch 137 f.
Bodenuntergrund 136, 144
Böhm 48, 201
Botschaft 24, 36, 46, 112 f., 181
Braud 163
Braude *213*
Brunner 96 ff.
Buchanan 154
Buchstabieren 23 f.

Call 110
Card 110
Carstens 141

CIA 153 ff.
Cipher Code 181
Computer 113, 151, 184
Croiset 66, 103, 114, 153
CSICOP 188 f.
Curry-Netz 127, 134

Daim 55 ff., 101
Dämonen 12, 99, 209
DAT 179
Debriefing 152, 155
Deprivation 150, 182
Dessoir 13
Didier 66
DIA 154, 157
Diesseits 12, 19
Direct hit 151
Distanz-Telepathie 59
DMILS 163, 188
DMT 168 f.
Dramatisierung 29
Driesch 100, 102 f., 111, 120
Dunne 161
Durham 61, 113, 149

Eccles 13, 101, 181
EEG 113, 151, 175
Eindruck 45, 49, 51, 53, 55, 65, 76, 151, 152, 155, 156, 160, 170
Einspielung 92, 122, 205
Einstein 44, 47
Einstellung 68, 79, 110, 192
Eisenbud 82, 103, 115, 116
Elektronik 102, 107, 110, 116, 123, 204
Elpiniki 59, 61
Emotion 19, 30, 43, 61, 69, 117
emotional 159, 185
Empfänger 16, 31, 36, 38, 43, 109, 112, 175
Empfindlichkeit 125 f., 129
Empirisch 178, 180
Engel 12, 99
Entropie 176
Entspannung 31
Entstörgerät 142 f.
Erdstrahlen 125 f., 134, 140 ff., 146, 206
Erfahrung 45, 62, 71, 93, 135, 145 f., 155, 163, 175 f., 182, 185 f., 201
Erfahrungsbericht 44
Erfahrungsheilkunde 141
Erinnerung 98, 153
Erlebnis 24, 41, 42, 78 ff., 180, 199
Erwartung 45

esoterisch 58
ESPionage 154
Exceptional Human Experiences Network, EHEN 185
Experiment 24, 48, 51, 70 f., 83 f., 151, 153, 156, 159 ff., 169, 178 f., 181, 191, 199
Experimentalsituation 179
Experimentator 44, 46, 152, 177 f.
Experimentell 16, 44, 163, 176
Extra Sensory Perception, ESP 15, 107, 111, 153, 188

Faradayscher Käfig 47, 59, 64, 113, 121, 163
Fehlinterpretation 17, 19, 98
Fernbewegung 107, 112
Fernheilung 14
Fernhypnose 58
Fernsuggestion 59
Fernwahrnehmung 152
Filmaufnahme 73
Flournoy 25, 101
Fokusperson 95
Forced choice 152, 158, *213*
Foy 173 f., 184
Free response 152, 158, *213*
Frequenz 136
Freud 44, 79

Gabel 86 ff.
Ganzfeld 150 ff., 167, 187
Garrett 186
Gaußmeter 89
GCP 184
Gedächtnis 18 f., 29, 181 f.
Gedankenabzapfen 14
Gedankenlesen 14
Gedankenphotograph 82
Gedankenphotographie 103
Gedankenübertragung 12, 25, 199
Gehirn 13, 99, 101
Geist 16, 19, 21
Geister 12, 28 f., 46, 95, 98, 174, 200, 208 f.
Geisterglaube 12
Geistheilung 164 f., 186
Geller 48, 77, 80, 83 f., 90, 101, 103, 115 ff., 122, 124, 172, 202, 204, 208, 210, *214*, *216*
Genie 28
Geomagnetismus 167, 171
Geopathogen 139, 206
Gesundbeten 14
Gibert 58

Glaskugel 90
Glasrücken 24 f., 199
Global Consciousness Project, GCP 184
Gotenhafen 73
Gradient 128
Greyson 180
Grosz 59 ff.
Gruber (Elmar) 153, 190
Gruber (Walter) 109, 123
Gustloff, Wilhelm (Schiff) 73
GWUP 189

Hafenscheer 25, 101
Halluzination 28, 31, 41, 76, 150
Handauflegen 165
Handlesen 14, 209
Haraldsson 169, 180, 184
Hartmann, Hartmann-Netz 127, 134, 140, 146
Hasted 90 f., 103, 201
Hautwiderstand 159
Heim 99
Heindl 101, 197, 203 f., 210, *223 f.*
Heisenbergsche Unschärfe 99
Hellsehen 15 ff., 62, 66 f., 71, 75, 98, 102, 107 f., 110 ff., 145, 182, 205 ff., *216 f.*
Hellseher 66, 75 f., 103, 189
hellseherisch 16, 22, 65
Herlin 69
Higgins 157
Hofmann 24 f., 84, 102, 105, 116, 123 f., 150, 197 ff., 211, *213 ff.* *223 f.*
Hohenwarter 25
Honorton 150, 170
Huesmann 171
Hugo 25, 66
Hyman 157, 170
hypnagog 150, 182
Hypnose 14, 19, 29, 31, 36, 158, 209
hypnotisieren 58
Hypothese 28, 95, 160

IANDS 180
Identifizierung 51
Identität 20
IGPP 63, 108, 153, 187, 202, 211
IMI 188
Induktor *213*
induzierte Retroskopie *213*
Information 33 ff., 50 ff., 67, 75, 113, 125, 135 f., 144, 150, 153, 155 f., 177 ff., 187

Informationsaufnahme 18, 135
Informationsübertragung 16 f., 31, 33, 64, 107, 145, 175
Informationsverarbeitung 18, 176
Ingrisch 22, 42, 101
Institut für Grenzgebiete der Psychologie und Psychohygiene, IGPP 63, 108, 153, 187, 202, 211
Institut Métapsychique International, IMI 188

Jahn 161
Janet 14, 58
Janin 162
Jankovich, v. 180
Jenseits 12, 19, 49, 95, 144, 180 ff., 206, 208 f.
JREF 189
Jung (C. G.) 79, 99, 103, 153
Jung (Franz) 199 f.

Karger 96, 102, 114
Karli 24 f., 199
Karte 50, 61
Kartensymbol 60, 67, 109
Keil 184
Kekulé 22
Kieffer 85, 121
Klein 108
Klient 76, 165, 182
Knoblauch 180
Koestler 163, 187, *223*
Koestler Chair of Parapsychology, Koestler Parapsychology Unit, KPU 162, 187, 191
Koma 43
Kommunikation 38, 109, 177, 183
Konzentration 31, 56, 61, 88, 107
KPU 187
Krebssterblichkeit 140 f.
Kremser 211
Krippner 57, 101, 167
Kristallkugel 31, 76
Kryptästhesie 18 f.
Kryptomnesie 18 f., 83
Kübler-Ross 180
Kulagina 80, 88, 115

Labor 157, 172 f., 187, 190
Laboratoriumsbedingungen 107 f., 112
Laboratoriumsversuche 16
Labormäuse 165
Laser 118

Leitgeist 46
Léonie 58
Leuchterscheinung 16
Levitation 15, 30, 77
Linzmayer 68
Locher 94, 102
Löffel 90, 172
Löffelbieger 1, 77, 80, 90
LST 167 f.
Lucadou, v. 175

Magnetfeld 129 f., 136
Magnetometer 171
Makro-PK 188
Malissa 85, 121
Manning 80
Marcus 172
Marsschrift 25
Materialisation 16, 173
Mattiesen 181
Mattuck 176
Mäuse 140, 165
Mauthe 22
Maximalist 149
maximalistisch 150
May 154, 157 f., 160, 179
Mayer 97
Mayr 90
McMoneagle 154 f.
medial 112, 173
Medien 11, 51, 189
Meditation 28, 31
Medium 19, 21, 25 f., 28 ff., 32, 45 ff., 70, 77, 80, 112, 120, 156, 167, 173 f., 181, 183, 188 f., 199
Mediumismus 173 f., 184, 207
Meier 172
mental 153, 156
Meskalin 31
Messing 44
Metaanalyse 163, 169
Methode 45, 76, 86, 90, 93, 114, 127, 145, 169
Mikrochemie 85, 118, 121
mikrochemisch 86
Mikro-PK 166
Mikrosonde 86, 116, 118
Mikrowellen 134
Mildner 83 f., 115, 117 f.
Mills 184
Minimalist 149 f.
Mirabelli 174
Mischo 187
Mißbildung 139 f.
Mittenecker 83 f., 115 ff.

MMI 166
Modell 149, 175 ff., 181, *213*, *216*
Monroe 42, 101
Moody 180, 182
Morehouse 154
Morris 187
Morse 180
MPI 178 f.
Mulacz 147, 211, *214*, *216*, *220*, *222*
multiple Persönlichkeit 207
Murphy 155
Muster 43, 163, 185
Mylius 73 f., 103

Nachrichtentechnik 108
Nachuntersuchung 116
Nagel 86
Nebeneffekt 68
Nell 70
Nelson 161, 184
Neuhäusler 13, 111, 116
Neutrino 99
nichtlokal 163 f., 178
Noah's Ark Society 173, 184
non-local s. nichtlokal
Notring der wissenschaftlichen Verbände (Gesellschaften) Österreichs 108, 122
Nummernschloß 182

OBE 42, 181
objektiv 15, 78, 113, 137, 156, 165
Obrecht 165
Observational Theories, OTs 177
Ochorowicz 58, 101
okkult 11, 14, 29, 47, 79, 100, 102
okkultgläubig 11
Okkultismus 100
Okkultist 23, 42
OOB 186
optisch 40, 45, 64, 135, 137, 151, 162
Orakel 23
ORF 83, 115, 117 f., 126, 200, 208 ff.
ortsgebunden 94, 114
Osis 180
Österreichische Gesellschaft für Parapsychologie 44, 114, 120, 124, 201, 203 f., 208, 210, *213*
Österreichische Gesellschaft für Psychische Forschung 108, 120, 201
Osty 173

Out of the Body Experience
s. Außerkörperliche Erfahrung

Pagenstecher 69
Paragraph 84
Parameter 67, 125 f., 128, 130, 134 f., 139 f., 159, 165 ff.
paranormal 11 ff., 16 f., 22, 24, 29, 37, 44, 48, 67 f., 78, 82 f., 96, 117, 150, 155 ff., 159, 167, 173 f., 186, 188, 199, 201, 205, 209
Paranormologie 13
Paraphänomene 12, 17, 37, 99
paraphysikalisch 2, 14 f., 77 f., 111 f., 114, 205 ff.
parapsychisch 2, 33, 205 ff.
Parapsychological Association, PA 170, 186, 211, 231
parapsychologisch 11 ff., 22, 46, 53, 61, 75, 99, 107 f., 111, 120, 123, 145, 152, 168, 170 f., 181, 185, 188 ff., 205 f., 208 ff.
Parapsychology Foundation, PF 103, 175, 186
Pater Pio 14
Patient 14 f., 36, 143, 160, 164 ff.
Pattern 94, 163, 166
Payrleitner 83
PEAR 161, 166, 184
Pearce 68
Pendel 31, 126 f.
Pendeln 24 f., 210
Permanent Paranormal Object, PPO 221
Persinger 171, 176
personengebunden 93 f., 114, 170
Persönlichkeit 20 ff., 25, 27, 30, 49, 51, 155, 213
Perzipient 16, 43 ff., 47 f., 50, 52 f., 55 ff., 59 f., 109 f., 112, 151 ff.
Peschka 99
Pflanzenwuchs 135
Pfützner 37, 64, 115, 118, 202
Phänomene 11 ff., 33, 37, 43 f., 46, 53, 75, 77, 81, 83, 99, 101 f., 107 ff., 111 ff., 120, 122, 125, 145 f., 149, 153, 155, 167, 170 ff., 180, 189, 201, 204 ff., 213
Phantom 16
Philip 27, 101
Physik 15, 91, 96, 99, 120, 128, 175, 197
physikalisch 12, 15 f., 67, 77, 80, 93 f., 99 f., 102 f., 112, 114, 118, 120, 122, 124 ff., 128, 130, 134 f., 136, 139 ff., 144 f., 173, 177, 184, 198, 200, 204
physikalisch-chemisch 85, 99
PK s. Psychokinese
PKMB 172
Placebo 143 f.
Planchette 23
PMB 172
PMIR 177
Pohl 140, 146
Popper 13, 101, 181
pragmatische Information 178
Präkognition 16, 66, 71 ff., 75, 107 f., 110 ff., 116, 151, 162, 179, 186, 205, 207
präkognitiv 16, 160, 179
Presentiment 159
Price 154, 156
Proband 68, 151 f., 161, 168
Produktion 28
Protokoll 36 f., 95
Protokollieren 64, 109
Protokollierung 109 f.
Prozeßrechner 110, 121 f., 124
PSI 69, 98, 103, 111, 116, 190
psi-hitting 168
psi-missing 168
Psi-Modell 181
Psyche 13, 17, 19, 77, 99, 101, 107, 111 f., 116, 140, 145, 153, 203
psychisch 15 f., 19, 31, 43 ff., 76, 90, 108, 114, 119 f., 126, 143, 181, 200
Psychohygiene 28, 156
Psychokinese, PK 15 ff., 53, 77, 80, 88, 92, 95, 98, 102, 112, 118 f., 124, 161 f., 168, 170, 175 ff., 186, 191, 201 f., 204 ff.
Psychokinet 77, 80, 90, 95
psychokinetisch 17, 30, 70, 72, 80 ff., 86, 117, 122, 161, 172, 204
Psychomanteum 182 f.
Psychometrie 69 f., 213
Psychonomie 188
Psychopharmaka 31
Psychosomatik 15
Pubertät 94
Purner 146
Puthoff 152, 154

Quantenfunktion 177
Quantenphysik 99
quantenphysikalisch 177
Quecksilbernitrat 85

Raab 25, 30 f., 49 ff., 70 f., 201
Radiästhesie 123, 125, 146, 201, 207, 210
radiästhetisch 201, 204, 206
Radin 159 f., 172
Randi 189
Random Number Generator, RNG 231
Rasterelektronenmikroskop 86
Rateversuch 61 f., 65, 67, 75, 108
Rauschgenerator 184
Reaktionszeit 135
Reichsbrücke 72
Reihenversuch 93
Reinkarnation 180
Reinkarnationserinnerungen 71
Reizänderung 129
Reizaufnahme 20, 43
Reizstreifen 127, 129 f., 134 f., 137, 139 ff.
Reizverarbeitung 18, 20
Remote Viewing, RV 152 f., 155, 158 f.
REM-Phase 57
Replikation 141, 158, 160, 166
Resch 13, 95, 102, 202, 204
retrokausal 160
Retro-PK 162
Reyes de Z. 69
Rhine (Joseph Banks) 32, 61 f., 65, 67 f., 75, 93, 103, 108, 113 f., 116, 145 f., 152, 175, 186
Rhine (Louisa) 65
Rhine Research Center 186
Ring 24, 180
RNG *213*
Roll 94, 102, 171
Röntgenfluoreszenz 86, 118
Rosenheim 80, 93, 95 ff., 102, 115, 170 f.
Rotlicht 45, 150
RSPK 16, 167, 170 f., *216*, *220*
Rüdenauer 140, 146
Russek 183
Rute 125 ff., 134, 137
Ruten 126 f.
Rutenanzeige 67, 140
Rutenausschlag 67, 127, 135 ff.
Rutengeher 67, 125 ff., 135 ff., 140, 145
RV 152 f., 155 f., 158
Rýzl 51, 121, 201

Sabom 180
Schafe und Böcke 68, 168

Schizophrenie 28
Schlaf 19, 21 f., 29, 31, 41, 43, 45, 79, 138, 140
Schlitz 153
Schlüssel 29, 83 ff., 115, 117 f., 121
Schmeidler 68, 168
Schmidt 161 f., 176
Schmidt-Maschine 161
Schneider (Brüder) 114, 120
Schneider (Karl Camillo) 59
Schneider (Rudi) 173
Schreibapparate 31
Schrenck-Notzing, Frh. 80, 173 f.
Schriever 171
Schröder (Grete) 21
Schröder (Lynn) 116
Schroeder (Christoph) 61, 102
Schröter-Kunhardt 180
Schwartz (Gary A.) 183
Schwartz (Stephan A.) 158, 159
Schwellenmätteli *220*
Scole-Group 174, 184, *221*
Séance 25 f., 30, 32, 45 f., 49, 199, 210
Selbsttäuschung 17, 113
Selektion 18
Sender 16, 38, 43, 58, 109, 112, 121, 175
Sendung 60, 83, 86 f., 113, 115 ff., 121 f., 126, 208 ff.
sensitiv 125
Sensitive 29, 76, 114, 125, 129, 156, 159
sensorisch 177, 182
Serios 77, 82 f., 103, 115 f.
Setting 150 f., 182
SGE 168
Sheep-Goat-Effect 168
Sicher 164 f.
Signifikanz 33, 52, 109
Signifikanzgrenze 61, 64, 75, 169
Silbert 70 f.
Silvio 80, 90, 102, 172
Sinclair 47 f., 53, 101, 112, 116, 155
Sinne 14 f., 20, 28, 33, 43, 53, 107, 111, 135, 153, 169
Sinnesreiz 18, 150
Sinnestäuschung 28
Sitzung 25, 27 f., 32, 46, 49, 70 f., 173, 199
Skeptiker 189
skeptisch 37
Skriptoskop 23
Smith 25
Spaltpersönlichkeit 21, 28 f., 49

Spiritismus 12, 19, 99, 101, 112
spiritistisch 21, 25 ff., 32, 45 f., 49,
  70, 77, 80, 92, 99, 112, 199
spontan 16, 30, 36 f., 73, 93, 102,
  108, 145, 170, 183, 207
Spontanfall 47, 179
Spontanheilung 77
Spontanphänomen 30, 33, 38, 42 ff.,
  65, 75, 78, 80, 185
Spottiswoode 158, 167
Spuk 12, 16, 77, 93 ff., 102, 114,
  123, 170, 206 ff., 210
Spukauslöser 94 f.
Spukfall 80, 93, 102, 170 f.
Spukhäuser 94
Spukort 94, 171
Spuren 69, 200
Stanford 48, 177
Star Gate 154, 157
Statistik 52, 61, 98, 149, 169
statistisch 32 f., 61 f., 65, 67, 71,
  75, 93, 99, 108 f., 113, 141, 157
„Steigrohre des UB" 22, 31, 126
Steiner 78
Stereomikroskop 86, 118
Sternzeit 167 f.
Stevenson 184
stigmatisiert *213*
Stimmen 28, 76
Störzone 140
Suggestion 14 f., 58 f., 101 f., 116
suggestiv 44, 136
Survival 181, 183 f.
SurvivalNet 183
Swann 154 f.
Swedenborg 65
Sybil 29, 101
Symbol 61 f., 108 ff., 113, 152,
  179, 191
Sympathie 53
System 16, 77, 99, 127, 139, 145,
  163, 176 ff., 185

Tanagra 59
Targ (Elizabeth). 164 f.
Targ (Russell). 152, 154
Tart 183, 186
Taschenspieler 17
TASTE 186
Technischen Hochschule 85, 108,
  110, 115 f., 197 f., 200 ff.
Technischen Universität 49, 67,
  103, 108, 120 ff., 198
Telekinese 77, 107, 112, 114 ff., 173
telekinetisch 107, 114 ff.

teleologisch 176
Telepath 75 f.
Telepathie 14, 16 ff., 31, 42, 44, 59,
  61 f., 65, 67, 70 ff., 75, 79, 98,
  102, 107 f., 111 ff., 119, 121,
  124, 145, 152, 163, 175 f., 183,
  186, 199, 201, 204 ff., 210
Telepathieexperiment 33, 59, 84
Telepathieversuch 16, 44, 47 ff., 53,
  62, 64, 84, 109, 112 f., 116, 121,
  145, 201, 207, 209
telepathisch 14, 16, 18, 22, 30, 33 f.,
  36, 38, 40 ff., 44 ff., 50, 56 ff.,
  61, 65, 69, 71 f., 108, 113, 117,
  120, 155, 176
Tenhaeff 66, 114, 121, *213*
Test 155, 168 f.
Thanatologie 180
theoretisch 120, 182
Theorie(n) 11 f., 77, 99, 103, 108,
  112, 120, 123 f., 127 f., 134,
  146, 174 ff., 179, 187, 197, 211
Thirring 114, 120, 200
Thouless 181
Tischner 22, 31, 103, 126, 174 f.
Tod 22, 30, 34, 41 f., 44, 95, 108,
  172, 181 f., 184
Todesnähe 43, 180 f.
Tonband 49, 57, 83 f., 87 f., 92,
  117, 121, 171
Tonbandeinspielungen,
  -stimmen 122, 201, 205, 209
Trance 19, 21, 25 f., 28, 31 f., 43,
  45, 47, 112, 211
Trancemedium 19, 26, 47
Trancepraktiken 28
Traumtelepathie 55, 57, 101
traumtelepathisch 31, 45, 55
Treffer 68, 108, 151, 153, 193
Trefferzahl 61, 108
Trick 92, 98
trickhaft 12, 80, 92, 121
Trickkünstler 90

Überleben 181
übersinnlich 23 f., 210
Uhr 70 f., 116, 172, 182
Ullman 57, 101
Ultraschall 118
unbewußt 20, 40, 43, 72, 125, 159,
  160, 177, 179, 192
Unbewußtes 29
Unterbewußtes 29
Unterbewußtsein 18, 21, 22, 25 ff.,
  30 f., 45, 57, 76, 98

Urban 124, 208
Urmensch 83
Utrecht 66, 114, 160, 192
Utts 157, 170

Varvoglis 188, 190
Vassy 158
Veränderte Bewußtseinszustände 186, 207
Verband der wissenschaftlichen Gesellschaften Österreichs, VWGÖ 114, 122
verborgene Variable 178
Verifizierung 69
verstorben 24 ff., 46, 51, 78, 183, 199
Verstorbene 12, 19, 29, 94, 112, 181 f., 186, 209
Versuch 27, 39, 45, 55 ff., 61, 88, 110, 141, 172, 192, 206
Versuchsanordnung 24, 62, 68, 112 f., 163, 182, 199
Versuchsergebnis 59, 68, 169
Versuchsleiter 53 f., 63 f., 109 f., 193
Versuchsperson 25, 30, 44 f., 48 ff., 58 f., 62, 64 ff., 68 ff., 73, 80, 82, 88 ff., 93, 107 ff., 113, 115, 119, 122, 136, 156, 159, 162 ff., 167 f., 172, 178, 188, 191
Versuchsprotokoll 16, 62, 68
Video 16
Videoaufnahme 171, 174
Videoclip 151
Viewer 152 f.
Vision 22, 41 f., 44, 48, 65, 69, 71, 73, 76
Volltrance 45

Wachbewußtsein 20, 22, 31, 43, 46
Wahnsinn 28
Wahrnehmung(en) 18, 20, 98, 108, 135, 137, 152, 187, 210
Wahrnehmungsfähigkeit 18
Wahrsagen 75
Wahrsager 31, 75 f., 209
Wahrscheinlichkeit 61, 64, 68, 75, 93, 99, 108, 121, 160, 176, 231
Walker 177

Wallnöfer 36, 51
Wälti 90, 102
Warcollier 155
Wasserspuk 171
Wassiliew 14, 59, 102, 113, 116, 176
Wassilko-Serecki, Gfn. 120, 123, 200, 202, *215 f.*
Weber-Fechnersches Gesetz 129
„weißes Rauschen" 150
Weissl 120
Weltbild 12, 43, 101
Werbik 103, 124, 135, 146
Wesenheit 30, 45
Westfalen 71, 114
Wetterfühligkeit 125, 128, 139
White 185
Wiesner 181
Winterstein, Frh. 66, 102, 210, 231
Wissenschaft 11, 13 f., 44, 65, 71, 94, 100, 107, 111, 113, 119, 122, 123 ff., 141, 145, 160, 174 f., 180, 199, 202 ff., 209 ff.
Wissenschaftler 12, 32, 46, 67, 100, 109, 112, 143, 157
wissenschaftlich 11 ff., 16, 21 f., 32 f., 44, 61, 65 f., 80, 93 ff., 99 f., 103, 108, 111, 114, 118, 122, 127, 134, 140 ff., 144 f., 154 f., 170, 174, 186, 189 f., 193, 197 f., 202, 205 ff., 211
Wünschelrute 125 f., 145 f., 208 ff.
Wünschelruteneffekt 67, 206, 209
Würfelmaschine 93

Zahlenmagie 14
Zener-Karten 61, 67, 75, 152
Ziel 158, 179
Zielbild 47 f., 53 ff., 60 ff.
Zielobjekt 45, 49 f., 117, 151, 156, 163, 178, 192
Zielperson 50 ff., 121, 164
Zufall 33, 49, 61, 75, 98, 108, 121, 163
Zufallsgenerator 63, 109 f., 122 f., 159, 179, 191
Zufallszahlen 109
Zufallszahlengenerator 231
Zugun 120, 207, *215 f., 220*
Zylinderschlüssel 83 f., 115, 117 f.